German A2 | für AQA

Zeitgeist 2

OVERNIGHT
LOAN

Ann Adler
Helen Kent
Morag McCrorie
Dagmar Sauer
Michael Spencer
Simon Zimmermann

Welcome to *Zeitgeist 2*!

The following symbols will help you to get the most out of this book:

listen to the audio CD with this activity

work with a partner

work in a group

Grammatik an explanation and practice of an important aspect of German grammar

➡ 158 refer to this page in the grammar section at the back of the book

➡ W16 there are additional grammar practice activities on this page in the *Zeitgeist Grammar Workbook*

OxBox additional activities in the *Zeitgeist Resource and Assessment OxBox CD-Rom*

Tipp practical ideas to help you learn more effectively

We hope you enjoy learning with *Zeitgeist 2*. *Viel Spaß!*

Inhalt

DÄNEMARK

OSTSEE

•Flensburg

Kiel•

NORDSEE

•Westerau
•Hamburg

Elbe

•Bremen

POLEN

Oranienburg•
■ BERLIN

•Hannover

Weser

•Magdeburg

NIEDERLANDE

Bielefeld•

Tauer•

D E U T S C H L A N D

Gelsenkirchen•

•Leipzig•

0   100

•Wuppertal

Meißen• Dresden•

km

Düsseldorf•

•Erfurt

•Köln

•Bonn

BELGIEN

Rhein

•Frankfurt am Main   Bayreuth•

T S C H E C H I S C H E

Mosel

Mainz•

R E P U B L I K

Schwetzingen•
Bad Dürkheim• •Mannheim
Schifferstadt• •Heidelberg

•Nürnberg

Saarbrücken• •Speyer •Mosbach
•Kandel •Sinsheim

Regensburg•

LUXEMBURG

Landau•
Karlsruhe•

Donau

•Stuttgart

FRANKREICH

Augsburg•

Linz•

Wien■

•München

UNGARN

Hinterzarten
• •Titisee

Bad Reichenhall• •Salzburg

Ö S T E R R E I C H

Basel Rhein •Konstanz

Bodensee

•Zürich

Ischgl• •Innsbruck

•Graz

•Luzern

Galtür•

Brenner
Pass

Wörthersee

■ Bern

S C H W E I Z

LIECHTENSTEIN

SLOWENIEN

Genf•

I T A L I E N

4

1 Umweltverschmutzung

By the end of this unit you will be able to:		Seite	Thema

1a Welche Bezeichnung passt zu welchem Bild?

a Hydroelektrische Autos

b Kohlekraftwerke

c schmelzende Eisberge

d Verkehrsstaus

e extreme Wetterbedingungen

f Sonnenkollektoren

g Erhöhung der Erdtemperatur

h umweltfreundliche öffentliche Verkehrsmittel

1b Ordnen Sie die Bilder den folgenden Begriffen zu:

● Ursachen   ● Auswirkungen

● Lösungsmöglichkeiten

2a Umweltprobleme und Lösungsmöglichkeiten: welche Satzhälften passen zusammen?

a Um die Luftverschmutzung durch Flugverkehr zu reduzieren, sollte man ...

b Man kann Wasserverschmutzung durch Abwasser von Fabriken durch ...

c Mehr Abfalleimer in der Stadt bedeuten ...

d Zu viele Autos in der Stadtmitte kann man verhindern, wenn man ...

e Man sollte die Energieverschwendung reduzieren und mehr ...

f Man kann zu viel Verpackungsmüll vermeiden, wenn man ...

1 die öffentlichen Verkehrsmittel verbessert.

2 alternative Energiequellen benutzen.

3 Produkte ohne Verpackung kauft.

4 weniger Abfall auf den Straßen.

5 bessere Zugverbindungen möglich machen.

6 strengere Regeln für die Industrie verhindern.

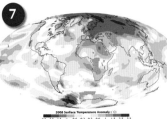

2b Welche Umweltprobleme spielen in Ihrer Gegend eine Rolle und wie versucht man etwas dagegen zu tun? Wählen Sie Beispiele aus der Liste oben und diskutieren Sie mit einem Partner/einer Partnerin. Sie können auch weitere Probleme und ihre Lösungsmöglichkeiten erarbeiten.

Ursachen und Auswirkungen

▶ *Umweltverschmutzung hat erhebliche Auswirkungen auf unser Klima und unser Leben. Wie lässt sich eine Katastrophe vermeiden?*

1 Was haben diese Produkte gemeinsam?

2a Finden Sie die Ausdrücke, die zusammenpassen, bevor Sie den Zeitungsartikel lesen.

a der Verbrennungsprozess	1 greenhouse effect
b Abgase	2 toxic
c giftig	3 incineration process
d Treibhauseffekt	4 level of acidity
e Anstieg	5 energy source
f Energieträger	6 exhaust fumes
g Säuregehalt	7 increase

Wie schaden wir unserer Umwelt?

Kühlschränke, Autoabgase, die Produktion von Plastiktaschen und anderen Verbrauchsgegenständen, Fernseher und Heizkörper – was diese Dinge gemeinsam haben ist, dass sie alle Energie verbrauchen. Und so schaden sie unserer Umwelt.

Fabriken, Autos und Flugzeuge produzieren CO_2-Emissionen, die bei den Verbrennungsprozessen entstehen. Abgase verschmutzen die Luft und tragen so zur Umweltverschmutzung bei. Das ist natürlich besonders in den Städten ein Problem, aber sie haben auch negative Auswirkungen auf Dörfer und die Natur.

Fast alle CO_2-Emissionen, die wir Menschen produzieren, stammen aus fossilen Energiequellen wie Kohle, Erdgas oder Öl. Einerseits gewinnen wir Energie, die wir brauchen, aber andererseits produzieren wir giftiges Kohlendioxid. Und es sind genau diese Emissionen, die durch den Treibhauseffekt zum globalen Problem der Erderwärmung beitragen.

Klimawandel ist jedoch nichts Neues. Vor ungefähr 50 Millionen Jahren gab es auch schon eine globale Erderwärmung: die Meerestemperatur erhöhte sich, und viele Tier- und Pflanzenarten starben aus.

Dann gab es auch Eiszeiten, und die Alpen und die Pyrenäen waren von Eis bedeckt. Die letzte Eiszeit endete vor rund 10 000 Jahren. Zum ersten Mal jedoch ändern wir das Klima selbst durch den enormen Anstieg der fossilen Energieträger seit der industriellen Revolution.

Die Erderwärmung hat nicht nur für unser Klima, sondern auch für unser Leben erhebliche Folgen. Wissenschaftler warnen vor extremen Wetterbedingungen wie vermehrten Sturmfluten, orkanartigen Winden, Hitzewellen, wolkenbruchartigem Regen und einer Zunahme an tropischen Wirbelstürmen. Wenn der Meeresspiegel weiterhin ansteigt, wird sich der Säuregehalt der Ozeane verändern, und die Lebensbedingungen für Tiere und Pflanzen werden sich verschlechtern.

2b Lesen Sie den Zeitungsartikel auf Seite 6 und machen Sie eine Liste von den im Text erwähnten Ursachen und Auswirkungen der Umweltverschmutzung.

3 Lesen Sie die Aussagen mit den Textlücken und wählen Sie das Wort aus dem Kasten, das am besten passt. Vorsicht! Es gibt mehr Wörter als Lücken.

a Der wachsende _____ ist eine der Ursachen der Umweltverschmutzung.

b Die meisten CO_2-Emissionen werden durch fossile _____ freigesetzt.

c Die _____ unseres Planeten ist kein neues Phänomen.

d Wenn sich der Säuregehalt der Ozeane verändert, wird die _____ der Meerestiere und Pflanzen an das Leben im Meer erschwert.

e Seit der industriellen Revolution benutzen _____ fossile Energiequellen, um _____ zu gewinnen.

Industrie	Verkehr	Brennstoffe
Klimawandel	Erwärmung	Anpassung
Energie	Fabriken	Produkte

4a Hören Sie sich eine Diskussion zur Frage „Lässt sich Klimawandel verhindern?" an und lesen Sie die folgenden Aussagen. Welche Aussagen sind richtig (R), falsch (F) oder nicht angegeben (NA)?

a Klimawandel lässt sich durch alternative Energien verhindern.

b Die Entwicklung von neuen Technologien ist immer positiv.

c Mit dem Gas, das durch Abfall entsteht, kann man Wärme gewinnen.

d Man hat schon zu viele Wälder abgeholzt.

e Unter Biomasse versteht man pflanzliches Material, das zur Energiegewinnung benutzt wird.

4b Hören Sie sich die Diskussion noch einmal an und notieren Sie die Hauptargumente.

5 Lesen Sie den Artikel (oben rechts) und beantworten Sie die Fragen auf Deutsch. Geben Sie nur kurze Antworten.

a Wo arbeitet man heute oft?

b Wie unterscheidet sich die Büro-Ausstattung?

c Worüber macht man sich keine Gedanken mehr?

d Was stresst die Büroangestellten?

e Was sind die Folgen, wenn man den ganzen Tag vor dem Computer sitzt?

Ein ökologisches Büro! Ist so etwas überhaupt möglich?

Wussten Sie, dass sich der moderne Mensch mehr als 75% seines Lebens in geschlossenen Räumen aufhält? Das beginnt bereits im Kindergarten und endet nicht selten in einem Büro. Aber haben Sie sich heutige Büros schon einmal genauer angesehen? Da stehen also Bürogeräte verschiedener Arten, teilweise erneuerungsbedürftig, teilweise hochmodern. Die Luft im Raum ist voll von Emissionen aus Kopiergeräten und Druckern.

Ein ständiger Energieverbrauch durch Arbeits- und Schreibtischlampen sowie Computer, selbst im Standby-Modus, wird als selbstverständlich angesehen. Auf hochweißem Papier werden Bilanzen gezogen und Dokumente gedruckt. Der ständige Lärm überflüssiger Klimaanlagen nervt den Büromenschen, der auf einem unbequemen Bürostuhl sitzt und acht Stunden lang auf einen Bildschirm starrt, so dass er abends mit geröteten Augen nach Hause kommt.

Würden Sie gern in solch einer Arbeitsatmosphäre arbeiten? Haben Sie Verbesserungsvorschläge?

Tipp

Translating from German into English

- Read the whole text at least once to get the general gist. Don't start translating straight away.
- If there are words you don't know, try to guess the meaning by looking at the context.
- Read each sentence, then find the verb. The verb ending will help you to find the subject. It will also tell you the tense.

A Now translate the first paragraph of the article above. For more information on translation skills read the *Tipp* on page 13.

6a Könnten Sie sich vorstellen, tagein, tagaus in solch einer Umgebung zu arbeiten? Wie würden Sie dieses Büro in ein ökologisches Büro verwandeln? Schreiben Sie eine Liste von Vorschlägen.

6b Diskutieren Sie ihre Vorschläge zuerst mit einem Partner/einer Partnerin und vergleichen Sie dann in der Klasse. Wer hat die besten Ideen?

Individuelle oder globale Verantwortung?

▶ *Ist Umweltschutz Sache der Politiker, der Umweltorganisationen oder jedes Einzelnen?*

1 Was halten Sie von Recycling? Was recyceln Sie zu Hause? Was tun Sie sonst noch, um die Umwelt zu schützen?

2a Welche Ausdrücke passen zusammen?

a	Bleichmittel	1	direct
b	Stoffe	2	number plates
c	im Ernst	3	materials
d	edel	4	seriously
e	Autoreifenteile	5	bleaching agent
f	Nummernschilder	6	binder
g	ohne Umwege	7	fine/noble
h	Bindemittel	8	parts of car tyres

2b Hören Sie sich zwei Kurzberichte über ungewöhnliches Recycling an. Lesen Sie jetzt diese Aussagen und entscheiden Sie, welche Sätze falsch sind. Verbessern Sie die fünf falschen Sätze.

a Durch Recycling spart man nicht nur Wasser, sondern auch andere umweltschädliche Stoffe.

b Viele Leute würden keine recycelten Produkte kaufen.

c Recycelte Taschen gibt es nur in Bremen zu kaufen.

d Die Taschen werden in Deutschland hergestellt.

e Sie bestehen aus Autoteilen.

f Diese Taschen werden in fast allen Geschäften angeboten.

g Der Prozess der Wiederverwertung von Altpapier ist nicht ganz umweltfreundlich.

h Die Firma stellt vor allem Briefumschläge her.

i Bei der neuen Methode werden kaum Binde- und Bleichmittel benutzt.

j Mehr als fünf Prozent des gesamten Altpapiers könnte man auf diese Weise recyceln.

2c Schreiben Sie einen Blogeintrag, in dem Sie die Vorteile der Wiederverwertung erklären. Benutzen Sie auch Beispiele aus dem Hörtext.

3 Lesen Sie die Aussagen in der Sprechblase. Überlegen Sie sich weitere Beispiele, die zeigen, wie man die Abfallmenge reduzieren könnte. Arbeiten Sie mit einem Partner/einer Partnerin.

> Es wäre besser, unseren Abfall zu reduzieren, statt wiederzuverwerten.
>
> Es sollte weniger Verpackung geben.
>
> Man sollte Obst und Gemüse nicht in …

4a Überlegen Sie sich, welche Ausdrücke zusammenpassen, bevor Sie die Webseite auf Seite 9 lesen.

a	auf etwas aufmerksam machen	1	to deforest
b	roden, abholzen	2	gap
c	Nachfrage	3	to draw attention to
d	Lücke	4	demand
e	Einfuhr	5	import

Greenpeace-Protest in Wien

Mit Plakaten „Keinen Urwald in den Tank" demonstrierten in Wien etwa 25 Greenpeace-Aktivisten vor einer Tankstelle gegen den Verkauf von

Agrodiesel. Die Demonstranten, die Orang-Utan-Kostüme trugen, wollten darauf aufmerksam machen, dass durch Agrodiesel der Urwald in Südamerika und Südostasien zerstört wird. Agrodiesel wird aus Palm- oder Sojaöl hergestellt. Um Palm- oder Sojaölplantagen zu errichten, muss man aber den Urwald roden.

Deswegen fordern die Aktivisten nun, dass erstens keine tropischen Pflanzenöle zur Produktion von Agrodiesel und zweitens keine Rohstoffe aus gentechnisch manipulierten Pflanzen verwendet werden.

Greenpeace kritisierte besonders auch die Agrotreibstoff-Politik des österreichischen Umweltministers, der den Anteil von Palmöl bei der Produktion von Agrodiesel drastisch erhöhen will. Der einheimische Rohstoff für Agrodiesel, Rapsöl, wird zwar immer noch verwendet, aber durch die erhöhte Nachfrage nach Biodiesel entstand eine Lücke im Lebensmittel- und Kosmetikbereich. Diese Lücke wird durch die Einfuhr von Palmöl gefüllt. Der Palmölimport nach Österreich ist seit 2003 um das Dreifache gestiegen.

„Wenn wir nichts tun, werden wir auch den letzten wild lebenden Orang-Utans die Chance zum Überleben nehmen, da wir ihr Habitat zerstören", meinte ein Greenpeace-Aktivist.

4b Ergänzen Sie die Sätze mit den Satzteilen, die mit dem Sinn des Textes übereinstimmen.

1 Die Aktivisten stellten die Forderung, für die Herstellung von Agrodiesel ... zu verwenden.

> **a** keine Pflanzenöle
>
> **b** keine genmanipulierten Rohstoffe
>
> **c** tropische Pflanzenöle

2 Die Greenpeace-Aktion richtete sich ... gegen die Regierung.

> **a** nur **b** aber nicht **c** auch

3 Rapsöl wird jetzt ... für Lebensmittel und Kosmetikartikel verwendet.

> **a** weniger **b** nur noch **c** verstärkt

Grammatik → 145 → W49

Revision of tenses

To revise the use and formation of the main tenses in German, read all the information on page 12. Then do the activity below.

A Find in the Greenpeace article six verbs in the imperfect tense, six verbs in the present tense, one verb in the future and one verb in the perfect tense.

5 Hören Sie sich einen Text über die Entwicklung der internationalen Umweltpolitik an.

> betreffen – *to concern*
>
> Stellung nehmen zu ... – *to state one's view*
>
> das Abkommen/Übereinkommen – *agreement*

Welche der folgenden Sätze sind richtig (**R**) und welche sind falsch (**F**)? Verbessern Sie die falschen Sätze.

a Auf der Konferenz der Vereinten Nationen im Jahr 1973 in Stockholm trafen sich die Industrie- und Entwicklungsländer zum ersten Mal, um über das Thema „Umwelt" zu diskutieren.

b In den 70er Jahren gab es eine Reihe von regionalen Umweltabkommen, beispielsweise das Abkommen zum Schutz der Ostsee im Jahr 1972.

c Zwischen 1979, dem Jahr des Genfer Übereinkommens, in dem es um Luftverschmutzung in Europa durch „sauren Regen" ging, und 2005 wurden eine ganze Menge verschiedener regionaler Umweltabkommen getroffen.

d Seit Mitte der 80er Jahre wird eine Globalisierung der internationalen Umweltpolitik deutlich.

e Die Globale Umweltfazilität wurde gegründet, um globale Umweltprobleme weltweit zu finanzieren.

6 Wer trägt Ihrer Meinung nach die größte Verantwortung für den Umweltschutz? Benutzen Sie Beispiele aus dem Text und den Hörtexten.

● Jeder Einzelne ● Die Politiker
● Die Umweltorganisationen

7 „Die Umweltorganisationen sind zu radikal in ihren Forderungen. Es hat keinen Sinn, ihre Arbeit zu unterstützen". Stimmen Sie dieser Ansicht zu? Warum/Warum nicht? Erarbeiten Sie Gründe dafür und dagegen in der Klasse.

Grüne Transportinitiativen

▸ *Wie können wir auch in Zukunft unsere Mobilität garantieren?*

Elektroautos – nein, danke!

Es muss ja nicht immer das Auto sein – so sollte man wenigstens meinen. Trotzdem benutzten die Bundesbürger ihren PKW für über 60% aller Wege, obwohl die Mehrzahl der Autofahrten kürzer als 6km ist. Man steigt also aus reiner Gewohnheit ins Auto, denn meistens ist die Fahrt auch teurer und langsamer als mit öffentlichen Verkehrsmitteln oder mit dem Rad. Natürlich wird heute im Allgemeinen erwartet, dass man mobil ist und wenn man Karriere machen will, werden die Möglichkeiten ohne Transportmittel doch drastisch verringert.

Öffentliche Verkehrsmittel als Alternative?

Öffentliche Verkehrsmittel bieten durchaus eine Alternative. Für eine klimaschonende Bilanz ist es jedoch wesentlich, dass Bus und Bahn richtig ausgelastet werden. Je mehr Leute ihr Auto zu Hause stehen lassen, desto besser wird die Bilanz für das Klima und die Umwelt. Man weiß um diese Tatsache, kann sich aber ein Leben ohne Auto einfach nicht vorstellen. Die Autoindustrie setzt daher darauf, durch Elektroautos den Autoverkehr klimaschonender zu gestalten. Doch die Nachfrage ist gering. Stattdessen gewinnen Hybridantriebe an Bedeutung. Gewünscht werden kleinere, leichte und effiziente Fahrzeuge.

Klimafeind Nummer 1 – Flugverkehr

Der größte Klimakiller, was Verkehr und Transport anbelangt, ist natürlich das Flugzeug und das wird sich wohl in den nächsten Jahren nicht ändern, wenn die Wachstumsprognosen für den Flugverkehr Recht behalten. Flugzeug-Emissionen sind drei- bis viermal so stark wie bodennahe Emissionen. Daher wird vom Verkehrsclub Deutschland folgendes vorgeschlagen: Verzichten Sie auf unnötige Fahrten und wählen Sie umweltverträgliche, sparsame Verkehrsmittel.

1 🗣 **Welche Verkehrsmittel benutzen Sie normalerweise im Alltag und welche, wenn Sie in Ferien fahren? Diskutieren Sie in der Klasse und begründen sie Ihre Antworten.**

2 **Lesen Sie den Artikel (oben) und beantworten Sie die Fragen auf Deutsch.**

 a Woran sieht man, dass die Deutschen an ihren Autos hängen?

 b Warum sind öffentliche Verkehrsmittel nicht für alle eine bessere Alternative?

 c Was halten die deutschen Autofahrer von Elektroautos?

 d Wie werden die Autos der Zukunft aussehen? (3)

 e Wie kann man die Umwelt schonen und trotzdem mobil bleiben? (2)

3a 🎧 **Hören Sie sich den Bericht zum Thema „Auto der Zukunft" an und ordnen Sie die folgenden Begriffe in der Reihenfolge, in der Sie sie hören.**

 a subventioniert **e** Benzinschlucker
 b Ölkrise **f** Batterien
 c Holzvergaser **g** Umweltminister
 d Wasserstoff

3b 🎧 **Hören Sie sich den Bericht noch einmal an und wählen Sie jeweils die Ergänzung, die am besten passt.**

 1 Vor 50 Jahren hat man den Holzvergaser _____.

  a eingeführt **b** entwickelt **c** verboten

 2 Fossile Energiequellen werden bald _____ sein.

  a aufgebraucht **b** ausgenutzt **c** vorrätig

 3 Seit der Energiekrise hat man mehr Benzin _____.

  a gespart **b** verbraucht **c** umgewandelt

 4 Wasserstoff wird von _____ wiederverwertet.

  a den Pflanzen **b** den Menschen
  c den Autos

 5 Die Großproduktion soll _____ auf vollen Touren laufen.

  a in fünf Monaten **b** 2050
  c in fünf Jahren

 6 Der Liter Benzin soll _____ kosten.

  a sechzehn Cent **b** sechzig Euro
  c fünfundsechzig Cent

 7 Man arbeitet an der Herstellung von _____.

  a Kleinwagen
  b Prestigewagen mit 5-Liter–Verbrauch
  c neuen Energieformen

4a Lesen Sie diese Fakten zum Thema „Flugverkehr" und suchen Sie die Antwort auf die folgende Frage.

Wie viele Kilometer produzieren eine Tonne CO_2 bei einer Flugreise?

a 7 000　**b** 3 000　**c** 17 000

Wussten Sie, dass das Flugzeug wirklich das umweltschädlichste Verkehrsmittel ist? Während man mit der Bahn 17 000 Kilometer zurücklegen kann, bevor eine Tonne CO_2 produziert wird, sind es beim Fliegen gerade einmal 3 000 und mit dem Auto 7 000. Das heißt also, dass Flugreisen fünfmal klimaschädlicher sind als Bahnreisen.

Rund zwei Milliarden Menschen fliegen pro Jahr weltweit. Im Jahr 2006 waren es in der Bundesrepublik Deutschland allein 154 Millionen, die mit dem Flugzeug in den Urlaub fuhren oder Geschäftsreisen unternahmen. Und die Zahl wächst jährlich noch weiter.

Billigflugreisen ermöglichen es immer mehr Menschen, in den Urlaub zu fliegen und exotische Reiseziele auszuwählen. Wochenendausflüge und Kurztrips werden auch beliebter und je mehr Verbraucher sich diese Reisen leisten können, desto mehr tragen sie dadurch zum Treibhauseffekt bei.

In der Bundesrepublik produziert ein Bürger durch seine Heizung, den allgemeinen Stromverbrauch zu Hause und durch das Autofahren im Durchschnitt ungefähr 10 000 Kilo CO_2 Emissionen und trägt auf diese Weise beträchtlich zur Umweltverschmutzung bei. Unternimmt er dazu noch eine Flugreise an die Westküste der Vereinigten Staaten von Amerika werden zwei Drittel der Emissionen freigesetzt, die er normalerweise in einem ganzen Jahr produziert.

4b Ergänzen Sie die Lücken mit dem richtigen Wort im Kasten.

a Was den _____ betrifft, stehen Flugzeuge an letzter Stelle.

b Auch in Deutschland steigt die _____ der Flugpassagiere.

c _____ werden immer beliebter, weil sie erschwinglich sind.

d Aber auch _____ tragen ebenso zum Treibhauseffekt bei.

e Der _____, den ein Durchschnittsbürger zur Umweltverschmutzung, leistet hängt davon ab, wie viele _____ er produziert.

Nummer　Kurzflugreisen　Klimawandel
Beitrag　Emissionen　Zahl　Fernreisen
Abgase　Klimaschutz

4c Warum ist das Flugzeug das umweltschädlichste Verkehrsmittel? Erarbeiten Sie eine Liste von Argumenten aus den Texten. Vergleichen Sie dann mit einem Partner/einer Partnerin oder mit der Klasse und diskutieren Sie inwiefern Sie diesen Argumenten zustimmen.

5 Übersetzten Sie die folgenden Sätze ins Englische. Lesen Sie davor noch einmal den *Tipp* auf Seite 7.

a Leider benutzen die meisten Leute immer noch lieber das Auto als öffentliche Verkehrsmittel, obwohl man keine Zeit spart, denn die Fahrt dauert oft länger.

b Die Autohersteller wollen verantwortlich handeln und einen Beitrag zum Klimaschutz leisten, daher haben sie klimaschonende Elektroautos entwickelt.

c Obwohl immer mehr billige Flugreisen angeboten werden, sollte man als umweltbewusster Bürger den Zug als Transportmittel wählen, auch wenn man sich eine Fernflugreise leisten kann.

6a Sollte man Billigflugreisen verbieten? Arbeiten Sie mit einem Partner und machen Sie eine Liste von Vor- und Nachteilen.

6b Diskutieren Sie dann in der Klasse. Überwiegen die Vorteile oder die Nachteile?

Prüfungstraining

Revision of verb tenses

The perfect tense (*Perfekt*)

- The perfect tense is used in speech and in colloquial passages. It can be translated into English with either the simple past or the present perfect.

  Sie hat das Licht nicht ausgemacht. *She didn't switch off the light./She hasn't switched off the light.*

- To form the perfect tense, most verbs use the present tense forms of *haben* and the past participle of the verb, but some (often verbs that imply movement) use the present tense forms of *sein* and the past participle of the verb.

  Wir **haben** energiesparende Glühbirnen **verwendet**. Er **ist** zu Fuß zur Schule **gegangen**.

The imperfect tense (*Imperfekt*)

- The imperfect tense is used more in writing for narratives or reports. To form the imperfect of weak/regular verbs, add the following endings to the stem of the verb:

ich	-te
du	-test
er/sie/es	-te
wir	-ten
ihr	-tet
sie/Sie	-ten

- Strong/irregular verbs change the stem to form the imperfect. Each has to be learnt. The following endings are then added to the imperfect stem:

ich	–
du	-st
er/sie/es	–
wir	-en
ihr	-t
sie/Sie	-en

The pluperfect tense (*Plusquamperfekt*)

- The pluperfect tense is often used in *nachdem* clauses and to express that something had happened before something else.

- To form the pluperfect, use the appropriate imperfect form of either *haben* or *sein* and the past participle of the verb.

  Nachdem das erste Forschungsprojekt so erfolgreich **gewesen war**, finanzierte die Regierung noch weitere Projekte.

The future tense (*Futur*)

- The future tense tends to be used to emphasise a contrast between the present and the future.

  Dieses Jahr fahren wir mit dem Auto in die Ferien, aber nächsten Sommer **werden** wir mit dem Eurostar **fahren**.

- It is also used to express a strong intention.

  Morgen **werde** ich ganz bestimmt mit dem Rad **fahren**.

- However, especially if there is an expression of time which clearly indicates the future, the present tense is preferred.

  Nächsten Sommer **fahre** ich mit dem Rad in die Schweiz.

- To form the future tense, use the present tense of *werden* followed by the infinitive, which goes to the end of the clause.

  Das Bundesumweltministerium **wird** in Zukunft noch mehr Geld für Umweltprojekte zur Verfügung **stellen**.

A Ergänzen Sie diese Sätze mit der richtigen Zeitform. Benutzen Sie die Verben in den Klammern.

a Deutschland _____ letztes Jahr mehr als 50 Milliarden Flaschen. (*produzieren*)

b Vor Jahren _____ die Bundesrepublik mit ihrer Umweltpolitik in Europa an der Spitze _____. (*stehen*)

c Diese Umweltprojekte _____ letzen Sommer viele Arbeitsplätze _____. (*schaffen*)

d Nachdem man die neuen Flaschen _____ _____, _____ man sie wieder mit Saft. (*reinigen, füllen*)

e Heute morgen _____ der Umweltminister zur Eröffnung einer Umweltausstellung nach München _____. (*fahren*)

f Bei der nächsten Greenpeace Demonstration _____ meine Freunde und ich bestimmt _____. (*teilnehmen*)

g Die Umweltkonferenz _____ einen besseren Überblick über die nächsten Aktionen _____. (*geben*)

Tipp

Translating from German into English

Reread the *Tipp* on page 7.

Your translation from German into English in the exam should:

- reflect the meaning of the original passage
- match the style and register of the original passage
- make sense in English and read like an original piece

The golden rule: translate as closely to the original as possible, making sure it sounds natural in English.

Use the following techniques when translating:

- Read for gist first so that you are aware of general meaning.
- Look at phrases rather than individual words: for example, *immer wieder* translates as 'again and again'.
- Use contextual clues.

A Find these expressions in the article on page 7 and guess from the context what they might mean:

- a ständiger Energieverbrauch
- b überflüssiger Klimaanlagen
- c nervt

- Find the <u>verb</u> of the sentence, as it will help you find the subject.

B Find the subject(s) and name the verb tense(s) of the following sentences:

- a 75% seines Lebens verbringt der moderne Mensch in einem geschlossenen Raum.
- b Der ständige Lärm der Klimaanlagen nervte den Büromenschen so sehr, dass er krank wurde.

- Take care with details such as prepositions and adverbs. Study these examples:

  interessiert sein **an** – *to be interested* **in**
  teilnehmen **an** – *to take part* **in**
  beitragen **zu** – *to contribute* **to**

  zwar – *indeed, admittedly*
  dennoch – *nevertheless, even so, yet*
  jedoch – *however*
  trotz, trotzdem – *in spite of, despite*

C Translate these sentences into English.

- a Er hat zwar nie an einer Demonstration teilgenommen, interessierte sich aber trotzdem für die Umwelt.
- b Wir recyceln zwar unsere Flaschen, fahren aber trotzdem mit dem Auto zur Schule.
- c Sie weiß nichts, dennoch redet sie überall mit.

- Translate tenses correctly. Remember that in German *seit* is used with the present tense whereas in English the perfect tense is used:

  Er **ist** seit zwei Monaten Mitglied bei Greenpeace.
  *He **has been** a Greenpeace member for two months.*

- Work out compound nouns from their individual components.

D Read the report below, then look at these nouns and discuss what they might mean. Break them up and look at each part individually; and think about the context.

- a Kreislaufwirtschaft
- b Elektroschrott
- c Abfallwirtschaftssystem

E Find these expressions in the report below. Then translate each one within the context of the sentence.

- a Abfallbeseitigung
- b ehrgeizige Pläne
- c überflüssig
- d sollen ... eingesetzt werden
- e Abfallwirtschaft

F Translate the whole text. Compare with others in the class.

Hundertprozentige Verwertung

Das Land Rheinland-Pfalz hat ehrgeizige Pläne zum Thema „Abfallbeseitigung", denn das Land will eine sogenannte Kreislaufwirtschaft einführen. Das Ziel ist die hundertprozentige Verwertung, das heißt, alle Abfälle wiederzuverwerten, so dass Mülldeponien überflüssig werden. Eine Broschüre zeigt Vorschläge für die Verwertung von Altmetall, Elektroschrott sowie Altpapier. Bei der Verwertung und beim Konsum sollen die Ressourcen so effizient wie möglich eingesetzt werden.

Rheinland-Pfalz arbeitet auch mit anderen Ländern im Bereich Abfallwirtschaft zusammen. Mit dem Umweltminister aus Ruanda hat man einen Plan erarbeitet, um das Abfallwirtschaftssystem des Landes in Zusammenarbeit mit einer Firma aus Rheinland-Pfalz zu erneuern.

Vokabeln

Ursachen und Auswirkungen — pages 6–7

die Auswirkung	effect
der Brennstoff	fuel
die Energiequelle	energy source
das Kraftwerk	power station
der Meeresspiegel	sea level
die Ursache	cause
der Wirbelsturm	cyclone
sich anpassen	to adjust, to conform to
bedecken	to cover
beitragen zu	to contribute to
verhindern	to prevent
verschonen	to spare
erheblich	considerable
orkanartig	of almost the force of a hurricane
vermehrt	increased
wolkenbruchartig	torrential
sich an eine neue Situation anpassen	to adapt to a new situation
sich auf die Umwelt auswirken	to affect/have an effect on the environment

Individuelle oder globale Verantwortung — pages 8–9

der Müllablageplatz	refuse dump/tip
die Müllkippe	refuse dump
der Rohstoff	raw material
der Urwald	rainforest
die Wiederverwertung	recycling
bestehen aus	to consist of
errichten	to set up, establish
ersticken	to suffocate
gefährdet sein	to be endangered
herstellen	to produce
steigen	to increase
zerstören	to destroy
einheimisch	local
sich mit dem Problem beschäftigen	to deal with the problem
auf etwas aufmerksam machen	to draw attention to something

Grüne Transportinitiativen — pages 10–11

der Antrieb	engine
die Bilanz	outcome, balance
die Gewohnheit	habit
auslasten	to use fully/to full capacity
etwas erwarten	to expect something
sich etwas leisten	to afford something
(sich) verringern	to reduce
verzichten auf	to do without
zurücklegen	to cover (a distance)
erschwinglich	affordable
klimaschonend	protecting the climate
stattdessen	instead
wesentlich	essential
was den Verkehr anbelangt	as far as traffic is concerned
auf die Aktion der Umweltorganisation setzen	to place one's hopes on the action of the environmental organisation

Sie sind dran!

Vervollständigen Sie diese Sätze mit Vokabeln aus der obigen Liste.

a Fossile _____ sind Energieträger, die dazu _____, unsere Umwelt zu verschmutzen, deshalb sollten wir alternative _____ fördern.

b Wir können alle etwas für die Umwelt tun und durch _____ den Abfall in den _____ reduzieren.

c Tierarten, die _____ nicht an die neuen Lebensräume _____, werden wahrscheinlich aussterben.

d Letzte Woche _____ unser Lehrer auf das Abfallproblem in unserer Schule _____ _____.

2 Energieversorgung

Energieverbrauch 2003

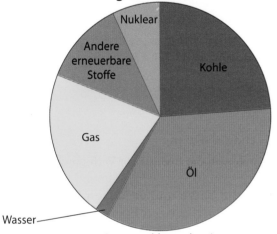

Prozentzahlen weltweit

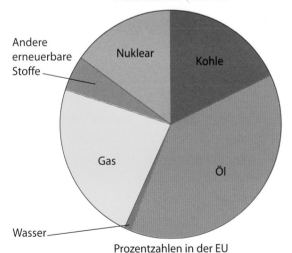

Prozentzahlen in der EU

1a Vergleichen Sie die beiden Kreisdiagramme und diskutieren Sie wie die Energieversorgung für Großbritannien und Deutschland aussehen könnte.

1b Überlegen Sie Vor- und Nachteile der fossilen Energiequellen Öl und Kohle mit einem Partner/einer Partnerin. Diskutieren Sie dann in der Klasse.

1c Diskutieren Sie, wie sich die Energieversorgung in der Zukunft möglicherweise entwickeln wird. Begründen Sie Ihre Meinung.

Fossile Energiequellen oder Atomenergie?

▸ *Ist es in unserer heutigen Gesellschaft möglich, die Energieversorgung in der Zukunft auch ohne Atomenergie zu garantieren?*

Frage: Deutschland will aus der Atomenergie aussteigen. Ist das nicht ein großer Fehler?

Herr Müller: Auf keinen Fall. In Deutschland sollen die Atomkraftwerke bis 2020 nach und nach stillgelegt werden, und das ist auch richtig so. Und im deutschen Bundestag gibt es auch keine Mehrheit für eine Verlängerung oder für ein neues Atomkraftwerk. Ich glaube auch, dass die Mehrheit der deutschen Bevölkerung der Atomenergie skeptisch gegenüber steht. Wir werden auch ohne Atomenergie unsere Energieversorgung gewährleisten, wenn wir die erneuerbaren Energiequellen weiter entwickeln und neun weitere Kohlekraftwerke bauen, die sauberer und effizienter als die alten sind.

Frage: In England hat sich die Regierung für den Bau von neuen Atomkraftwerken ausgesprochen. Was meinen Sie dazu?

Herr Müller: Die britische Regierung ist zwar für den Bau neuer Atomkraftwerke, aber nur deshalb, weil die Energieversorger die Kosten tragen. Außerdem sollen nur die alten Atomreaktoren ersetzt werden, da sie aus Sicherheitsgründen stillgelegt werden müssen.

Frage: Aber Sie müssen doch zugeben, dass die neueren Atomkraftwerke viel sicherer, vor allem aber klimafreundlich sind und somit zu einer sauberen, effizienten Energieversorgung beitragen?

Herr Müller: Selbst wenn die Atomreaktoren heute sicherer sind, eine hundertprozentige Sicherheit gibt es nicht. Den Atomreaktorunfall von Tschernobyl im Jahr 1986 hat man in Deutschland bis heute noch nicht vergessen. Aber das größte Problem ist die Entsorgung des radioaktiven Atommülls. Bis jetzt gibt es noch kein einziges, sicheres Lager für den Atommüll.

Frage: Sie glauben also, dass Deutschland in Zukunft seinen Energiebedarf auch ohne Kernenergie decken kann?

Herr Müller: Auf jeden Fall. Die deutsche Regierung investiert in erneuerbare Technologien und fördert den Ausbau nachhaltiger Energiequellen. Außerdem will man neun neue, effizientere Kohlekraftwerke bauen, und dann liegt da ein nie endendes Energiepotenzial im Erdinnern – diese Geothermie kann man in den kommenden Jahren ausbauen und wirtschaftlich nutzen.

1a Lesen Sie das Interview und ordnen Sie die richtigen Definitionen einander zu.

- **a** aus der Atomenergie aussteigen
- **b** stilllegen
- **c** gewährleisten
- **d** Energieversorger
- **e** ersetzen
- **f** das Problem der Entsorgung
- **g** den Energiebedarf decken

- **1** man weiß nicht, was man mit dem Abfall machen soll
- **2** genug Energie für alle produzieren
- **3** schließen
- **4** keine Kernkraft nutzen
- **5** garantieren
- **6** etwas anderes nutzen
- **7** Unternehmen, die Energie zur Verfügung stellen

1b Lesen Sie die Sätze und ergänzen Sie die Lücken mit der richtigen Form der Verben im Kasten.

- **a** Wenn Deutschland aus der Atomenergie _____, muss das Land andere Energiequellen _____.
- **b** Viele Menschen _____ der Atomenergie skeptisch _____.
- **c** Die Bundesregierung _____ in neue Kohlekraftwerke investieren.
- **d** In England _____ man die alten Atomreaktoren.
- **e** Es ist wichtig, dass die Regierung die Energieversorgung in der Zukunft _____.
- **f** In Deutschland will man erneuerbare Technologien _____.

> wollen   gewährleisten   aussteigen
> ersetzen   gegenüberstehen   fördern

1c Lesen Sie das Interview noch einmal und schreiben Sie die Argumente gegen Atomenergie auf, die erwähnt werden. Vergleichen Sie dann in der Klasse.

1d Versuchen Sie Gegenargumente zu diesen Argumenten zu erarbeiten.

Tipp

Presenting an argument for or against an issue

In your speaking exam you have to present your point of view with convincing arguments, and respond to the examiner appropriately. You need to be able to explain, defend and justify your point of view.

- Read the two statements you are given carefully and decide which one you want to present.
- Write out in German a list of arguments in support of the statement you have chosen.
- Develop your arguments by giving examples and justifications.
- You will have up to one minute to outline and expand on your point of view.
- When you have finished, the examiner will challenge your argument with questions and counter-arguments: more about this on page 39.

You could use the following expressions to introduce your points:

Ich stimme mit diesem Standpunkt überein, weil …
I agree with this point of view, because …

Obwohl man behaupten kann, dass …, würde ich sagen, dass …
Although one can claim that …, I'd say that …

Manche Leute sagen, dass, …, aber ich …
Some people say that … but I …

Außerdem bin ich der Ansicht, dass …
Apart from that, I am of the opinion that …

A **What other expressions could you use? Work with a partner and write a list. Compare with the rest of the class. For more useful expressions see the *Tipp* on page 21.**

2a Hören Sie sich das Gespräch zwischen einem Gegner und einem Befürworter der Nuklearindustrie an und notieren Sie:

- Argumente für Atomkraft
- Argumente gegen Atomkraft
- die Situation in anderen Ländern

2b Wählen Sie das Wort, das am besten passt, sodass die Aussagen mit dem Sinn des Gesprächs übereinstimmen.

a In Frankreich liefert die Atomenergie _____ der Energieversorgung.

> den größten Teil   einen großen Teil
> einen größeren Teil

b Keiner der 6000 Angestellten von Sellafield will seine Arbeitsstelle _____.

> vergessen   verlassen   verlieren

c In den USA produzierten über 100 Atomkraftwerke _____ des Energiebedarfs.

> ein Viertel   mehr als ein Viertel
> weniger als ein Viertel

d Alternative Energiequellen sind _____.

> sicherer   effizienter   sauberer

e Einige Umweltorganisationen warnen vor _____.

> giftigem Material   einem Kernkraftunfall
> Krebskrankheiten

3a Lesen Sie die Meinungen unten. Welcher Aussage stimmen Sie zu und warum? Erarbeiten Sie eine Liste mit Ihren Argumenten. Lesen Sie zuvor den *Tipp* noch einmal.

Atomenergie: nötig oder unnötig für unsere Energieversorgung?

Atomenergie ist effizient, und außerdem wird kein oder kaum CO_2 freigesetzt.

Atomkraftwerke sind nicht sicher, und außerdem ist die Lagerung des hochradioaktiven Atommülls ein ungelöstes Problem.

3b Stellen Sie Ihre Argumente einem Partner/einer Partnerin vor. Ihr(e) Partner(in) macht Notizen zu den folgenden Punkten und gibt Ihnen dann sein/ihr Feedback:

- Ausdrücke aus dem *Tipp*
- passende Beispiele

Vergessen Sie nicht, dass Sie nur eine Minute Zeit haben, um Ihre Argumente vorzutragen.

Nachhaltige Energieversorgung

▶ *Werden wir unseren steigenden Energiebedarf mit alternativen Energiequellen decken können oder müssen wir unseren Energiebedarf reduzieren?*

Windkraft in Deutschland

Im Jahr 1984 produzierte die Firma Enercon ihre erste Windturbine. Das war der Anfang ihrer Erfolgsgeschichte. Der Gründer des Unternehmens, der Ingenieur Aloys Wobben, hatte damals den genialen Einfall, aus Wind Energie zu gewinnen. Der Erfolg der Firma ist nicht nur ihrem innovativen Produkt zu verdanken, sondern auch dem perfekten Service und der starken Internationalisierung, was zu einem hohen Wachstum führte. Derzeit hat Enercon Niederlassungen in Indien, Brasilien, der Türkei, Schweden und Portugal.

Die ersten Windräder der achtziger Jahre haben nicht mehr viel mit den heutigen Hightech-Anlagen gemeinsam. Was die neuen Windräder auszeichnet, ist das markante, tropfenförmige Maschinenhaus, das der berühmte englische Architekt Lord Norman Foster entworfen hat. Heute steht das Unternehmen nicht nur in Deutschland an der Spitze, sondern ist auch weltweit führend in der Technologie.

Für die Stadt Aurich und die Region Ostfriesland bedeutete dies ein wirtschaftlicher Erfolg, denn durch ihre Küstenlage war die Gegend ideal für die Errichtung von Windparks. Zur Zeit liefert Windenergie fast 90 Prozent des Stromverbrauchs in ganz Ostfriesland. In Zukunft werden jedoch die Potenziale für Offshore-Windparks weiter erschlossen, da das Land an der Küste knapp wird. Die Bundesregierung rechnet damit, dass bis 2025/2030 Offshore-Windparks bis zu 25 000 Megawatt Energie liefern werden.

1a Lesen Sie die Information über Windenergie in Deutschland und schlagen Sie diese Wörter nach. Suchen Sie dann die Synonyme im Text.

a Energie liefern	**d** markant
b Standorte	**e** entwickeln
c unterscheiden	**f** nicht ausreichend

1b Lesen Sie die Aussagen und wählen Sie jeweils R (richtig), F (falsch) oder NA (nicht angegeben).

a Das Unternehmen wurde Anfang der achtziger Jahre ins Leben gerufen.

b Aloys Wobben war der erste Ingenieur, der aus Wind Energie gewinnen wollte.

c Der Erfolg der Firma liegt nicht an ihrem perfekten Service.

d Die heutigen Windräder sind ähnlich wie die ersten Windräder.

e Die Technologie der Firma Enercon ist in der ganzen Welt bekannt.

f Der Erfolg des Unternehmens hat viele Arbeitsplätze geschaffen.

g Die Bundesregierung will Offshore-Windparks weiterentwickeln.

2a Bevor Sie den Beitrag zum Thema Energieverbrauch in Deutschland hören, finden Sie die passenden Ausdrücke.

a der Wert	**1** part, percentage
b erwarten	**2** to encourage
c der Anteil	**3** ambitious
d anregen	**4** worth, value
e ehrgeizig	**5** renovation of buildings
f die Gebäudesanierung	**6** to expect

2b  Hören Sie sich den Bericht an und schreiben Sie dann die richtigen Zahlen.

a Der Energieverbrauch ist seit den 70er Jahren um _____ % gestiegen.

b In der Zukunft soll der Energieverbrauch um _____ % zurückgehen.

c Die größten Anteile an der Energieversorgung haben Mineralöl mit _____ % und Erdgas mit _____ %.

d Die Bundesregierung will _____ Euro in erneuerbare Energien investieren.

e Bis zum Jahr _____ sollen _____ % des Stromverbrauchs durch erneuerbare Energien gedeckt werden.

f Die Renovierung von Gebäuden will die Bundesregierung mit _____ Euro unterstützen.

Umweltfreundliches Energieverhalten

Welche Motive führen bei der heutigen Bevölkerung zu umweltfreundlichem Verhalten? Einer Umfrage zufolge zeigt sich beim Energieverhalten, dass die größte Motivation seinen Energiebedarf zu drosseln leider nicht die Umwelt ist. Vielmehr spielen finanzielle Gründe eine bedeutendere Rolle. Man dreht die Heizung herunter und verwendet Energiesparlampen nicht etwa um den Treibhauseffekt zu reduzieren, sondern weil die Stromrechnung zu hoch ist.

Sein Haus mit Solarzellen auszustatten, ist immer noch teuer und es fehlt der finanzielle Anreiz. Oft wird auch unser Energieverhalten von unserem Lebensstil bestimmt. Es ist einfach schneller und praktischer zu duschen. Ob man es allerdings macht, um Wasser zu sparen, ist fraglich.

Beim Einkaufsverhalten ist es allerdings etwas anders. Umweltfreundliche Reinigungsmittel und Waschpulver werden aus Umweltschutzgründen gekauft, auch wenn sie oft teurer sind.

Recyclingpapier wird verwendet, weil man zur Müllreduzierung beitragen will. Diese Entscheidungen wurden also getroffen, um etwas für die Umwelt zu tun.

Obwohl unser Energieverhalten sich hauptsächlich aus finanziellen Gründen ändert, wirkt sich dieses Verhalten natürlich positiv auf unsere Umwelt aus.

3 Lesen Sie die Zusammenfassung einer Umfrage (oben). Lesen Sie dann die Aussagen und wählen Sie die drei Sätze, die mit dem Sinn des Textes übereinstimmen.

a Wir verbrauchen weniger Energie, weil Strom heute sehr viel kostet.

b Wenn wir mehr Zeit hätten, würden wir noch weniger Energie sparen, weil wir vielleicht mehr baden würden.

c Unser Wasserverbrauch hat sich reduziert, weil unser Leben heute hektischer ist.

d Die Umwelt spielt auch beim Einkaufen keine größere Rolle als die Kosten.

e Recycling wird nur wenig mit Umweltschutz verbunden.

f Ein angenehmer Lebensstil ist nicht so wichtig wie die Umwelt.

4 Hören Sie sich einen Bericht über die Entwicklung der Solarenergie an. Lesen Sie die Aussagen und wählen Sie a, b oder c, so dass die Aussagen mit dem Sinn des Berichts übereinstimmen.

1 Bis zum Jahr 2030 werden _____ sechs Millionen Menschen in der Solarbranche beschäftigt sein.

a fast   b mindestens   c über

2 Die Solarindustrie _____ .

a steht in Deutschland an zweiter Stelle
b wächst allmählich   c hat sich sehr erhöht

3 Die Entwicklung der Solarenergie ermöglicht _____ auch in armen Ländern.

a Elektrizität   b Arbeitsplätze
c bessere Häuser

4 Man hofft nun darauf, dass die _____ für Solarstrom sinken werden.

a Preis   b Kosten   c Geldsummen

5a Lesen Sie die beiden Aussagen und erarbeiten Sie Argumente und Beispiele, die zu diesen Meinungen passen. Schreiben Sie Ihre Argumente auf und benutzten Sie dabei Ausdrücke aus dem *Tipp* auf Seite 17. Versuchen Sie auch ein paar Sätze im Passiv einzubauen (lesen Sie Seite 20).

5b Stellen Sie ihre Argumente und Beispiele einem Partner/einer Partnerin oder der Klasse vor. Vergessen Sie nicht: Sie haben nur eine Minute Zeit dazu!

Sparen wir schon genug Energie oder noch nicht?

Obwohl die meisten Leute heute wissen, dass wir mehr Energie sparen sollten, hat sich unser Energieverhalten nicht sehr verändert.

Unser Energieverhalten hat sich schon geändert. Es gibt viel mehr Häuser mit Solarzellen und jeder benutzt heute energiesparende Glühbirnen.

19

Prüfungstraining

Grammatik
➡ 150–2 ➡ W64, 84

Revision of the passive

When a verb is in the passive, the stress is on the action rather than the protagonists. The subject of the verb is not the active part; something is happening to or being done to the subject.

The passive is formed by using the appropriate form of *werden* and the past participle of the verb.

- Present tense
  Hier **wird** ein neuer Windpark **geplant** und mehr Windparks **werden** auch an der Küste **geplant**.
  A new windfarm is planned here and more windfarms are also planned on the coast.

- Imperfect tense
  Alle alten Häuser **wurden modernisiert**.
  All the old houses were modernised.

- Perfect tense
  Viel Energie **ist gespart worden**.
  A lot of energy has been saved.

- Pluperfect tense
  Die finanziellen Anreize **waren gestrichen worden**.
  The financial incentives had been cancelled.

- Future tense
  Umweltfreundliche Passivhäuser **werden gebaut werden**.
  Environmentally-friendly houses will be built.

A Read „Umweltfreundliches Energieverhalten" on page 19 again and find four verbs in the passive. Translate those four sentences into English.

- To avoid using the passive you can use *man*. When changing a passive structure into an active one, make sure you use the correct tense.
  Alle alternativen Energiequellen **werden gefördert**. (passive, present tense)
  → Man **fördert** alle alternativen Energiequellen. (active, present tense)

B Change these sentences using *man* with an active verb.

- a Umweltfreundliche Reinigungsmittel wurden letzten Monat besonders viel gekauft.
- b Täglich wird gegen den neuen Windpark demonstriert.
- c Die öffentlichen Verkehrsmittel werden in den nächsten Jahren verbessert werden.
- d Viele Passivhäuser sind letzte Woche hier eröffnet worden.

- To avoid the passive you can also use *sich lassen* + infinitive.
  Es **lässt sich** nicht **abstreiten**, dass die Umwelt ein wichtiges Thema ist.
  It cannot be denied that the environment is an important topic.

C Translate these sentences into English.

- a Es ließ sich nicht leugnen, dass wir zu viel Energie verschwendeten. (leugnen – *to deny*)
- b Es lässt sich leicht beweisen, dass Radfahren umweltfreundlicher als Autofahren ist. (beweisen – *to prove*)
- c Es lässt sich kaum rechtfertigen, dass du jede Woche einmal nach Berlin fliegst, um deine Freundin zu besuchen. (rechtfertigen – *to justify*)

- Verbs which are followed by the dative case can be used in an 'impersonal passive' in German:
  Mir **wurde gesagt**, dass ich alle Zeitungen recyceln muss.
  I was told that I had to recycle all newspapers.

D Translate the following sentences into English:

- a Uns wurde empfohlen, zu duschen anstatt zu baden.
- b Ihnen wird beim Bau des Windparks finanziell geholfen.
- c Ihm ist gesagt worden, die Heizung herunterzuschalten.

E Now rewrite the sentences in exercise D, changing the tense: put sentence …

- a in the passive present.
- b in the passive imperfect.
- c in the passive pluperfect.

F Complete the sentences using the verb in brackets in the correct tense of the passive.

- a Heutzutage _____ viel mehr als früher für die Umwelt _____. (*machen*)
- b In vielen Großstädten _____ vor einigen Jahren das sogenannte Rent-a-bike _____. (*einführen*)
- c In vielen Geschäften _____ in den nächsten Jahren mehr recycelte Produkte _____ _____. (*verkaufen*)
- d Dieses Jahr _____ mehr Energie _____ _____ als letztes Jahr. (*sparen*)

Tipp

Presenting an argument for or against an issue

- You need to explain and give reasons for defending your point of view.
- Aim to present approximately four different arguments to back up your opinion.
- Develop each argument with one or more examples or justifications.
- Try to use a variety of expressions. Here are some useful phrases:

Ich bin der Auffassung, dass …	*I am of the opinion that …*
Wenn es nach mir ginge …	*If it were up to me …*
Ich bin davon überzeugt, dass …	*I am convinced that …*
Wie ich gelesen habe …	*As I have read …*
Es ist offensichtlich, dass …	*It is obvious that …*
Man sieht das daran, dass …	*You can see that in …*
Einerseits … andererseits …	*On the one hand … on the other hand …*

 A

> Um die Stromversorgung in der Zukunft zu gewährleisten, sollten wir vor allem weniger Strom verbrauchen. Wir müssen unseren Lebensstil ändern und umdenken lernen.

Think of areas where we could use less energy. Here are four to start with:

- at home   - schools   - industry   - tourism

Think of two examples and justifications for each area.

Now think of the consequences if we don't change our lifestyle and relate them to your examples.

Write down your arguments **in German**, with examples and consequences, and use a suitable expression from the list above to introduce each one. Avoid using *Ich denke, dass …*

Practise reading your arguments to yourself until you are fluent and feel confident, then time yourself – remember you only have one minute – and adjust your arguments accordingly.

Work with a partner. Present your arguments and your partner will time you and point out any mistakes he/she notices.

In order to practise and improve your pronunciation, record yourself and ask your teacher to check your recording.

B Develop a list of arguments to defend the point of view in this speech bubble, using expressions from the list above. Follow the steps listed for task A.

> Um eine nachhaltige Stromversorgung auch für künftige Generationen zu sichern, müssen wir unbedingt mehr in alternative Energiequellen wie zum Beispiel Solarenergie investieren.

Fossile Energiequellen oder Atomenergie? pages 16–17

das Atomkraftwerk	*nuclear power station*
die Bundesregierung	*the Federal Government*
der deutsche Bundestag	*the German Parliament*
die Energieversorgung	*energy supply*
die Entsorgung	*waste disposal*
die Kernkraft	*nuclear power*
die Lagerung	*storage*
der Lebensunterhalt	*livelihood*
aus … aussteigen	*to quit, get out of*
beweisen	*to prove*
gewährleisten	*to guarantee*
liefern	*to deliver, supply*
stilllegen	*to shut down*
giftig	*poisonous*
nachhaltig	*sustainable*
wirtschaftlich	*economically*
den Energiebedarf decken	*to meet the energy needs*
einem Problem gegenüberstehen	*to face a problem*

Nachhaltige Energieversorgung pages 18–19

der (finanzielle) Anreiz	*(financial) incentive*
der Einfall	*idea*
der Energieverbrauch	*energy consumption*
das Energieverhalten	*energy habit*
die Errichtung	*setting up*
der Gründer	*founder*
die Niederlassung	*branch (of a business)*
die Stromrechnung	*electricity bill*
das Wachstum	*growth*
das Windrad	*wind turbine*
bestimmen	*to determine*
drosseln	*to cut back, reduce*
etwas entwerfen	*to design something*
erschließen	*to develop, tap into*
führen	*to lead*
beschäftigt sein	*to be employed*
hauptsächlich	*mainly*
markant	*distinctive, striking*
preisgünstig	*inexpensive*
steigend	*rising*
vielmehr	*moreover*
aus finanziellen/ wirtschaftlichen Gründen	*for financial/economic reasons*
sich auf die Umwelt auswirken	*to have an effect on the environment*

Weitere Vokabeln

die Ansicht	*view, opinion*
die Auffassung	*opinion, view*
der Beweis	*proof*
das Kreisdiagramm	*pie chart*
der Standpunkt	*point of view*
allmählich	*gradual, gradually*
es ist fraglich	*it is doubtful*
über etwas nachdenken	*to reflect on something*
etwas rechtfertigen	*to justify*
sich etwas überlegen	*to think about something*
einer Umfrage zufolge	*according to a survey*

Sie sind dran!

Vervollständigen Sie diese Sätze mit Vokabeln aus der obigen Liste.

a Ohne finanziellen _____ lässt sich unser _____ nicht _____.

b Man soll Windparks weiterhin _____, was bedeutet, dass mehr Menschen in dieser Branche _____ _____ werden.

c Die _____ will die Energieversorgung in der Zukunft _____, auch ohne neue _____ zu bauen.

3 Umweltschutz

By the end of this unit you will be able to:

▶ Discuss ways of minimising environmental damage
▶ Describe initiatives to improve environmental awareness and change behaviour
▶ Discuss the role of pressure groups
▶ Talk about the responsibility of industrialised nations towards others, especially developing countries

▶ Convert active sentences and clauses into passive ones
▶ Develop your arguments for or against an issue

1 Lesen Sie diese Aussagen und ordnen Sie sie je nach Ihrer persönlichen Rangordnung. Begründen Sie Ihre Entscheidung und vergleichen und diskutieren Sie die Ergebnisse in der Klasse.

a umweltfreundliches Bauen und Renovieren
b Benutzung öffentlicher Verkehrsmittel
c der Kauf von recycelten Produkten
d umweltfreundliches Autofahren
e Mülltrennung und Wiederverwertung
f Engagement in einer Umweltorganisation
g sparsamer Energieverbrauch
h sparsame Nutzung von Trinkwasser
i verantwortungsbewusstes Konsumverhalten
j Benutzung von Grünem Strom

Umdenken heißt grün denken

▸ *Wie können wir Umweltschäden verringern?*

Energiesparen durch Niedrigbauweise und Passivhäuser

Die Stadt Freiburg in Südwestdeutschland gilt allgemein als die Solarstadt Deutschlands. In den Stadtvierteln Rieselfeld und Vauban gibt es bereits viele sogenannte Passivhäuser. Vor einigen Monaten wurde dort eines der größten Passivhäuser bezogen. Das Haus besteht aus 29 Wohnungen, und jede Wohnung hat einen eigenen Garten oder eine Dachterrasse. Der Architekt selbst wohnt in einer der Wohnungen.

Und warum heißen diese Häuser Passivhäuser? Ein Passivhaus braucht keine Heizung, denn die Wärme, die eine Person produziert, wird im Haus gespeichert. Es handelt sich also um eine weitere Verbesserung der Niedrigenergiehäuser. Passivhäuser haben große, dreifach verglaste Fenster, die nach Süden gehen. Im Sommer verhindern Jalousien, dass ein Raum zu heiß wird, und im Winter heizt die Sonne die Räume durch die Fenster auf.

Da Passivhäuser so dick gedämmt sind, sind sie natürlich teurer als „normale" Häuser. Man rechnet, dass sie sechs bis zehn Prozent teurer sind als konventionelle Wohnbauten. Der Energieverbrauch ist jedoch um ungefähr 52 Prozent niedriger. In einem Passivhaus werden 12,4 Kilowattstunden Energie pro Quadratmeter und pro Jahr verbraucht, während man in einem normalen Neubau 60 bis 80 und in einem Niedrigenergiehaus 40 bis 50 Kilowattstunden Energie verbraucht. Im Vergleich zu einem Altbau spart man mehr als 1000 Euro. Langfristig lohnt es sich also, anfangs etwas mehr für die Baukosten auszugeben.

In Freiburg müssen neue Wohngebäude in der Niedrigbauweise errichtet werden. Aber auch in anderen deutschen Städten baut man bereits neue Häuser in dieser klimafreundlichen Bauweise. Allerdings

gibt es einen Nachteil. Es besteht die Möglichkeit, dass es für Familien, die bauen wollen, zu teuer ist und dass sie es daher vorziehen, nicht mehr in Freiburg zu bauen.

1a Lesen Sie den Text und wählen Sie dann die Ergänzung, die am besten mit dem Sinn des Zeitungsartikels übereinstimmt.

1 Passivhäuser gibt es als _____.

  a Einzelhäuser in Vauban und Rieselfeld
  b Wohnungen mit Dachterasse oder Garten
  c Häuser und Wohnungen

2 Passivhäuser verbrauchen _____ Niedrigenergiehäuser.

  a genauso wenig Energie wie
  b weniger Energie als
  c dieselbe Energie wie

3 Die Baukosten eines Passivhauses sind _____.

  a zu hoch
  b bis zu einem Zehntel teurer
  c anfangs zu hoch

4 In Freiburg ist es Pflicht, alle Neubauten _____.

  a als Niedrigbauhäuser zu bauen
  b als Passivhäuser zu bauen
  c ohne Heizung zu bauen

1b Welche Vorteile und welche Nachteile dieser Passivhäuser werden in dem Artikel erwähnt? Machen Sie eine Liste und vergleichen Sie in der Klasse.

2 Übersetzen Sie die folgenden Sätze ins Englische.

  a Passivhäuser sind umweltfreundlicher, aber auch teurer als konventionelle Wohnhäuser.

  b Passivhäuser sind dreifach verglast und brauchen keine Heizung, weil die Wärme im Haus gespeichert wird.

  c Langfristig lohnt es sich, mehr zu bezahlen, um Energie zu sparen.

3a Die folgenden Ausdrücke kommen in dem Bericht „Masterplan Klimaschutz für Gemeinden" vor. Finden Sie die passenden englischen Ausdrücke, bevor Sie sich den Bericht anhören.

a	eine Devise	1	waste disposal
b	die Gemeinden	2	LED lights
c	Abfallentsorgung	3	subsidies
d	einführen	4	a motto
e	Leuchtdioden	5	the local authorities
f	Zuschüsse	6	to introduce
g	Abwasser	7	to promote, to support
h	fördern	8	sewage

3b Hören Sie sich jetzt den Bericht „Masterplan Klimaschutz für Gemeinden" an. In jeder Aussage (unten) gibt es einen Fehler. Hören Sie zu, finden Sie den Fehler und schreiben Sie dann das richtige Wort.

Beispiel: Das Umweltministerium wird verschiedene Klimaschutzinitiativen unterstützen.

Fehler: wird   richtiges Wort: will

a Man muss verhindern, dass die Erwärmung der Erdatmosphäre weiter abnimmt.

b Das Klimaschutzziel wird nicht ohne die Regierung erreicht werden.

c Man will die Emissionen von Treibhausgasen bis 2080 reduzieren.

d Städte und Gemeinden sowie auch die Verbraucher und die globale Industrie sollen an der Initiative teilnehmen.

e Außerdem werden klimaschonende Abwasserbehandlung oder klimafreundliche Abfallentsorgung gefordert.

f Dieses Jahr stehen für die Klimaschutzprojekte 30 Millionen Euro mehr zur Verfügung als im Vorjahr.

4 Welchen der folgenden Meinungen stimmen Sie zu? Diskutieren Sie mit einem Partner/einer Partnerin und begründen Sie Ihre Meinung.

a Wir müssen unseren Lebensstil ändern, wenn wir das Klima und die Umwelt schützen wollen.

b Die Industrie sollte weniger produzieren. Das würde die Treibhausgase reduzieren.

c Der einzelne Verbraucher kann nichts machen. Ob ich energiesparende Glühbirnen verwende oder nicht, spielt global gesehen keine Rolle.

d Das Klima ändert sich vielleicht sowieso, egal ob wir die Treibhausgase reduzieren oder nicht.

Grammatik ➡150–2 ➡ W64, 84

Converting active verbs to passive

To revise the passive, see page 20.

- The word 'by' in a passive clause can be translated using *von* (people) or *durch* (objects).

Die Flaschen wurden **von** meinem Bruder recycelt. *The bottles were recycled by my brother.*

Die Klimaschutzprojekte werden **durch** Zuschüsse gefördert. *Projects to protect the climate are supported by subsidies.*

A Complete the sentences using *von* or *durch*.

a Die Pläne für die Passivhäuser wurden _____ einem bekannten Architekten entworfen.

b Nur _____ rigorose Maßnahmen wird unsere Umwelt gerettet.

- When you convert an active clause that has a dative object and an accusative object into the passive, the accusative object becomes the subject. The dative object does not change form.

Active: <u>Man</u> gab der Gemeinde <u>einen Zuschuss</u> für das Umweltprojekt. *They gave the local authority a subsidy for the environmental project.*

Passive: Der Gemeinde wurde <u>ein Zuschuss</u> für das Umweltprojekt gegeben. *A subsidy was given to the local authority for the environmental project.*

- If there is only a dative object, it can't become the subject of a passive clause as it can in English ('I was told', 'they were shown', etc.). An impersonal passive with *es* as the subject can be used:

Active: Der Umweltminister hat der Gemeinde gezeigt, wie sie etwas für die Umwelt machen kann. *The environment minister showed the local authority …*

Passive: Es ist der Gemeinde von dem Umweltminister gezeigt worden, wie sie etwas machen kann.
or: Der Gemeinde ist von dem Umweltminister gezeigt worden, wie sie etwas machen kann. *The local authority was shown by the environment minister how they can do something for the environment.*

B Convert these active sentences into passive ones. Make sure you use the correct tense.

a Alle Schüler diskutierten das Thema „Klimaschutz" in der Projektwoche.

b Viele Verbraucher kaufen heutzutage umweltfreundliche Glühbirnen.

c Die Industriestaaten werden einen Teil der Verantwortung für eine Reduktion der Treibhausgase übernehmen.

 Weiteres Material zum Thema „Die Funktion von Umweltorganisationen" finden Sie auf dem Arbeitsblatt 3.3.

Globale Verantwortung

▶ *Wie können wir einen nachhaltigen Lebensstil entwickeln und eine gerechtere Verteilung unserer Ressourcen erreichen?*

1 Schauen Sie sich die Bilder an und überlegen Sie, welche Ressourcen die Menschen in diesen Bildern zur Verfügung haben und wofür sie Energie verbrauchen.

Die Wirtschaftsmodelle der reichen, westlichen Industrienationen haben das Ziel, möglichst viel Reichtum zu schaffen. Die Konsequenzen bedenkt man erst, wenn es zu Krisen oder Problemen kommt. In solch einer Situation befinden wir uns heute. Unser gedankenloser Ressourcenverbrauch hat Umweltprobleme wie den Klimawandel, die Ausbreitung von Wüsten, die Rodung des tropischen Regenwaldes, die Luft- und Gewässerverschmutzung und das Aussterben von Tier- und Pflanzenarten verursacht, deren negative Auswirkungen jedoch nicht nur im reichen Westen, sondern auf der ganzen Welt zu spüren sind. Daher ist unsere derzeitige Wirtschaftsführung nicht nachhaltig.

Extreme Wetterbedingungen sind nur eine Folge des Klimawandels, und zunehmende Dürren, extremer Niederschlag und Überschwemmungen sind heutzutage in Europa und den USA keine Seltenheit mehr. Außerdem führt die Ausbeutung von Naturressourcen vor allem zu einer Gefährdung der Lebensbedingungen der Menschen in den Entwicklungsländern. Denn wenn wir im reichen Westen unseren bisherigen Lebensstil beibehalten wollen, geht das nur auf Kosten der armen Länder.

Statistiken von SERI, dem Sustainable Europe Research Institute zufolge, verhindert unsere materialistische Lebensweise, dass die Bevölkerung der armen Länder ihren eigenen materiellen Verbrauch erhöhen und ihre Lebensbedingungen verbessern kann.

Wir müssen erkennen, dass unsere Erde Umweltbelastungen nicht unbegrenzt hinnehmen kann. Wir müssen unseren Ressourcenverbrauch drastisch reduzieren und unseren Lebensstil fundamental ändern, um zu vermeiden, dass unsere globalen Ökosysteme zusammenbrechen und dass unsere Kinder und Enkelkinder in einem ökologischen Katastrophengebiet aufwachsen.

Leider aber ist es eher unwahrscheinlich, dass sich unsere politischen und wirtschaftlichen Institutionen grundlegend und langfristig ändern werden. Man hofft vielmehr darauf, dass die Ressourcenknappheit durch technische Innovationen ersetzt werden kann.

2a Lesen Sie die Webseite links und finden Sie die entsprechenden deutschen Wörter und Ausdrücke im Text.

a thoughtless
b desert
c to feel, to sense
d droughts
e exploitation
f at the expense of
g living conditions
h to realise

2b Lesen Sie den Text noch einmal und beantworten Sie die Fragen.

a Was ist bei den heutigen westlichen Wirtschaftsmodellen problematisch?

b Auf wen wirkt sich unser Ressourcenverbrauch aus?

c Warum kann man unseren westlichen Lebensstil als egoistisch bezeichnen?

d Was für eine Lösung wird hier vorgeschlagen?

e Für wie realistisch halten Sie diese Lösung?

f Glauben Sie, dass technische Innovationen unsere Probleme lösen werden? Begründen Sie Ihre Antwort.

2c Übersetzen Sie die beiden letzten Abschnitte ins Englische. Lesen Sie zuvor den *Tipp* auf den Seiten 7 und 13 noch einmal.

3a Hören Sie sich einige Beispiele an, die zeigen sollen, warum ein radikaler Wandel unserer Denk-, Lebens- und Wirtschaftsweise erforderlich ist. Ergänzen Sie dann die fehlenden Zahlen in diesen Sätzen.

a Eine Reduktion der Emissionen um ＿＿ % könnte unser Klima möglicherweise retten.

b Ein nachhaltiges Niveau würde bedeuten, dass jeder Erdbewohner nicht mehr als ＿＿ Tonnen CO_2 produziert.

c Ein europäischer Bürger, der heute etwa ＿＿ Tonnen produziert, müsste seine Emissionen also um ＿＿ Tonnen reduzieren.

d Ein US-Bürger müsste seine Emissionen sogar um ＿＿ Tonnen reduzieren.

3b Hören Sie sich die Beispiele noch einmal an und machen Sie Notizen zu den folgenden Punkten:

• was muss getan werden, um global zu handeln

• wie kann das erreicht werden.

Benutzen Sie Ihre Notizen dann, um Ihre Argumente in den Übungen im Tipp zu entwickeln.

Tipp

Developing your arguments

You have already presented your arguments in a one-minute presentation (see pages 17 and 21). Now you are going to prepare for the debate. First, you need to develop your point of view, by giving examples to justify it. You can use examples from your personal experience and from texts you have read and heard.

A In pairs, read the following viewpoints on the topic of *Globale Verantwortung*. Find examples to support them; write them in German and check for accuracy. Compare your answers with another pair.

a „Wir im reichen Westen müssen unseren Lebensstil ändern, wenn wir eine nachhaltige Zukunft sichern wollen."

Hint: find examples of how we could change our current lifestyle.

b „Wir brauchen unseren Lebensstil nicht zu ändern, wenn wir technische und technologische Innovationen stärker fördern und weiter entwickeln."

Hint: find examples of technological innovations which could be developed to help the environment.

B Present your whole argument and read out your examples to your partner or in class clearly and fluently. Ask your peers for constructive feedback.

4 Lesen Sie die folgenden Meinungen und erarbeiten Sie zu jeder Meinung passende Beispiele. Machen Sie jeweils eine Liste von mindestens vier Beispielen. Vergleichen Sie Ihre Beispiele mit einem Partner/einer Partnerin. Präsentieren Sie Ihre Argumente klar und deutlich.

Globale oder nationale Verantwortung?

Meinung 1

Jedes Land ist für seinen eigenen Energiebedarf verantwortlich. Die reichen Industrieländer brauchen mehr Energie, um ihren Lebensstandard zu garantieren.

Meinung 2

Wir leben in verschiedenen Ländern, aber unser Ökosystem ist global. Es gibt nur eine Welt und wenn die reichen Industrienationen ihren Energieverbrauch nicht reduzieren, werden die Entwicklungsländer noch mehr leiden.

Grammatik

➡ 150–2 ➡ W64, 84

The passive

The passive is formed by using the appropriate form of *werden* and the past participle of the verb.

Ⓐ Which sentences are in the passive and what tense are they?

a Recycling wird auf jeden Fall zum Prinzip „Nachhaltigkeit" beitragen.

b In Recyclinganlagen werden Metall und Plastik per Fließband sortiert.

c Der technische Fortschritt wird unsere Zukunft garantieren.

d Die neue Recyclinganlage wurde erst letzten Monat eröffnet.

e Das Thema „Wiederverwertung" ist in unserer Schule in allen Klassen diskutiert worden.

f Ein Sprecher der Umweltorganisation Greenpeace wurde eingeladen, und morgen werden einige interessante Projekte zu diesem Thema beginnen.

Modal verbs and the passive

All modal verbs can be used in passive sentences, using the past participle and adding *werden*.

modal verb   past participle

Es muss mehr für die Umwelt getan werden.
More must be done for the environment.

Ⓑ Translate the following sentences into German.

a Nowadays almost everything can be recycled.

b The empty bottles had to be taken to the recycling centre by my brother.

c Endangered species should be protected.

d More nature reserves should be set up.

e The tropical rainforests must not be felled.

f Our situation can be improved, if everyone contributes to the protection of the environment.

Ⓒ Read the text and fill the gaps by writing out the correct form of each verb given in brackets: either a modal verb (present tense) or a verb in the passive, filling two gaps. The first is completed as an example.

> Sind moderne Geräte wirklich sparsamer im Energieverbrauch als die alten? Diese Frage _wird_ oft von Verbrauchern _gestellt_. (*stellen*) Nun _____ durch die „Ökodesign-Richtlinie" dafür _____ _____ (*sollen, sorgen*), dass es tatsächlich so sein wird. So _____ für Fernseher, Waschmaschinen und andere elektrische Geräte _____ (*festlegen*), wie viel Energie _____ _____ _____ (*dürfen, verbrauchen*), wenn sie in Betrieb sind und wenn sie im Standby-Modus sind.
>
> Diese Information _____ den Kunden zur Verfügung _____ _____ (*sollen, stellen*), wenn sie ein neues Gerät kaufen wollen. Es _____ auch _____ _____ (*müssen, erwähnen*), wie viel Strom man sparen kann, wenn der Fernseher zum Beispiel ganz _____ (*ausschalten*) und nicht im Standby _____ _____ (*lassen*).

Ⓓ Put these active sentences into the passive. Make sure you use the correct tense.

a Im Jahr 1979 haben die europäischen Länder das Genfer Übereinkommen zur Bekämpfung der grenzüberschreitenden Luftverschmutzung in Europa unterzeichnet.

b 1991 gründete man die Globale Umweltfazilität.

c Auf den Umweltkonferenzen diskutieren die teilnehmenden Länder über globale Umweltprobleme.

d Man muss auch entscheiden, welche Länder besonders für die Luftverschmutzung verantwortlich sind.

e Heutzutage informiert man bereits Grundschüler über Umweltprobleme.

Tipp

Developing your arguments

The *Tipp* on page 27 focused on developing your argument when preparing for the first part of your oral exam. As you know, you will have to choose one point of view and argue it, with examples to illustrate why you have chosen this point of view. You need to be able to justify your argument, explaining why you think it is important.

In order to make your examples and justifications sound more fluent, use expressions like the ones listed on the right:

Meiner Meinung nach	*In my opinion*
Wie ich selbst erlebt habe	*As I know from personal experience*
Wie ich gelesen/gehört habe	*As I have read/heard*
Es besteht kein Zweifel, dass	*There can be no doubt that*
außerdem	*besides/apart from that*
deshalb	*because of that*
laut	*according to*

A Read statements 1 and 2 below. Then read the example justifications (a–f) and decide which ones refer to each statement.

1 „Jeder Einzelne sollte etwas gegen den Klimawandel unternehmen. Wir sind alle verantwortlich."

2 „Der Einzelne allein kann nichts erreichen. Es ist die Verantwortung der Regierungen etwas zu tun, um unsere Umwelt zu schützen."

a Unsere Umwelt geht alle an und deshalb hat selbst die kleinste Aktion eine positive Auswirkung.

b In meiner Familie verwenden wir energiesparende Glühbirnen und an meiner Schule wird alles recycelt. Meiner Meinung nach ist das kein unbedeutender Beitrag zum Umweltschutz.

c Wenn sich die Regierungen der reichen Industrieländer gemeinsam auf eine Reduzierung der Treibhausgase einigen könnten, hätte das eine größere Wirkung als wenn ich das Licht ausmache, wenn ich aus dem Zimmer gehe.

d Wer zum Beispiel LED Lampen benutzt, spart nicht nur Energie, sondern auch Energiekosten und zwar bis zu 80 Prozent.

e Wenn die großen, internationalen Firmen oder Unternehmen alle Dokumente im WWF-Format verschickten, könnten jährlich 655 000 Tonnen Treibhausgase eingespart werden. Der WWF hat nämlich eine Software entwickelt, die den Klimavorteil hat, dass man die Dokumente nicht drucken kann.

f Die Politiker sollten auch an die Auswirkungen des Klimawandels auf das Leben der Menschen in den Entwicklungsländern denken, denn extreme Wetterbedingungen könnten die Situation dort noch verschlechtern.

B Read the two statements in speech bubbles below and write down your own examples and justifications in support of each statement. Use the expressions in the list above.

Reduzierung des Energieverbrauchs oder Entwicklung alternativer Energien?

Meinung 1

Wir müssen unseren Energiebedarf reduzieren, wenn wir unsere Umwelt und unser Klima retten wollen.

Meinung 2

Wir können unseren Energiebedarf nicht reduzieren, sondern wir sollten stattdessen alternative Energiequellen weiter entwickeln und fördern, so dass sie billiger werden.

Vokabeln

die Abfallentsorgung	*waste disposal*
die Abwasserbehandlung	*sewage treatment*
die Glühbirne	*lightbulb*
die Niedrigbauweise	*low-energy building methods*
die Straßenbeleuchtung	*street lighting*
die Treibhausgase	*greenhouse gases*
die Verantwortung	*responsibility*
der Verbraucher	*consumer*
der Zuschuss	*subsidy, allowance*
etwas erreichen	*to achieve something*
fordern	*to demand*
fördern	*to promote, support*
speichern	*to store*
zur Verfügung stehen	*to be available*
sich auf etwas umstellen	*to adjust, switch to*
vermindern	*to reduce*
zunehmen	*to increase*
energiesparend	*energy-saving*
klimaschonend	*protecting the climate*
langfristig	*long-term*

die Ausbeutung	*exploitation*
die Denkweise	*way of thinking, attitude*
die Seltenheit	*rarity*
die Verteilung	*distribution*
die Wetterbedingungen	*weather conditions*
die Wirtschaft	*economy*
etwas beibehalten	*to keep, maintain sth.*
erkennen	*to recognise*
leiden	*to suffer*
spüren	*to feel*
vermeiden	*to avoid*
derzeitig	*currently, at present*
erforderlich	*required, necessary*
gerecht	*fair, just*
grundlegend	*basic*
nachhaltig	*sustainable*
die Ressourcenknappheit ersetzen	*to meet the shortage of resources*
durch technische Innovationen	*with technological innovations*

Weitere Vokabeln

das Fließband	*assembly line*
der Fortschritt	*progress*
das Genfer Übereinkommen	*the Geneva Agreement*
die fehlende Zahlen	*missing numbers*
drucken	*to print*
drücken	*to push*
erwähnen	*to mention*
umdenken	*to change your thinking*
außer Betrieb sein	*to be out of order*
in Betrieb sein	*to be in operation*
ein Haus beziehen	*to move into a house*
das Klima retten	*to save the climate*
grenzüberschreitend	*across the/a border*
unbedeutend	*insignificant*
unterzeichnen	*to sign*

Sie sind dran!

Vervollständigen Sie diese Sätze mit Vokabeln aus der obigen Liste.

a Um die Umwelt zu schützen, sollte man _____ vermindern, klimaschonende _____ fördern und den Gemeinden einen finanziellen _____ zur Verfügung stellen.

b Wir sollten unsere _____ verändern und eine gerechtere _____ der Ressourcen fördern und die _____ der Entwicklungsländer vermeiden.

c Wir müssen _____, wenn wir das Klima _____ wollen und _____ Maßnahmen treffen.

4   Einwanderung

By the end of this unit you will be able to:

- Explain why people migrate to Germany and other countries
- Discuss the positive effects and problems linked to immigration
- Talk about migration within the European Union
- Describe measures countries take to limit immigration

- Apply the rules of word order in main and subordinate clauses
- Respond fluently to questions

1   Schauen Sie sich die Bilder an und diskutieren Sie diese Fragen.

   a   Wer sind die Leute auf den Bildern?

   b   Woher kommen sie?

   c   Warum sind sie in Deutschland?

   d   Warum sind sie glücklich/unglücklich?

2   Verbinden Sie jedes Wort links mit einer Definition.

a	Gastarbeiter	**1**	das Gesetz über politisches Asyl
b	Aussiedler	**2**	eine ausländische Arbeitskraft
c	Volkszugehörigkeit	**3**	eine Person, die nur für eine begrenzte Zeit arbeitet
d	Asylrecht	**4**	eine Person, die aus politischen Gründen ihre Heimat verlassen hat
e	Asylbewerber	**5**	Jemand, der den deutschen Minderheiten in Osteuropa angehört und nach Deutschland zieht
f	Asylantrag	**6**	eine Person, die um Asyl bittet
g	Flüchtling	**7**	das Bekenntnis zu einer Nationalität
h	Saisonarbeiter	**8**	eine schriftliche Bitte um Asyl

3   Übersetzen Sie diese Sätze ins Englische.

Migration ist kein neues Phänomen. Auf der Suche nach Arbeit und einem besseren Leben sind Leute schon immer in andere Länder gezogen. Heutzutage sind viele europäische Grenzen offen und die Mobilität ist größer als je zuvor.

Wer sind die Ausländer?

▶ *Warum kommen Einwanderer nach Deutschland?*

1a Lesen Sie die vier Texte. Welcher Titel passt zu welchem Text?

   a Asylbewerber   **b** EU-Wanderarbeiter   **c** Aussiedler   **d** Gastarbeiter

1

In den fünfziger Jahren kamen die sogenannten Gastarbeiter nach Deutschland. Damals, in der Zeit des deutschen Wirtschaftswunders, brauchte die Bundesrepublik viele neue Arbeitskräfte. Von 1955 bis zum Anwerbestopp im Jahr 1973 kamen rund 14 Millionen Ausländer nach Deutschland, hauptsächlich aus Italien, Spanien, Griechenland und der Türkei. Sie arbeiteten überwiegend in der Gastronomie, in Fabriken und bei der Müllabfuhr. Die meisten hatten nicht vor, in Deutschland zu bleiben. Sie wollten Geld verdienen und dann nach einigen Jahren in die Heimat zurückkehren. Elf Millionen sind tatsächlich gegangen, drei Millionen sind aber geblieben und haben ihre Familien nachgeholt. Ihre Kinder sind in den meisten Fällen in Deutschland geboren.

2

Die Aussiedler kommen aus den ehemaligen deutschen Gebieten in Osteuropa, z. B. aus Russland und Polen. Aussiedler sind also Menschen deutscher Herkunft, deren Familien oft die deutsche Kultur und Sprache beibehielten. Sie haben das Recht, in Deutschland zu leben, so lange sie bestimmte Bedingungen erfüllen. Sie müssen die deutsche Staatsangehörigkeit oder deutsche Volkszugehörigkeit beweisen. Seit dem Fall des Kommunismus sind viele Aussiedler nach Deutschland gekommen.

3

„Politisch Verfolgte genießen Asylrecht." Dieser Satz aus dem deutschen Grundgesetz verspricht jedem, der in seiner Heimat aus politischen und religiösen Gründen verfolgt wird, Zuflucht in Deutschland. Jedes Jahr nimmt Deutschland etwa die Hälfte der Flüchtlinge auf, die in Westeuropa Asyl suchen. Wer als Asylbewerber nach Deutschland kommt, muss zuerst einen Asylantrag stellen. Bis der Antrag anerkannt wird, darf man nicht arbeiten und lebt auf Kosten des Staats, oft in einem Wohnheim. Wenn der Antrag anerkannt wird, darf man arbeiten. Es werden jedoch wenige Anträge anerkannt. Viele Flüchtlinge kommen nicht, weil sie in Lebensgefahr sind, sondern aus wirtschaftlichen Gründen.

4

Die EU bedeutet Mobilität auf dem Arbeitsmarkt, und die Erweiterung der EU hat diesen Markt für Arbeitnehmer aus den ärmeren osteuropäischen Ländern geöffnet. Deutschland hat Beschränkungen für Osteuropäer in den ersten Jahren nach dem Zutritt ihrer Heimatländer auferlegt – aus Angst, dass sie den Arbeitsmarkt überschwemmen. Allerdings sind viele Polen und Rumänen in Deutschland beschäftigt. Wie die Gastarbeiter vor ihnen, wollen die meisten nicht in Deutschland bleiben, sondern ein paar Jahre arbeiten und mit ihrem gesparten Geld in die Heimat zurückkehren. Wanderarbeiter sind vor allem auf Baustellen und in Handwerksberufen zu finden. Es kommen aber auch viele Saisonarbeiter, die bei der Ernte helfen – laut ihrer Arbeitgeber sind sie fleißiger und zuverlässiger als die Deutschen, die solche Arbeit nicht machen wollen.

1b Lesen Sie die vier Texte auf Seite 32. Welche Satzhälften passen zusammen?

a Deutschland hat die Gastarbeiter geholt,

b Die Gastarbeiter hatten

c Die Mehrheit der Gastarbeiter

d Die deutschen Aussiedler

e Viele dieser Aussiedler

f Um in Deutschland leben zu dürfen,

g Menschen, die in ihrer Heimat aus politischen oder religiösen Gründen verfolgt werden,

h Alle Asylbewerber müssen

i Die meisten Anträge

j Die meisten Osteuropäer wollen

k Die Osteuropäer machen manche Jobs,

1 schlecht bezahlte Jobs.

2 haben die deutsche Sprache und Kultur bewahrt.

3 haben das Recht auf Asyl in Deutschland.

4 nur kurzfristig in Deutschland arbeiten.

5 einen Asylantrag stellen.

6 weil es in der Bundesrepublik einen Mangel an Arbeitskräften gab.

7 stammen aus deutschen Siedlungen in Osteuropa.

8 die die Deutschen ablehnen.

9 werden abgelehnt.

10 ist nach einigen Jahre in die Heimat zurückgekehrt.

11 müssen die Aussiedler die deutsche Staatsangehörigkeit oder Volkszugehörigkeit nachweisen.

2 Brigitte Nolde arbeitet beim Ausländeramt. Hier gibt sie Auskunft über Statistiken zum Thema Ausländer. Hören Sie zu und notieren Sie diese Informationen.

a Zahl der Ausländer, die heute in Deutschland leben

b Zahl der Ausländer im Jahr 2009

c Zahl der in Deutschland geborenen Ausländer

d Prozentsatz an Kindern mit mindestens einem ausländischen Elternteil

e Anteil der Türken in der ausländischen Bevölkerung

f Zahl der Aussiedler seit 1950

g Zahl der Spätaussiedler im letzten Jahr

h Größte Zahl an Asylbewerbern, die in einem Jahr nach Deutschland gekommen sind

i Zahl der Asylanträge im letzten Jahr

j Prozentsatz von Asylbewerbern aus Afghanistan

3 Lesen Sie diese Aussagen. Welche Aussagen betreffen Aussiedler, welche Asylanten und welche Wanderarbeiter? Diskutieren Sie in der Klasse.

a Sie sprechen ein veraltetes Deutsch.

b Sie sprechen oft kein Deutsch.

c Sie sind in ihrer Heimat verfolgt worden.

d Sie dürfen zuerst nicht arbeiten.

e Sie kommen nur wegen der Arbeit.

f Sie werden besser bezahlt als zu Hause.

g Sie wohnen bei ihrer Ankunft oft in Sammelunterkünften.

h Manche haben Verwandte in Deutschland.

i Sie fühlen sich als Deutsche.

j Sie sind in Lebensgefahr.

4 Gibt es viele Einwanderer in Ihrer Gegend? Aus welchen Ländern kommen sie? Warum sind sie ausgewandert? Diskutieren Sie in Ihrer Klasse.

Ausländer bei uns

▶ *Vorteile und Schwierigkeiten im Leben von Immigranten*

1a Lesen Sie die Texte und ergänzen Sie die folgenden Sätze mit den Wörtern im Kasten.

a Fatimas Familie musste aus dem Iran ____ .

b Bis der Asylantrag _____ wurde, lebte die Familie in _____ .

c Fatima hat leider _____ erlebt.

d Guljans Vater hält Tradition und Kultur für sehr _____ .

e Im Vergleich zu ihren Freunden ist Guljans Freiheit sehr _____ .

f Guljan hat es ihrer Familie _____, dass sie einen Freund hat.

g Dieter glaubt nicht, dass die deutsche _____ heute _____ ist.

h Seiner Meinung nach kommen die Asylanten nicht aus _____ Gründen.

beschränkt	bedroht	wirtschaftlichen	dankbar
Lebensweise	fliehen	einzuleben	verheimlicht
erpresst	wichtig	anerkannt	ermöglicht
Ausländerfeindlichkeit	Geld	erklärt	Einfluss
			Unsicherheit

Guljan *Tochter eines Gastarbeiters*

Ich bin in Berlin geboren und aufgewachsen, habe aber die türkische Staatsangehörigkeit. Meine Familie ist streng religiös und legt viel Wert auf unsere Kultur und Tradition, aber ich gehe auf ein Gymnasium, wo es sehr wenige Türken gibt und so habe ich viel Kontakt zu deutschen Mädchen und Jungen. In Vergleich zu ihnen habe ich sehr wenig Freiheit. Ich darf immer nur für ein oder zwei Stunden auf Feten. Ich bin immer die Erste, die heimgeht. Ich habe jetzt einen Freund aus meiner Klasse, aber das dürfen meine Eltern nicht wissen. Ich will nach dem Abi studieren, aber ich weiß nicht, ob mein Vater mir das erlauben wird. Ich wohne eigentlich zwischen zwei Welten und keiner fragt, wie ich damit fertig werde.

Fatima *Asylantin*

Als Fatima zehn Jahre alt war, ist sie mit ihrer Familie aus dem Iran nach Deutschland gezogen. Ihr Vater hatte im Iran gegen die Regierung protestiert und sein Leben war in Gefahr. In Berlin kam die Familie zuerst in ein Flüchtlingslager. „Das war eine schwierige Zeit", erinnert sie sich. „Wir warteten auf die Entscheidung der Behörden über unseren Asylantrag und wir hatten Angst. Was würde passieren, wenn wir nicht in Deutschland bleiben könnten?" Fatimas Vater durfte nicht arbeiten, aber sie und ihre Geschwister konnten in die Schule gehen. Endlich wurde der Asylantrag der Familie anerkannt und sie sind in eine Wohnung in der Innenstadt gezogen.

Langsam fühlt Fatima sich hier zu Hause und hat auch neue Freunde kennengelernt. „Manche Leute haben Vorurteile gegen Asylanten, aber zum Glück ist das nur eine Minderheit."

Für ihre Eltern war es schwieriger. Ihre Mutter spricht immer noch kein gutes Deutsch und ihr Vater war drei Jahre arbeitslos. Das Leben ist nicht einfach und die Familie vermisst ihre Heimat. Trotzdem ist Fatima froh, in Deutschland zu sein. „Wir fühlen uns hier sicherer. Wenn sich die politische Situation ändert, werden wir hoffentlich in den Iran zurückkehren."

Dieter *Abiturient aus Berlin*

An Dieters Schule kommt etwa die Hälfte der Schüler aus ausländischen Familien. Sehr viele von ihnen sind jedoch in Deutschland aufgewachsen und sprechen fließend Deutsch. „Wie typische Berliner", sagt Dieter. Er findet es toll, Leute aus so vielen anderen Ländern zu kennen. „Ich finde, dass die Ausländer unser Leben bereichern. Italienische oder türkische Restaurants und die bunten Märkte sind gute Beispiele. Aber manche Deutsche finden es schwierig, Ausländer zu akzeptieren. Sie fürchten, dass ihre Arbeitsplätze und die traditionelle deutsche Kultur verloren gehen."

Meistens verstehen sich die jungen Leute gut, haben ähnliche Interessen und Probleme, mögen dieselbe Musik oder treiben zusammen Sport. „Mit ausländischen Jungen treffe ich mich öfters, aber viele der Mädchen dürfen nicht ausgehen oder Freunde nach Hause einladen. Ich finde es schade, dass die Eltern so streng sind und mir nicht trauen."

Dieter kennt auch einige junge Asylanten. Sie haben ihm erzählt, wie sie aus ihrem Land flüchten mussten und was sie alles durchgemacht haben, um Sicherheit zu finden. „Ich glaube nicht, dass Asylanten diese schwierige Reise machen, nur um in einem reichen Land wie unserem ein bequemes Leben zu haben."

1b Beantworten Sie die folgenden Fragen auf Deutsch. Machen Sie Sätze mit „weil".

a Warum durfte Fatimas Vater bei seiner Ankunft in Deutschland nicht arbeiten?

b Warum sagt Guljan, dass sie zwischen zwei Welten lebt?

c Warum hat Dieter wenig Kontakt zu ausländischen Mädchen?

1c Lesen Sie nochmals die drei Texte auf Seite 34. Bringen Sie die Wörter in den Klammern in die richtige Reihenfolge.

a Im Iran … [ihr gegen Regierung hatte die Vater protestiert]

b Zuerst … [in Familie ein die kam Lager]

c Arbeiten … [Fatimas nicht durfte Vater]

d Nach … [studieren will sie Abi dem]

e Eigentlich … [zwischen wohnt Welten sie zwei]

f Etwa … [kommt Hälfte aus Familien der Schüler die ausländischen]

g Öfters … [ich mich ausländischen treffe Jungen mit]

2a Hören Sie sich einen Bericht über einen Aussiedler an. In welcher Reihenfolge hören Sie diese Sätze?

a Thomas' Großeltern wurden deportiert.

b Thomas' Familie ist nach Deutschland gezogen.

c Thomas' Vorfahren sind in die Ukraine gezogen.

d Die deutsche Minderheit wurde verfolgt.

e Die Familie wohnte in einem Übergangslager.

f Die Familie ist nach Bayern gezogen.

g Mehr als dreißig Jahre später hat Thomas' Familie die Ausreiseerlaubnis bekommen.

2b Welche Satzhälften passen zusammen?

a Thomas' Familie wohnte

b Nach dem Krieg wollten seine Großeltern

c Seine Großeltern mussten über 30 Jahre

d Die Familie hatte Personalakten,

e Die Familie hat finanzielle Unterstützung

f Thomas' Eltern konnten wegen mangelnder Qualifikationen

g Deutschland war ganz anders

h Die Aussiedler werden nicht

1 nach Deutschland zurückkehren.

2 von der deutschen Regierung bekommen.

3 nur mit Schwierigkeiten Arbeit finden.

4 bis Ende des Zweiten Weltkriegs in der Ukraine.

5 als die Familie es sich vorgestellt hatte.

6 von allen Deutschen akzeptiert.

7 auf die Ausreiseerlaubnis warten.

8 die ihre deutsche Staatsangehörigkeit nachwiesen.

Welche positiven und welche negativen Seiten hat die Einwanderung?

3a Erstellen Sie mit einem Partner/einer Partnerin eine Liste von positiven Aspekten der Einwanderung und eine mit Meinungen gegen die Einwanderung.

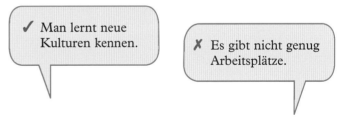

✓ Man lernt neue Kulturen kennen.

✗ Es gibt nicht genug Arbeitsplätze.

3b Vergleichen Sie Ihre Listen mit anderen in der Klasse und notieren Sie alle neuen Ideen. Ein Partner/Eine Partnerin liest einen Satz und der/die andere findet so schnell wie möglich ein gutes und klares Gegenargument. Diskutieren Sie dann in der ganzen Klasse.

Migration in der Europäischen Union

▸ *Welche Auswirkung hat die Migration auf Deutschland und die anderen EU-Staaten?*

Das Recht auf Freizügigkeit

In der Europäischen Union (EU) besteht das Recht auf Freizügigkeit. Dieses Recht ermöglicht es jedem EU-Bürger, in einem anderen EU-Land zu arbeiten und zu leben. Normalerweise braucht man keine spezielle Arbeitserlaubnis und genießt die selben Sozialleistungen wie einheimische Angestellte und ihre Familien. Die 27 Mitgliedsländer der EU haben eine Bevölkerung von ungefähr 500 Millionen Menschen. Etwa 12 Millionen unter ihnen leben in einem EU-Land, das nicht ihr Heimatland ist.

1a Lesen Sie den Text und suchen Sie diese Wörter auf Deutsch.

a member countries
b to enjoy
c indigenous
d population
e freedom of movement
f to enable
g the right (to)
h work permit
i social benefits
j country of origin

1b Übersetzen Sie den Text (oben) ins Englische. Lesen Sie zuerst die zwei *Tipps* auf Seite 7 und Seite 13.

2 Hören Sie ein Radioprogramm zum Thema Migration und lesen Sie die Aussagen unten. Sind sie richtig (R), falsch (F) oder nicht angegeben (NA)?

a Silvia denkt, dass die Ausländerzahlen hoch sind.
b Sie hatte schon öfters Probleme mit Ausländern.
c Pavel wird in Deutschland bleiben.
d Es gibt nicht nur Einwanderer sondern auch Auswanderer in Deutschland.
e Pavel hatte Freunde aus Osteuropa.
f In der Schweiz verdient man durchschnittlich mehr als in Deutschland.
g Kurt hatte Schwierigkeiten, in der Schweiz eine Stelle zu finden.
h Er wird nächstes Jahr nach Deutschland zurückgehen.
i Susanne ist in Spanien auf Urlaub.
j Sie bekommt Geld vom deutschen Staat.

3 Lesen Sie den Artikel (unten) und verbinden Sie die Satzhälften.

a Marek will in Polen ein Haus kaufen
b Jan arbeitet nicht als Handwerker
c Wanderarbeiter kommen nach Deutschland
d Im Sommer kommt Jan und
e Viele Polen leben in Deutschland oder

1 hilft bei der Ernte.
2 in einem anderen EU-Land.
3 denn sie können mehr Geld verdienen.
4 sondern ist Physiklehrer.
5 aber er muss erst Geld sparen.

Zuwanderer und Auswanderer

Jedes Jahr gibt es in Deutschland über eine halbe Million Zuwanderer. Meist kommen sie, um hier zu arbeiten oder zu studieren. Etwa die Hälfte dieser Zuwanderer stammt aus einem EU-Land, die andere Hälfte aus aller Welt. Im letzten Jahr kam die größte Gruppe der EU-Migranten aus Polen, wie zum Beispiel der Wanderarbeiter Marek.

Marek Krol

Marek Krol ist vor einem Jahr nach Deutschland gezogen. Er ist ausgebildeter Handwerker und kann in Deutschland fünfmal so viel verdienen wie zu Hause. Doch der Umzug ist nicht für immer. Marek wohnt jetzt in Brandenburg, nicht weit von der Grenze, und fährt regelmäßig nach Hause, um seine Familie zu besuchen. Im Sommer kommt sein Bruder Jan. Jan ist Physiklehrer in Warschau. Die Sommerferien verbringt er aber auf deutschen Feldern, wo er bei der Erdbeerernte aushilft. „Polen sind fleißig", sagt Marek. „Dank der EU-Erweiterung können wir jetzt überall in Europa arbeiten und Geld verdienen. Ich will in Polen ein Haus auf dem Land kaufen, aber um mir das leisten zu können, muss ich ein paar Jahre hier arbeiten. Ich habe Deutsch in der Schule gelernt, und das hilft. Ein paar Leute sagen, dass wir Jobs wegnehmen, aber die meisten sind froh, einen guten Handwerker zu haben."

Europa website

4 Lesen Sie den Text (rechts). Schreiben Sie dann ein passendes Ende für diese Sätze. Achten Sie auf die Wortstellung.

a Obwohl Felipe in Portugal bleiben möchte, ...

b Da viele Leute arbeitslos sind, ...

c Weil die jungen Leute das Dorf verlassen, ...

d Wenn viele qualifizierte Leute auswandern, ...

e Damit das Land entwickelt wird, ...

5 Lesen Sie acht Gründe für diese Meinung und finden Sie dann unten zu jedem Satz ein Gegenargument (a–h).

Man sollte die Migration in der EU einschränken

1 Zuwanderer bekommen viele Sozialleistungen.

2 Die Immigranten nehmen Arbeitsplätze weg und das führt zu Arbeitslosigkeit.

3 Man sollte die europäischen Grenzen strenger kontrollieren.

4 Migranten kommen aus den ärmeren in die reicheren EU-Länder.

5 Zuwanderer zerstören die Kultur und Tradition eines Landes.

6 Seit der Gründung der EU ist Migration ein großes Problem.

7 Jedes Land muss genug Arbeitsstellen für seine Bevölkerung schaffen.

8 Man kann nicht sicher sein, ob jemand in seinem Land wirklich verfolgt wird.

a Es gibt ein Recht auf Freizügigkeit.

b Migration gibt es schon seit Hunderten von Jahren.

c Zuwanderer bringen viel Positives in ein Land.

d Wenn Leute arbeitslos sind, müssen sie in einem anderen Land Arbeit suchen.

e Zuwanderer haben oft Arbeitsstellen, die Einheimische nicht wollen.

f Jedes Land hat nicht nur Zuwanderer, sondern auch Auswanderer.

g Wenn Flüchtlinge sagen, dass sie in Lebensgefahr sind, muss man ihnen Asyl gewähren.

h Einwanderer zahlen dieselben Steuern wie einheimische Familien.

Unser Dorf ist leer!

Was passiert, wenn viele Leute auswandern?

Auch Felipe aus Portugal sucht in Deutschland, Spanien oder Großbritannien eine Stelle. Schon seit Monaten sucht er in seinem Heimatort und in Lissabon eine Arbeit. „Die Situation hier ist sehr schwierig", sagt er, „sehr viele meiner Freunde sind arbeitslos. Ich möchte lieber hier bleiben, aber ich habe keine Wahl."

Portugal ist ein kleines Land, doch mehr als zwei Millionen Portugiesen leben im Ausland. Die meisten Auswanderer sind junge, qualifizierte Leute. Was bedeutet Migration für ein Land wie Portugal? „Manche Dörfer sind fast ausgestorben. Man trifft nur noch ältere Menschen, denn die jungen sind in die Stadt oder ins Ausland gezogen", erklärt Felipes Vater. „Außerdem haben wir zu wenig qualifizierte Leute – wer wird neue Industrien aufbauen, unsere Kranken pflegen und unser Land entwickeln, wenn alle Ingenieure, Ärzte und Spezialisten weggehen müssen?"

6 Diskutieren Sie in der Klasse weiter über das Thema „Einschränkung der Migration". Sobald Sie eine Meinung hören, sollten Sie so schnell wie möglich versuchen, ein gutes Gegenargument zu finden.

Beispiel: „Deutschland wird bald überfüllt sein, weil immer mehr Zuwanderer ankommen."

Gegenargumente:

„Man kann neue Häuser bauen."

„Es gibt auch viele Leute, die aus Deutschland auswandern."

„Deutschland ist ein großes und reiches Land."

„Die Geburtenrate der deutschen Bevölkerung sinkt."

OxBox Weiteres Material zum Thema „Maßnahmen zur Einschränkung der Migration" finden Sie auf dem Arbeitsblatt 4.3.

Grammatik

➡ 153–6 ➡ W72–9, 81

Word order in main clauses

In main clauses, the verb always needs to be the second idea, though not necessarily the second word. If the sentence is in the perfect or the future tense, then the auxiliary verb needs to be the second idea and the past participle or the infinitive will be at the end of the sentence or clause as usual. You can be flexible as to whether you begin the sentence with the subject or another word or phrase. It improves the quality of your language if you can vary the position of the subject.

● These sentences all begin with the subject:

Marta **lebt** seit zwei Jahren in Deutschland.

Marta **hat** vor eine Woche einen Asylantrag gestellt.

Marta **wird** nächstes Jahr hoffentlich ihre Arbeitserlaubnis bekommen.

● Here are examples of how you can vary the word order of the above sentences:

Seit zwei Jahren **lebt** Marta in Deutschland.

Vor eine Woche **hat** Marta einen Asylantrag gestellt.

Nächstes Jahr **wird** Marta hoffentlich ihre Arbeitserlaubnis bekommen.

Ⓐ **Re-write these sentences with the words in a different order. There may be more than one way to do this (indicated by numbers in brackets).**

a Klaus arbeitet seit drei Jahren in Spanien.

b Die Zahl der Aussiedler ist nach dem Fall des Kommunismus gestiegen.

c Es gibt überall auf der Welt Migranten. (2)

d Flüchtlinge kommen bei ihrer Ankunft oft in ein Lager. (2)

● Other words or phrases in a sentence need to be arranged according to the time – manner (or how) – place rule. (See page 153).

Changes in word order

The word order changes after certain conjunctions, called subordinating conjunctions (see page 155), and in relative clauses (see page 156).

Subordinating conjunctions

● The verb following the conjunction moves to the end of the sentence. See what happens when the conjunction *da* links these two sentences into one:

Marek spart viel Geld. Er **möchte** in Polen ein Haus kaufen.

Marek spart viel Geld, **da** er in Polen ein Haus kaufen **möchte**.

Ⓑ **Link the two sentences into one, using the conjunction given in brackets.**

a Susanne genießt das Leben. Sie ist nach Italien gezogen. (*seitdem*)

b Manche Deutsche machen sich Sorgen. Viele Ausländer kommen hierher. (*weil*)

c Niemand hält es für möglich. Die europäischen Grenzen bleiben nicht offen. (*dass*)

● Beginning a sentence with a conjunction is a useful way of varying your language. Note what happens to the position of the verbs in this example:

Flüchtlinge **verlassen** ihr Heimatland, weil sie in Lebensgefahr **sind**.

Weil sie in Lebensgefahr **sind**, **verlassen** Flüchtlinge ihr Heimatland.

Ⓒ **Rewrite the sentences below, beginning with the conjunction each time.**

a Manche Wanderarbeiter kehren nach Hause zurück, da die wirtschaftliche Situation in Polen jetzt besser ist.

b Viele Rumänen sind nach Westeuropa gegangen, nachdem das Land der EU beigetreten ist.

c Klaus hat schnell eine Stelle gefunden, als er in Österreich angekommen war.

d Es gibt heute viele Flüchtlinge aus Afghanistan, während früher die größte Gruppe aus Jugoslawien kam.

Relative clauses

Ⓓ **Insert the correct relative pronouns.**

Example: Dieter ist ein Student, **der** eine positive Einstellung gegenüber Ausländern hat.

a Migration ist ein Thema, ____ zu vielen Diskussionen führt.

b Aussiedler sind Menschen, ____ die deutsche Volkszugehörigkeit haben.

c Marek ist ein Pole, ___ als Handwerker arbeitet.

d Guljan ist eine junge Frau, ___ Konflikte zwischen Tradition und dem modernen Leben erlebt.

Tipp

Responding fluently to questions

Once you have presented your opinion in the oral examination, you will need to respond to the examiner's questions. Go through the points you are planning to make and predict what the examiner is likely to ask about them. Then decide what you would say to defend your viewpoint.

During the oral examination:

- Make sure you listen carefully, to understand the questions.
- Ask for clarification if necessary.
- Always keep in mind which opinion you have chosen to defend.
- Go over the necessary vocabulary during preparation time.
- Extend your answers as much as possible.
- Make sure you speak accurately and use a wide range of vocabulary.
- Rather than constantly using phrases such as *meiner Meinung nach, ich finde, ich meine,* use a wider variety of expressions such as the following:

> Ich bin der Auffassung, dass …
>   *I am of the opinion that …*
>
> Wenn es nach mir ginge … *If it were up to me …*
>
> Das mag schon sein, aber …
>   *That may well be, but …*
>
> Man kann das aber auch anders sehen …
>   *You can also look at this differently …*
>
> Das sehe ich auf keinen Fall so …
>   *I don't see it like that at all …*
>
> Es kommt natürlich darauf an. Einerseits …
>   *It depends, of course. On the one hand …*
>
> Andererseits … *On the other hand …*
>
> Ich stimme dir bis zu einem gewissen Grad zu …
>   *I agree with you to a certain extent …*
>
> Das ist doch kein Argument!
>   *But that's no argument!*
>
> Ich gebe ja zu, dass …, aber …
>   *I admit that …, but …*
>
> Das ist doch ganz eindeutig!
>   *That's absolutely clear/obvious!*

A **Match these German and English phrases.**

a	ganz und gar nicht	1	simply, just
b	überhaupt nicht	2	totally (exaggerated)
c	total (übertrieben)	3	well
d	vollkommen (falsch)	4	not at all (× 2)
e	einfach	5	completely (wrong)
f	ja also		

Sollen Asylbewerber eine Arbeitserlaubnis bekommen?

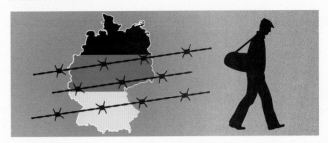

Meinung 1

> Asylbewerber sind oft hoch qualifizierte Leute und sie sollten arbeiten dürfen. Wenn sie kein Geld verdienen können, müssen sie Sozialhilfe beziehen und das verursacht dem Staat hohe Kosten. Wer nicht arbeiten darf, wird demoralisiert und krank.

Meinung 2

> Es gibt nicht genug Arbeitsstellen und deshalb sollten Asylbewerber kein Recht auf Arbeit haben. Es ist nicht wirtschaftlich, Asylbewerber auszubilden, da sie so bald wie möglich wieder in ihr Heimatland zurückkehren sollten.

B Here are some points the examiner might put to you once you have presented your opinion. Sort them into two lists of arguments, one to oppose *Meinung 1*, the other against *Meinung 2*.

- **a** Asylanten kommen in reiche Länder, weil sie ein bequemes Leben haben möchten.
- **b** Asylbewerber können nicht arbeiten, da sie die Sprache des Landes nicht sprechen.
- **c** Es ist billiger, den Asylbewerbern Sozialhilfe zu geben, als viele einheimische Arbeitslose zu haben.
- **d** Es ist wirtschaftlicher, Asylanten auszubilden, als ihnen Sozialhilfe zu zahlen.
- **e** Jedes Land hat die Pflicht, Asylanten zu schützen wenn ihr Leben in Gefahr ist.
- **f** Man sollte die Grenzen besser kontrollieren, damit keine Asylanten ins Land kommen.
- **g** Manche Asylbewerber müssen jahrelang warten, bis sie in ihr Land zurückkehren können.
- **h** Wenn Asylanten nichts zu tun haben, kann es soziale Probleme geben.

C Make two lists of counter-arguments to oppose *Meinung 1* and *Meinung 2*. Brainstorm other points which you could mention and add them to the list from exercise B.

Vokabeln

Wer sind die Ausländer? pages 32–33

der Anwerbestopp	*cap on employing/hiring people*
die Arbeitnehmer (pl.)	*employees*
die Arbeitskräfte (pl.)	*work force*
den Arbeitsmarkt überschwemmen	*to flood the labour market*
der Arbeitsmigrant	*migrant worker*
der/die Asylbewerber(in)	*asylum seeker*
der/die Aussiedler(in)	*someone of German origin from Eastern Europe*
die Bedingung	*requirement*
der/die Einwanderer(in)	*immigrant*
die Erweiterung	*expansion*
das Grundgesetz	*constitutional law*
die Herkunft	*origin*
das Wirtschaftswunder	*economic boom (usually refers to 1960s in Germany)*
die Zuflucht	*refuge*
ablehnen	*to reject*
einen Antrag stellen	*to submit an application*
eine Bedingung erfüllen	*to meet a requirement*
eine Beschränkung auferlegen	*to impose a restriction*
beschäftigen	*(here) to employ*
in Lebensgefahr sein	*to be in danger of losing one's life*
nachholen	*(here) immigrants bringing families to Germany*
verfolgen	*to persecute*
etwas vorhaben	*to plan/intend to do something*
deutscher Abstammung	*of German origin*
ehemalig	*former, previous*
überwiegend	*predominantly*
zuverlässig	*reliable*

Ausländer bei uns pages 34–35

die Behörden (pl.)	*(government) authorities*
die Entscheidung	*decision*
das Flüchtlingslager	*refugee camp*
die Minderheit	*minority*
finanzielle Unterstützung	*financial support*
die Vorfahren (pl.)	*ancestors*
das Vorurteil	*prejudice*

anerkennen	*to recognise*
bereichern	*to enrich*
etwas durchmachen	*to go through a difficult experience*
jemandem trauen	*to trust someone*

Migration in der Europäischen Union pages 36–37

der/die Angestellte	*employee*
die Arbeitserlaubnis	*work permit*
die Erdbeerernte	*strawberry picking*
die Ernte	*harvest*
das Recht auf Freizügigkeit	*right to free movement (within the EU)*
die Sozialleistung	*social benefit*
der Umzug	*move (from one place to another)*
einschränken	*to restrict, curb*
sich etwas leisten können	*to be able to afford something*
in den Ruhestand treten	*to retire (from employment)*
die Wahl haben	*to have the choice*
ausgebildet	*educated, qualified*
ausgestorben	*extinct, deserted*
einheimisch	*local*
stolz	*proud*

Sie sind dran!

Vervollständigen Sie diese Sätze mit Vokabeln aus der obigen Liste.

a Seit der _____ der EU gibt es mehr _____ aus Osteuropa.

b Asylbewerber müssen viele _____ erfüllen, bevor die _____ den Antrag _____.

c Das _____ auf Freizügigkeit bedeutet, dass man keine _____ braucht.

d Ausländische _____ bekommen dieselben _____ wie _____.

5 Integration

By the end of this unit you will be able to:

▸ Talk about factors which hinder or facilitate integration

▸ Describe how loyalty to different cultures can cause conflicts for individual immigrants

▸ Understand the individual experiences of immigrants

▸ Recognise and use the subjunctive

▸ Translate accurately from English into German

1a Sehen Sie sich das Bild an und finden Sie das richtige Wort für jeden Satz.

Flagge
verängstigt
Regierung
Schal
glücklich
Kopftuch

a Die Frau trägt ein _____.

b Sie scheint _____ zu sein.

c Schwarz, Rot und Gold sind die Farben der deutschen _____.

1b Diskutieren Sie diese Fragen mit einem Partner/einer Partnerin.

a Ist diese Frau ihrer Meinung nach Christin oder Muslimin?

b Wie erkennt man, dass sie in Deutschland lebt?

c Denken Sie, dass sie sich dort integriert fühlt? Warum?

2a Lesen Sie die Zeitungstexte und finden Sie die deutschen Wörter und Phrasen.

a mixed marriages
b little hope
c to belong
d the key
e to advance, encourage
f the aim
g hostility to foreigners

A Die Bundeskanzlerin hat wenig Hoffnung auf eine multikulturelle Gesellschaft und meint: „Der Ansatz für Multikulti ist gescheitert!"

B Wir müssen Migranten nicht nur fordern, sondern auch fördern.

C **Mesut Özil, deutscher Fußballer mit Migrationshintergrund, jetzt internationaler Star.**

D Wir haben kein Integrationsproblem, wir haben soziale Probleme unter Deutschen und Migranten.

E Bessere Integration bedeutet weniger Fremdenfeindlichkeit.

F **„Wir sind hier aufgewachsen, aber wir gehören nicht dazu!" finden viele türkische Jugendliche.**

G **Ist Sprache der Schlüssel zur Integration?**

H Erster Preis für ein Integrationsprojekt in Bonn unter dem Motto „Integration ist das Ziel – Fußball unser Weg".

I Immer mehr Mischehen in der BRD. Bei fast 15% aller Paare haben ein oder beide Partner einen ausländischen Pass.

2b Übersetzen Sie die Zeitungstexte ins Englische. Benutzen Sie, wenn nötig, die Vokabelliste auf Seite 48.

In Deutschland zu Hause?

▶ *Welche Faktoren erschweren oder erleichtern die Integration von Migranten?*

Nette Nachbarn

Herr und Frau Beier leben in einer kleinen Stadt, wo es nur wenige Ausländer gibt. „Als wir hörten, dass eine Familie aus Somalia nebenan einzieht, war die ganze Nachbarschaft in Panik", sagt Herr Beier. „Alle dachten: Die machen sicher die ganze Nacht laute Musik und werden sich nicht um den Garten kümmern."

Als die neuen Nachbarn einzogen, hat Frau Beier trotzdem beschlossen, sie zu begrüssen. „Ich bin hingegangen, habe mich vorgestellt und allen Familienmitgliedern die Hand gegeben." Zuvor hatte Frau Beier noch nie jemanden aus Afrika getroffen. „Sie haben mich zu einer Tasse Tee eingeladen und die Atmosphäre war so freundlich, dass alle meine Vorurteile verflogen."

Auch Herr Beier hat Familie Ahmed gut kennengelernt und meint: „Das einzige Problem, das wir jetzt haben, sind einige deutsche Nachbarn. Sie können es nicht akzeptieren, dass wir uns mit den Ahmeds so gut verstehen."

Ein guter Anfang

Familie Ahmed hatte auch Sorgen. Bis die Erlaubnis kam, in Deutschland zu bleiben, hatten sie in einem Asylantenheim gewohnt. „Es war ein Haus mit vielen anderen Asylanten. Außer mit den Behörden, hatten wir fast keinen Kontakt mit Deutschen", erklärt der Sohn. „In der Stadt haben wir auch meistens Ausländer getroffen, und viele von ihnen hatten eine ziemlich negative Einstellung zu den Deutschen."

Frau Ahmed wollte nicht an einem kleinen Ort wohnen, wo man auffällt, wenn man anders aussieht. Drei Monate später ist sie schon viel glücklicher, auch wenn viele Leute sie immer noch nicht begrüssen oder anlächeln. Sie findet es schön, dass Herr und Frau Beier so nett sind und ihr immer helfen, wenn ihre Deutschkenntnisse nicht ausreichen. Zum Dank kocht sie ihnen oft eine somalische Spezialität. „Es wird lange dauern, bis ich mich zu Hause fühle," sagt sie „aber das ist ein guter Anfang."

1a Lesen Sie die zwei Texte. Entscheiden Sie, ob die Sätze unten zu Frau Beier oder zu Frau Ahmed passen.

a Wir wollten keine Ausländer in unserer Nachbarschaft.

b Ich kleide mich anders als deutsche Frauen.

c Langsam gewöhne ich mich an das Leben hier.

d Die anderen Leute in unserer Stadt sollten auch toleranter sein.

e Unsere neuen Nachbarn sind ganz anders als ich dachte.

f Es ist schön, wenn die Leute mich begrüssen.

g Mit der Zeit werde ich weniger Hilfe brauchen.

h In ihrer Situation wäre ich für jede Hilfe dankbar.

1b Wählen Sie jeweils die Ergänzung, die mit dem Sinn der zwei Texte übereinstimmt.

1 Herr und Frau Beier waren _____ als sie hörten, dass Somalier einziehen.

   a erfreut   **b** verägert   **c** nicht interessiert

2 Sie machten sich Sorgen wegen _____.

   a des Lärms   **b** der anderen Kultur
   c der Kinder

3 Jetzt ist das Verhältnis zu den neuen Nachbarn _____.

   a problematisch   **b** freundschaftlich
   c einseitig

4 Familie Ahmed kannte schon _____ Deutsche.

   a sehr viele   **b** überhaupt keine
   c einige

5 Frau Ahmed wird sich in Deutschland _____ zu Hause fühlen.

   a wahrscheinlich nie
   b vielleicht in Zukunft
   c nur in einer Großstadt

6 Frau Ahmed ist dankbar, dass Herr und Frau Beier _____.

   a sie begrüssen
   b ihr mit Formularen oder Telefongesprächen helfen
   c sie zum Essen einladen

Elisabeth, 17, macht mit ausländischen Kindern Hausaufgaben.

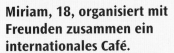

„Mit einer Freundin zusammen betreue ich zweimal in der Woche Grundschüler in einem Asylantenheim. Die Nachfrage ist sehr groß – kein Wunder. Für Kinder, die kaum Deutsch sprechen, ist es sehr schwierig, Hausaufgaben zu machen. Zuerst helfen wir bei den Hausaufgaben und dann singen oder spielen wir. Das macht am meisten Spaß. Es ist toll, wie fröhlich Kinder sein können, die gerade eine Flucht hinter sich haben. Das gibt echt Hoffnung."

Miriam, 18, organisiert mit Freunden zusammen ein internationales Café.

„Vor zwei Jahren habe ich eine Führung durch ein Asylantenheim mitgemacht. Da habe ich beschlossen, mit ein paar Freunden und interessierten Leuten einen ‚Entspannungspunkt' für Asylanten zu organisieren. Jetzt kommen jeden Donnerstag Ausländer und Deutsche im ‚Café International' zu einem Schülertreff zusammen. Es macht total viel Spaß, miteinander zu kochen, Musik zu machen oder einfach zu erzählen. Teilweise haben sich auch schon richtige Freundschaften entwickelt."

2 Lesen Sie die zwei Berichte und ergänzen Sie die Sätze.

a Miriam ist auf die Idee gekommen, das Café zu ____, nachdem sie ein ____ besucht hat.

b Das Café ____ Kontakte zwischen Asylanten und Deutschen.

c Das Café bietet eine entspannte ____, in der sich Freundschaften entwickeln können.

d Elisabeth ____ ____ um ausländische Kinder, die in einem Asylantenheim wohnen.

e Wegen mangelnder ____ ist es schwierig für die Kinder, ihre Hausaufgaben zu machen.

f Elisabeth ____ die Kinder, weil sie trotz ihrer schlechten ____ so fröhlich sind.

---

kümmert sich   Asylantenheim
Sprachkenntnisse   gründen   Atmosphäre
bewundert   ermöglicht   Erfahrungen

3a Hören Sie sich Informationen über Integrationskurse für Ausländer in Deutschland an und beantworten Sie jede der Fragen mit einer Zahl.

a Seit wann gibt es die Integrationskurse?

b Wie viele Deutschstunden muss ein Anfänger durchschnittlich nehmen?

c Wie lange dauert der Orientierungskurs?

d An wie vielen Sprachzentren werden die Kurse angeboten?

e Wie viele Leute haben schon an diesen Kursen teilgenommen?

3b Hören Sie sich noch einmal an und geben Sie in Ihren Antworten so viele Einzelheiten wie möglich an.

a Wer muss den Integrationskurs machen?

b Worauf konzentriert man sich im Sprachkurs?

c Warum muss man den Orientierungskurs machen?

d Können nur junge Leute am Kurs teilnehmen?

e Wo kann man den Kurs besuchen?

f Muss jeder Teilnehmer etwas bezahlen?

g Warum ist es wichtig, das Zertifikat Integrationskurs zu bekommen?

4a Arbeiten Sie mit einem Partner/einer Partnerin. Erstellen Sie eine Tabelle (wie unten) und notieren Sie so viele Faktoren wie möglich. Vergleichen Sie mit anderen in der Klasse und ergänzen Sie Ihre Tabelle.

Faktoren, die Integration erleichtern	Faktoren, die Integration erschweren

4b Erarbeiten Sie mit Ihrem Partner/Ihrer Partnerin eine Antwort auf diese Frage. Finden Sie so viele Argumente wie möglich, um Ihre Antwort zu begründen.

Sollte es für Zuwanderer Pflicht sein, die Sprache des Landes zu lernen?

4c Diskutieren Sie dann mit anderen in der Klasse.

43

5 Wohin gehören sie?

▸ *Immigranten im Konflikt zwischen der eigenen und der deutschen Kultur*

Zuwanderer-Forum

Mischehen – ja oder nein?

A

Ich bin Kosovo-Albaner und seit drei Jahren mit einer Deutschen verheiratet. Meine Familie war gegen die Heirat, aber ich habe mich durchgesetzt. Jetzt kennen sie meine Frau schon gut und möchten, dass wir bei ihnen wohnen. Meine Frau will nicht umziehen. Sie weiss, dass meine Mutter nicht emanzipiert ist und immer das tut, was mein Vater will. Ich erwarte das nicht von meiner Frau, aber ich möchte, dass sie meine Familie akzeptiert. Hier ist es anders, aber bei uns sind Familien gerne zusammen. Wenn ich diese Tradition nicht respektiere, sind meine Eltern beleidigt. *Afrim*

B

Ich bin eine 19-jährige Türkin und habe immer in Deutschland gelebt. Ich trage ein Kopftuch, denn ich finde es ist ein wichtiges Symbol meiner Religion. Ich durfte immer deutsche und türkische Freundinnen mit nach Hause bringen. Seit einem Jahr habe ich einen deutschen Freund. Meine Eltern verbieten mir, ihn zu treffen und einladen darf ich ihn natürlich nicht. Ich liebe ihn und verstehe nicht, was daran falsch ist. Mein Bruder ist uns sogar in den Park gefolgt und wollte meinen Freund angreifen. Für meine Familie wäre es eine Schande, wenn ich einen Deutschen heirate. *Hale*

Deutsch oder fremd?

C

Ich bin 16 Jahre alt und gehe aufs Gymnasium. Wenn man mich fragt, woher ich komme, sage ich: „Aus Wuppertal" und dann denken alle, dass ich Deutsche bin. Doch meine Mutter sagt: „Wir sind Serben und Serbisch ist deine Muttersprache". Serbisch spreche ich nur zu Hause, und ich kann es kaum lesen oder schreiben. Wenn ich meine Verwandten in Serbien besuche, vermisse ich das Leben in Deutschland. Andererseits fühle mich auch nicht als echte Deutsche und möchte den Kontakt mit Serbien nicht verlieren. Was bin ich eigentlich? *Duica*

D

Vor zwei Jahren wurde meine Familie abgeschoben, das heißt wir mussten Deutschland verlassen und in das Kosovo zurückkehren. Es gefällt mir hier überhaupt nicht. Ich habe keine Freunde und wenn ich Albanisch spreche, merken alle, dass ich nicht im Kosovo aufgewachsen bin. Sie lachen mich aus und fragen: „Warum bist du nicht in Deutschland geblieben?" Meine Familie stammt von hier, aber meine Heimat ist Deutschland. Dort kenne ich mich aus, aber hier scheint mir alles fremd. Mein Traum ist, wieder dort leben zu können. *Edon*

1a Lesen Sie die Blogs. Notieren Sie für jeden Satz die falsche Aussage und schreiben Sie dann die korrigierte Version auf.

a Edon wollte in das Kosovo zurückkehren.

b Hale trägt ein Kopftuch, weil es für ihre Eltern wichtig ist.

c Duica möchte den Kontakt mit Serbien abbrechen.

d Afrims Eltern kennen seine Frau überhaupt nicht.

e Im Kosovo fühlt sich Edon zu Hause.

f Hales Bruder wollte ihren Freund kennenlernen.

g Viele Leute wissen nicht, dass Duica Deutsche ist.

h Afrims Mutter ist sehr selbständig.

1b Mit welchem Blog-Text (A, B, C oder D) stimmen diese Aussagen überein?

1 Man fühlt sich dort zu Hause, wo man aufgewachsen ist.

2 Es ist schwierig zu wissen, mit welcher Kultur man sich identifizieren soll.

3 Es ist nicht immer klar, wer Deutscher und wer Ausländer ist.

2 Übersetzen Sie diese Sätze ins Deutsche. Lesen Sie auch den *Tipp* auf Seite 47.

a He feels at home in Germany, but he had to return to Kosovo.

b Her parents will not accept that she has a German boyfriend.

c Although she says that she is from Wuppertal, she does not feel German.

d He expects his wife to move and accept his family.

Manche Gastarbeiter und ihre Familien wohnen seit zwanzig Jahren in Deutschland. Die Kinder sind oft hier geboren. Sie arbeiten hier, zahlen Steuern – sie dürfen aber nicht wählen, weil sie immer noch ausländische Staatsbürger sind. Ausländer, die länger in Deutschland wohnen und bestimmte Voraussetzungen erfüllen, können die deutsche Staatsangehörigkeit erwerben. Das het jedoch nur 1,1% der ausländischen Bevölkerung gemacht. Der Grund: Man muss die alte Staatsbürgerschaft aufgeben. Für die ältere Generation kommt das oft nicht in Frage. Und die zweite Generation will oft die Eltern nicht beleidigen, indem sie auf die alte Heimat verzichtet. Ist die doppelte Staatsbürgerschaft also die einzige Lösung?

3 Lesen Sie diesen Text über Staatsbürgerschaft. Welche Satzhälften passen zusammen?

a Obwohl die Zuwanderer Steuern zahlen,

b Auch wenn ein Kind in Deutschland geboren ist,

c Nur sehr wenige Gastarbeiter

d Wenn man die deutsche Staatsbürgerschaft bekommt,

e Zuwanderer finden es oft schwierig,

1 erwerben die deutsche Staatsbürgerschaft.

2 wenn ihre Kinder lieber einen deutschen Pass möchten.

3 dürfen sie nicht wählen.

4 behält es die Staatsbürgerschaft der Eltern.

5 muss man seine vorherige Staatsangehörigkeit aufgeben.

4 Hören Sie sich die Gespräche an. Welche sechs Sätze sind richtig? Schreiben Sie die korrigierte Form der vier anderen Sätze auf.

Herr Bellanca sagt,

a er sei vor vielen Jahren nach Deutschland gekommen.

b er habe genug Geld gespart, um ein Restaurant zu kaufen.

c wenn er nicht mehr arbeite, wolle er nach Italien zurückkehren.

d die Mutter seiner Kinder sei Deutsche.

e er fühle sich in Deutschland gut integriert.

Herr Jeronimides erzählt,

f er sei in Griechenland arbeitslos gewesen.

g er habe in Deutschland viele verschiedene Arbeiten gemacht.

h seine Kinder seien in Griechenland geboren.

i er finde seine Kollegen freundlich.

j seine Kinder möchten lieber in Deutschland als in Griechenland wohnen.

5 Führen Sie in der Klasse eine Debatte zur Frage: „Doppelte Staatsbürgerschaft – ein Recht für Zuwanderer?"

Entscheiden Sie, ob Sie Meinung 1 oder Meinung 2 vertreten möchten.

• Finden Sie Argumente für Ihre Meinung. Sehen Sie sich dazu noch einmal Übung 3 an.

• Bereiten Sie eine Präsentation (höchstens eine Minute) Ihrer Hauptargumente vor.

• Notieren Sie Gegenargumente, während die andere Meinung präsentiert wird.

• Führen Sie eine Debatte in der Klasse.

Meinung 1

Wenn man in einem Land geboren und aufgewachsen ist, sollte man automatisch dessen Staatsbürgerschaft haben. Wer Eltern mit einer anderen Nationalität hat, sollte die doppelte Staatsbürgerschaft bekommen.

Meinung 2

Auch Menschen mit Migrationshintergrund sollten nur eine Staatsbürgerschaft haben. Man muss sich entscheiden, ob man die Nationalität seiner Eltern oder die Nationalität des Landes, in dem man lebt, annehmen will.

Prüfungstraining

Grammatik
➡ 148–50 ➡ W69, 82

Indirect speech and the subjunctive

- Indirect speech reports what someone said (or thought). In German, the verbs in reported speech are in the subjunctive. The German word for subjunctive is *Konjunktiv*. You are more likely to come across the subjunctive in written than in spoken German.

- The verb endings change in the subjunctive. See page 149 for a list of subjunctive endings in the present tense. These forms are regular, apart from the verb *sein*. On page 148 you will find lists of subjunctive forms for the imperfect tense.

- The tense of the subjunctive is usually the same as the tense in which the words were originally said.

  Direct speech: Markus sagte: „Ich kenne viele Ausländer."

  Indirect speech: Er sagte, er kenne viele Ausländer. (The normal, or indicative, form of the verb here would be kennt.)

- If the verb in the subjunctive is the same as in the normal (indicative) form, the reported speech moves back a tense to show that it is in the subjunctive.

  Markus sagt: „Viele Schüler haben nichts gegen Ausländer." (present tense in original speech)

  Markus sagt, viele Schüler haben nichts gegen Ausländer. (present subjunctive form of *haben* is the same as the indicative form, so it cannot be used)

  Markus sagt, viele Schüler hätten nichts gegen Ausländer. (the imperfect subjunctive of *haben* is used, to differentiate clearly from the indicative)

A Put these sentences into the subjunctive, beginning with *Markus sagt, ...*

Example: Markus: „Frau Oldiz macht den Integrationskurs." Markus sagt, Frau Oldiz mache den Integrationskurs.

  a Markus: „Manche Zuwanderer haben gute Deutschkenntnisse."

  b Markus: „Herr Bellanca kauft ein Restaurant."

  c Markus: „Viele junge Türken sind arbeitslos."

  d Markus: „Es gibt immer mehr Mischehen in Deutschland."

B Look at the text on the right (*Junge Leute*) and make a list of expressions used to introduce indirect speech, e.g. *er sagt*.

C Find the German for these phrases in the text (*Junge Leute*):

  a if one considered

  b how it would be

  c it caused many difficulties

D List all the subjunctive forms in the text. Underline in your list the ones which have changed tense to show they are subjunctives.

Junge Leute sprechen über doppelte Staatsbürgerschaft

Marianne meint, sie habe nichts gegen die doppelte Staatsbürgerschaft. Die Gastarbeiter hätten viel zur deutschen Gesellschaft beigetragen. Wenn man bedenke, wieviel sie an Steuern zahlten, sei es eine Schande, dass sie kein volles Wahlrecht hätten.

Peter ist der Meinung, man müsse sich für ein Land entscheiden und könne nicht zwei haben. Das finde er ungerecht.

Cornelius glaubt, es sei eine Identitätsfrage. Der zweiten Generation der Zuwanderer bereite das große Schwierigkeiten. Er erzählt, er habe mehrere Freunde aus Ausländerfamilien, die in Deutschland bleiben wollten. Er sagt auch, dass sie sich zwischen zwei Welten hin- und hergerissen sähen und meint, die doppelte Staatsbürgerschaft helfe ihnen vielleicht, sich wohler zu fühlen.

Laut Karin bringe die doppelte Staatsbürgerschaft viele Probleme mit sich. Sie fragt, wie es sei, wenn die beiden Länder ganz verschiedene Gesetze hätten. Sie glaubt auch, man müsse sich manchmal zwischen den Ländern entscheiden und es sei besser, das nur einmal zu machen.

E Translate these sentences, making sure you use the subjunctive in each of them.

  a Heiko says that he feels safer in the group.

  b Mrs Beier says that she finds her neighbours very friendly.

  c The students say that they have a lot of fun on the course.

F Translate this paragraph into English. Consider carefully how to translate the subjunctives.

Es wäre besser, wenn Gastarbeiter die doppelte Staatsbürgerschaft hätten. Sie dürften wählen und könnten einfacher die deutsche Staatsangehörigkeit erwerben. Die Kinder der Gastarbeiter hätten weniger Probleme mit den Eltern, da sie die alte Staatsbürgerschaft nicht aufgeben müssten. Andererseits fänden manche Deutsche vielleicht, dass es nicht richtig sei, in zwei Ländern wählen zu können, wenn man nur in einem Land Steuern zahle.

- Other ways of using the subjunctive in German are covered in Unit 6.

Tipp

Translating into German

As part of the exam you will be asked to translate a series of sentences into German. They will not necessarily be from the same topic area.

- Keep in mind that the main aim is to convey the meaning of the sentence as accurately as possible.
- Make the German you write sound natural and authentic.
- Be aware that grammar points can differ between the two languages: verb tenses, prepositions or particular phrases may well not be translated directly.
- Work through these steps in order:
  1 Read the passage through carefully.
  2 If you cannot remember a particular word, find a synonym or a phrase to express the same idea.
  3 Look for particular grammar points e.g. passive, subjunctive.
  4 Begin to translate the text.
  5 Check through your work thoroughly (i.e. verb agreements, verb tenses, plural nouns, word order and punctuation).

A What could trip you up in these sentences? Read the notes below, translate the sentences and check your answers.

  a Mr Jeronimides has been living in Germany since 1980.

  b He worked on a building site for many years.

  c Are you interested in the problem?

Notes:

  a In German, you use the present tense to describe an action which you have done for some time and are still continuing to do.

  b Some words do not necessarily have to be translated. Think about the difference between 'for many years' and 'a present for my sister'.

  c While you are interested 'in' something in English, a different phrase is used in German.

- When your translation is marked, the examiner will divide each sentence into four sections; each section is worth one mark.
- Here are some examples of how sentences will be divided up for marking and how you would be expected to translate these.

For three months	drei Monate lang
the entire family	die ganze Familie
had to live	musste ... wohnen
in a hostel for asylum seekers.	in einem Asylantenheim

- When writing out the sentence, you need to keep the word order rules in mind, so the sentence will read:

  Drei Monate lang musste die ganze Familie in einem Asylantenheim wohnen.

B Look at the four sections of this sentence, and the two translations for each section. The one more likely to get a mark is underlined. Can you decide why this is so?

After ten years in Germany	*für zehn Jahre in D.* <u>*nach zehn Jahren in D.*</u>
he no longer felt	*fühlte er sich nicht länger* <u>*fühlte er sich nicht mehr*</u>
at home	<u>*zu Hause*</u> *nach Hause*
in his place of birth.	*an seinem Geburtsplatz* <u>*an seinem Geburtsort*</u>

- When you combine those sections into a sentence, it will read as:

  Nach zehn Jahren in Deutschland fühlte er sich an seinem Geburtsort nicht mehr zu Hause.

C Look at this sentence and the two translations for each section. Decide for yourself which ones (a or b) are more likely to get a mark.

  i Foreign women who
    a *Ausländische Frauen, die*
    b *Ausländische Frauen, wer*

  ii speak very little German
    a *sehr klein Deutsch sprechen*
    b *sehr wenig Deutsch sprechen*

  iii often have difficulties
    a *haben es oft schwierig*
    b *haben oft Schwierigkeiten*

  iv integrating.
    a *sich zu integrieren*
    b *zu integrieren*

D Use the steps above (1 to 5) to translate these sentences.

  a My daughter and I have been attending the integration course since September.

  b I can already chat a little to my neighbours.

  c As soon as you can understand the language, it is easier to feel at home in a country.

  d When my children start school here, I want to be able to help them.

  e I miss life in Germany, because I grew up there.

In Deutschland zu Hause? pages 42–43

die Anzeige	*advertisement*
die Einbürgerung	*naturalisation*
die Einstellung	*attitude*
die Nachbarschaft	*neighbourhood*
die Pflicht	*duty, obligation*
das Verhältnis	*relationship*
das Vorurteil	*prejudice*
die wirtschaftliche Lage	*the economic situation*
auffallen	*to draw attention*
durch etwas auffallen	*to draw attention by*
es fällt auf, dass …	*it is noticeable that*
ausreichen	*to be sufficient*
ausreichen für	*to be sufficient for*
… reicht (nicht) aus	*… is (not) sufficient*
benötigen	*to require*
fordern	*to demand*
fordern, dass…	*to demand that …*
fördern	*to encourage, support*
ein Projekt fördern	*to support a project*
sich Sorgen machen (über)	*to have worries, be worried (about)*
jemanden verständigen	*to inform, notify someone*
sich verständigen	*to communicate*
andauernd	*continuously*
einseitig	*one-sided*
verärgert	*annoyed*

Wohin gehören sie? pages 44–45

die Mischehe	*mixed marriage*
die Schande	*shame, disgrace*
die Staatsbürgerschaft	*nationality, citizenship*
die Steuern	*taxes*
abschieben	*to deport*
angreifen	*to attack*
jmd beleidigen	*to hurt someone (emotionally)*
etwas durchsetzen	*to achieve, implement something*
sich durchsetzen	*to insist, persevere*
merken	*to notice*
sich etwas merken	*to remember/memorise something*
stammen aus	*to originate from*
vermissen	*to miss (a person or place)*
seine Heimat vermissen	*to miss one's home country*
jmd zwingen zu	*to force someone to*
freiwillig	*voluntarily*

Weitere Vokabeln

eine Chance für	*an opportunity for*
mit Migrationshintergrund	*coming from a migrant family*
der Schlüssel zu …	*the key to …*
der Weg	*the way (to achieve something)*
das Ziel	*the goal, aim*
der Weg zum Ziel ist …	*the way to achieve the goal/aim is …*
etwas abschaffen	*to abolish/do away with sth.*
etwas beitragen (zu)	*to contribute (to)*
etwas bedenken	*to consider sth.*
bedenken, dass	*to consider that*
erleichtern	*to facilitate*
sich … fühlen	*to feel …*
es scheint …	*it seems …*
es scheint mir, dass …	*it seems to me that …*
es scheint … zu sein	*it seems to be …*
scheitern	*to fail (in a project, venture)*
verhindern	*to hinder*
multikulti	*(slang) multicultural*

Sie sind dran!

Vervollständigen Sie diese Sätze mit Vokabeln aus der obigen Liste.

a Er machte sich _____, weil seine Familie die Heirat _____ wollte und ihre _____ zu Deutschen allgemein sehr negativ ist.

b Zuwanderung ist eine _____ für die Gesellschaft und man muss immer _____, dass Menschen mit _____ viel _____ können.

c Es _____ sehr schwierig zu sein, einen _____ zu finden, um _____ abzubauen und Integration zu _____.

6 Rassismus

By the end of this unit you will be able to:

- Explain why racist behaviour occurs
- Discuss what measures are taken to eliminate racism and how effective they are
- Describe what victims of racism experience
- Give examples of how individuals can overcome the problems of racism

- Use the subjunctive in a variety of ways
- Use research skills to obtain information from German-language internet sites

1 Lernen Sie einige nützliche Vokabeln zum Thema.
Was passt zusammen?

1 Man ist allgemein gegen Ausländer.

2 Man hat negative Ideen über Leute, die man nicht kennt.

3 Man möchte, dass alle Menschen friedlich zusammenleben.

4 Man findet, dass eine ethnische oder soziale Gruppe besser ist als eine andere.

5 Man behandelt Zuwanderer nicht gleich wie Einheimische.

6 Man betreibt eine sehr reaktionäre und nationalistische Politik.

7 Man formt eine Gruppe von Leuten mit denselben politischen Ideen.

8 Man geht auf die Straße, um öffentlich eine Meinung zu zeigen.

a Diskriminierung

b Toleranz

c Demonstration

d Rechtsextremismus

e Vorurteile

f Partei

g Fremdenfeindlichkeit

h Rassismus

2 Sehen Sie sich die zwei Bilder an. Diskutieren Sie diese Fragen mit einem Partner/einer Partnerin.

a Wo sind die Leute auf den zwei Bildern?

b Was wollen die Leute auf Bild B?

c Wie verstehen Sie das Plakat auf Bild B?

d Welche Leute sind Ihrer Meinung nach toleranter?

e Welche politischen Ideen vertreten die Leute auf Bild A?

Gründe für und Maßnahmen gegen den Rassismus

▸ *Warum gibt es Rassismus in Deutschland und was tut man dagegen?*

Aufmarsch der Rechten

Xaver, ein junger Mosambikaner, liegt mit Stichwunden und gebrochenem Handgelenk im Krankenhaus in Halle. Die Behörden gehen davon aus, dass der Angriff ausländerfeindliche Hintergründe hat.

Xaver hat Glück gehabt, denn er lebt. In den letzten 20 Jahren wurden in Deutschland etwa 140 Menschen aus rassistischen Gründe ermordet. Sie starben, weil sie eine andere Hautfarbe hatten, nicht Deutsch sprachen oder sogar weil sie obdachlos waren. Dazu kommen zahllose Überfälle auf ausländische Geschäfte oder Restaurants und sogar Brandanschläge auf Asylantenheime. Immer wieder werden unschuldige Menschen verletzt oder beleidigt, nur weil sie anders sind.

Die brutalen Angreifer sind in der Mehrzahl junge Männer im Alter von 18 bis 30 Jahren, mit kurz geschorenen Haaren, Bomberjacken und Springerstiefeln. Meistens sind sie Mitglieder der NPD (Nationalsozialistische Partei Deutschlands). „Ich fühle mich sicherer, weil ich zu einer Gruppe gehöre", meint Axel, ein Mitglied der Neonazis in Zittau und erklärt: „Irgendjemand muss den Ausländern doch mal zeigen, dass sie unerwünscht sind. Sie haben hier nichts zu suchen."

Seit der deutschen Wiedervereinigung sind rechtsextreme Anschläge stark angestiegen. Im ehemaligen Ostdeutschland ist die Zahl etwa dreimal höher als im Westen. Warum ist das so? „Es gibt viele Gründe", meint ein Soziologe aus Leipzig. „Ostdeutschland hat seit der Wende eine sehr hohe Arbeitslosigkeit. Vor der Wende hatten Ostdeutsche wenig Kontakt mit Ausländern. Jetzt denken sie, dass Ausländer alle Arbeitsstellen weggenommen haben. Rechtsextreme Organisationen versprechen den Leuten, ihre Lebenssituation zu verbessern und rekrutieren so viele neue Mitglieder."

1a Lesen Sie den Artikel. Sind diese Aussagen richtig (R), falsch (F) oder nicht angegeben (NA)?

  a Rechtsextreme greifen nur Menschen mit anderer Hautfarbe an.

  b Mitglieder rechtsextremer Organisationen sind im allgemeinen unter 30 Jahre alt.

  c Man erkennt die Neonazis nicht an ihrem Aussehen.

  d Junge Leute fühlen sich stärker, wenn sie in einer Gruppe sind.

  e Die Behörden ignorieren rassistische Angriffe.

  f Leute in der NPD denken, dass Ausländer Deutschland verlassen sollen.

  g Seit der Wende gibt es in Ostdeutschland weniger Rassismus.

  h Es gibt immer weniger Mitglieder in rechtsradikalen Organisationen.

1b Lesen Sie nochmal den Artikel und finden Sie dann die richtigen Wörter für die Textlücken.

  a Die Behörden meinen, dass rechtsextreme Jugendliche den _____ ausgeübt haben.

  b Der Mosambikaner ist nicht _____ worden.

  c Manchmal werden Leute_____, wenn sie auf der Strasse schlafen.

  d Rechtsextreme Organisationen versprechen Leuten _____ für die Zukunft.

  e Manche denken, dass Ausländer für die Arbeitslosigkeit _____ sind.

  f In Ostdeutschland hat sich seit der Wende vieles _____.

Gründe	Überfall	verantwortlich	verändert
angegriffen	Ermittlung	ermordet	
Hoffnung	verbessert		

2 🎧 Hören Sie sich das Interview mit Heiko, Mitglied einer Neonazigruppe, an. Ergänzen Sie die Sätze mit dem passenden Ausdruck.

  1 Heiko hat seine Ansichten über Ausländer ...

   a schon seit längerer Zeit.

   b seit er in der Gruppe ist.

   c von seinem Bruder übernommen.

  2 Seiner Meinung nach sind die Ausländer ...

   a gewalttätig.

   b für die Arbeitslosigkeit verantwortlich.

   c nur am Sozialgeld interessiert.

  3 Bis jetzt hat Heiko keine ernsten Gewalttaten verübt, weil ...

   a die Polizei ihn verhaften könnte.

   b er gegen solche Aktionen ist.

   c die Gruppe das nicht erlaubt.

  4 Die Freundin seiner Schwester ...

   a wollte einen Türken heiraten.

   b hat einen Türken geheiratet.

   c hatte eine Beziehung mit einem Türken.

Schüler gegen Rassismus

Markus ist Mitbegründer des Oranienburger Forums gegen Rassismus. Die Initiative spezialisiert sich auf Schulen.

„Das Forum arbeitet primär mit drei Gymnasien zusammen. Wir versuchen gemeinsam mit den Schülern, neue Ideen zu entwickeln. Asylbewerber besuchen die Klassen. Wir halten Vorträge, zeigen Videos und diskutieren."

Markus berichtet, die Schüler hätten im Großen und Ganzen positiv reagiert. Zwar gebe es Gruppen, die gleichgültig seien und Fremdenfeindlichkeit tolerieren, aber ein bedeutender Teil der Schüler wolle sich engagieren. Vor der Gründung des Forums hätten sie keine Möglichkeiten gehabt, positiv zu wirken.

Laut Markus habe sich der Rechtsradikalismus bei einigen Schülern verfestigt. Das größte Problem sei jedoch die Gleichgültigkeit, zum Beispiel wenn in der Schule Flugblätter der NPD auftauchten.

Markus bewertet die Initiative als erfolgreich. Das Forum habe die Schüler mit anderen Meinungen konfrontiert, sie hätten Kontakte zu Flüchtlingen und Asylanten gehabt. Der Zweck des Forums sei, Vorurteile abzubauen und Denkprozesse anzuregen.

Das Forum bekommt finanzielle Hilfe, zum Beispiel um während der Wochen gegen Rassismus Rockkonzerte gegen Rechts zu organisieren. Das Forum hofft, dass sich dadurch noch mehr Schüler für das Projekt engagieren.

3a Lesen Sie über eine Initiative gegen steigenden Rechtsextremismus und entscheiden Sie, welche fünf Sätze mit dem Inhalt des Textes übereinstimmen. Korrigieren Sie dann die falschen Sätze.

a Das Oranienburger Forum arbeitet mit allen Altersgruppen.

b Eine kleine Zahl von Schülern sympathisiert mit den Rechtsradikalen.

c Manche Schüler akzeptieren, dass es Rassismus gibt.

d Zuvor hatten die Schüler weniger Möglichkeiten, aktiv zu sein.

e Viele Schüler an den Gymnasien sind selbst Asylanten.

f Es gibt viel Passivität unter den Schülern.

g Die Initiative ist nur erfolgreich, wenn sich alle Schüler engagieren.

h Manche politische Parteien produzieren Werbematerial für junge Leute.

3b Vervollständigen Sie diese Sätze. Verwenden Sie die Wörter im Kasten, die am besten passen.

a Manche Schüler sind _____ und wollen sich nicht _____.

b Das Forum hat primär zum _____, Schüler zum _____ zu motivieren.

c Im _____ sind die Schüler _____, ihre Meinung zu _____.

d Das Forum kann _____ Projekte _____, da es finanzielle _____ erhält.

> Allgemeinen konfrontieren planen wirken neue ändern gemeinsame Unterstützung bereit Ziel engagieren Nachdenken gleichgültig abbauen

3c Übersetzen Sie den zweiten Abschnitt des Textes ins Englische.

4a 👥 Diskutieren Sie diese Fragen mit einem Partner/einer Partnerin. Sie sollten Ihre Antworten klar begründen.

a Gibt es an Ihrer Schule Fremdenfeindlichkeit? Wenn ja, was tut man dagegen?

b Wären Sie persönlich an einem Projekt wie dem Oranienburger Forum interessiert?

c Sind kleine Aktionen gegen Fremdenfeindlichkeit effektiv?

d Welche Art von Aktionen kennen Sie/finden Sie gut?

e Was kann der Staat gegen Fremdenfeindlichkeit tun?

4b 👥 Diskutieren Sie diese Frage in der Klasse. Benutzen Sie Ihre Antworten von 4a, um Ihre Meinung zu verteidigen.

Kann der/die Einzelne Rassismus bekämpfen?

Meinung 1

> Auch kleine Taten können vieles verändern. Wenn wir alle etwas Konkretes tun, um einem Mitmenschen zu helfen und Vorurteile abzubauen, dann können wir Positives erreichen.

Meinung 2

> Persönliche Taten sind nicht effektiv, wenn der Staat keine Gesetze hat, um Diskrimination und rassistische Handlungen zu bestrafen. Einzelne können nur positiv wirken, wenn die Gesellschaft sie unterstützt.

Opfer des Rassismus

▶ *Wie lebt man, wenn man anders ist?*

Schwarz auf Weiss ein Film von Günter Wallraff

Der Journalist und Autor Günter Wallraff wollte erfahren, wie es ist, als Schwarzer in Deutschland zu leben. Er beschloss, sein Aussehen radikal zu ändern. Er liess sich professionell eine dunkle Hautfarbe auftragen, trug eine Perücke mit schwarzem, krausem Haar und braune Kontaktlinsen.

Dann reiste er mit versteckter Kamera und Mikrofon über ein Jahr durch Deutschland, ging zu Arbeitsvermittlungsstellen, besuchte Märkte und Feste, sprach mit den Leuten in großen und kleinen Städten. Er war immer noch derselbe deutsche Mann, freundlich und interessiert, andere kennenzulernen. Doch die schwarze Hautfarbe änderte alles. Herr Wallraff erzählt, die Leute hätten plötzlich total anders auf ihn reagiert und das sei erschreckend gewesen.

Im Bus auf der Fahrt zu einem Fußballspiel wurde er von jungen weißen Fans ausgelacht und beleidigt, man nannte ihn „Schokolade" und anderes. Er hörte nicht selten Sprüche wie „Geh nach Hause, Deutschland gehört den Weißen!" In manchen Geschäften wollte man ihn nicht bedienen. Als er im Büro einer Behörde eine Frage stellte, drohte man ihm mit der Polizei. Obwohl ihn die Leute nicht kannten, war ihre Reaktion meistens negativ. Der einzige Grund, meint Günter Wallraff, sei die schwarze Hautfarbe gewesen.

Alle seine Erlebnisse sind in diesem Film dokumentiert. Bevor der Film in die Kinos kam, hat Günter Wallraff – wieder in seiner natürlichen Hautfarbe – allen Leuten, die im Film erschienen, erklärt, was er gemacht hatte. Er hat sie gefragt, wie sie ihr Verhalten beurteilten. Besonders schockierend war, dass viele nichts Falsches daran fanden. Am Ende bezweifelte Günter Wallraff, ob er die Kraft hätte, als Schwarzer in Deutschland zu leben.

1a Lesen Sie den Artikel und verbinden Sie die Satzhälften.

1 Bei einem weißen Kunden

2 Ohne versteckte Kamera

3 Auf der Fahrt zum Fußballspiel

4 Günter Wallraff hoffte, dass

5 Ohne professionelles Make-up

6 Mit schwarzer Haut in Deutschland zu leben,

a die Leute sich für ihr Verhalten entschuldigen würden.

b hätten sich die Verkäufer anders benommen.

c würde viel Kraft fordern.

d hätte er den Film nicht drehen können.

e wäre der Film nicht zustande gekommen.

f wäre er beinahe angegriffen worden.

1b In jeder dieser Aussagen gibt es eine falsche Information. Notieren Sie den Fehler und schreiben Sie die korrekte Aussage auf.

a Günter Wallraff hat nur seine Stimme verändert.

b Die Leute haben sehr oft positiv reagiert.

c Günter Wallraff denkt, dass man es einfach als Schwarzer in Deutschland hat.

d Die Leute, die gefilmt wurden, hatten am Ende eine andere Meinung.

2a 🌐 „Fühlen Sie sich vom Rassismus bedroht?" Hören Sie sich das Interview an. Sind diese Aussagen richtig (**R**), falsch (**F**) oder nicht angegeben (**NA**)?

a Grace wurde in Deutschland geboren.

b Sie hat keine Freunde.

c In ihrer Stadt gibt es viele afrikanische Immigranten.

d Grace wird weiterhin in Deutschland leben.

e Herr Liu lebt schon lange in Bayern.

f Er ist mit seiner Frau aus Vietnam geflohen.

g Es gibt viele Vietnamesen an seinem Wohnort.

h Herr Lius Kinder möchten gerne nach Vietnam fahren.

2b Vervollständigen Sie diese Sätze.

a Grace fühlt sich oft _____ weil es in ihrer Stadt rassistische _____ gibt.

b In der Schule wurde sie _____ ihrer Hautfarbe _____.

c Herr Liu hat kurz nach seiner _____ bei vielen Aktivitäten _____.

d Er ist_____, denn er hat nie unter Rassismus _____.

mitgemacht	Hautfarbe	akzeptiert	gelitten
unsicher	Ankunft	froh	wegen	gesprochen
Angriffe	beleidigt	Flucht	froh	nervös

3a Überall in Europa leiden die Roma sehr stark unter Diskriminierung. Hier sind einige Vorurteile gegen sie. Welcher Text (a–f) widerspricht welcher dieser Meinungen (1–6)?

1 „Am liebsten leben sie als Nomaden und wollen sich nicht an einem Ort niederlassen."

2 „Sie sind faul und weigern sich zu arbeiten."

3 „Sie sind schmutzig."

4 „Die Roma sind Kriminelle, die überall klauen und stehlen."

5 „Ihre Kinder werden nicht zur Schule geschickt."

6 „Sie leisten keinen Beitrag zur Gesellschaft und zahlen nie Steuern."

Und so sieht es in Wirklichkeit aus …

a „Geputzt ist es bei uns immer", erklärt Frau Seratin, denn Roma hätten strenge Regelungen über Ordnung und Sauberkeit. Auch schöne Kleidung fänden sie wichtig.

b Arbeit zu finden ist für Roma besonders schwierig. Manchmal fehlen ihnen die nötigen Qualifikationen, oder man traut ihnen nicht. „Ich jobbe manchmal und verdiene ein paar Euro," sagt ein Sohn von den Seratins. „Ich habe mich schon oft auf Stellen beworben. Wenn Leute nicht wüssten, dass ich Roma bin, hätte ich sicher schon etwas gefunden."

c Die Seratins leben in einer Siedlung außerhalb von Freiburg. Es gibt wenig Platz, die Möbel sind alt, der Wind bläst durch die Fenster. „Wenn wir nicht so oft umziehen müssten, könnten wir uns zu Hause fühlen", meint Frau Seratin „aber wer will Roma als Mieter? Alle meinen, dass wir nach ein paar Wochen weiterziehen, aber das stimmt nicht."

d Wie in jeder Bevölkerungsgruppe gibt es unter den Roma Verbrecher. Kriminalität sei jedoch nicht höher als bei anderen Gruppen, berichten Experten. Manchmal werden junge Roma verhaftet, auch wenn sie nichts verbrochen haben. „Man sollte nicht sofort mit dem Finger auf uns zeigen", findet Herr Seratin.

e Butek hatte Glück und konnte eine Stelle finden. Er meint: „Natürlich zahle ich Steuern, genau wie jeder, der Geld verdient. Alles andere wäre falsch". Er plant, einen Jugendclub zu eröffnen. Dort könnten sich junge Roma und Deutsche besser kennenlernen. „Sicher gäbe es dann weniger Vorurteile", hofft Butek.

f Drina ist zehn Jahre alt und besucht die Grundschule. „Manchmal möchte ich am liebsten zu Hause bleiben", sagt sie. „Es gab andere Roma-Kinder in der Schule, aber nach einer Weile sind sie nicht mehr gekommen. Vielleicht wären sie geblieben, wenn manche Lehrer nicht dächten, dass Roma dumm und faul seien." Ihre Eltern können nur wenig lesen und schreiben, aber sie wissen, dass eine gute Schulbildung die beste Chance für Drina ist.

3b Finden Sie in den Meinungen b–f deutsche Übersetzungen für diese Phrasen. Schreiben Sie diese auf und unterstreichen Sie die Konjunktive (Seite 54).

a If people did not know

b If we did not need to move house so often

c One should not point the finger at us right away

d Surely then there would be fewer prejudices

e Maybe they would have stayed

4 Übersetzen Sie die Sätze ins Deutsche. Benutzen Sie in jedem Satz eine Konjunktivform (siehe Seite 54).

a It would be wrong not to pay taxes.

b In a nice flat I could feel at home.

c At the youth centre there would be events for young Germans and Roma.

d If he could read and write, he would have found a job.

e If teachers were more tolerant, more Roma children would come to school.

5 Diskutieren Sie diese Frage mit einem Partner/einer Partnerin.

- Notieren Sie vier Argumente für jede Meinung.
- Finden Sie klare und überzeugende Gründe für jedes Argument (z.B. in den Texten in Übung 3).
- Entscheiden Sie, wer Meinung 1 und wer Meinung 2 vertreten wird. Machen Sie ein Rollenspiel.

Wollen die Roma sich integrieren?
Meinung 1

Die Roma wollen nicht Teil der Gesellschaft sein. Sie haben ihre eigenen Traditionen und bleiben lieber unter sich. Wir sollten nicht versuchen, sie zu integrieren, denn sie haben andere Werte.

Meinung 2

Die Diskriminierung gegen Roma dauert schon zu lange und wir müssen dagegen kämpfen. Sie sollen die gleichen Rechte wie alle anderen Menschen haben, damit sie wirklich zur Gesellschaft gehören.

Prüfungstraining

Grammatik → 149–50 → W82

Further uses of the subjunctive

1 The **imperfect subjunctive** is often used instead of the conditional. It indicates that something is unlikely to happen.

Wenn die Lehrer verständnisvoller wären, kämen mehr Roma-Kinder zur Schule.
If teachers were more understanding, more Roma children would come to school.

2 The **conditional perfect** or **pluperfect subjunctive** is used in conditional sentences:

- in *wenn*-clauses when referring to something which could have happened but didn't
- in both parts of the sentence.

It is formed by using the auxiliary verbs *haben* or *sein* in the imperfect subjunctive, plus the past participle of the verb.

Wenn die Roma länger zur Schule **gegangen wären**, **hätte** es weniger Arbeitslosigkeit **gegeben**. *If the Roma had gone to school for longer, there would have been less unemployment.*

3 **Modal verbs** are often used in the conditional perfect/ pluperfect subjunctive to express an obligation or a wish which has not been fulfilled or granted. Just as in the perfect and pluperfect tenses, the past participle of the modal verb is used when it stands alone. If there is another verb, however, the infinitive of the modal verb is used. This is also the case with the verb *lassen* and verbs of perception.

Man **hätte** nicht gleich mit dem Finger auf uns **zeigen sollen**. *They should not have pointed the finger at us immediately.*

Sie **hätten** bestimmt nicht **gewollt**, dass ihre Tochter die Schule verlassen **hätte**. *They would certainly not have wanted their daughter to leave school.*

4 The imperfect subjunctive is often used to express a polite **request or wish**.

Ich **wäre** dir dankbar, wenn du am Projekt teilnehmen würdest. *I'd be grateful if you were to take part in the project.*

Ich **hätte** gern eine tolerantere Gesellschaft. *I would like a more tolerant society.*

5 The subjunctive is often used **after certain conjunctions**, such as *als ob* and *als* + **inversion**. Colloquially, however, *als ob* is often used with the indicative.

Sie tut so, als ob sie besser als andere **sei**./Sie tut so, als **sei** sie besser als andere. *She behaves as if she was better than others.*

Er tat so, als ob er die Beleidigung nicht **gehört hätte**.
Er tat so, als **hätte** er die Beleidigung nicht **gehört**. *He behaved as if he had not heard the insult.*

A Complete these sentences with the correct form of the auxiliary verbs *haben* or *sein* in the imperfect subjunctive (see section 2 on the left). Then translate the sentences into English.

   a Er _____ eine Arbeit gefunden, wenn er eine bessere Schulbildung gehabt _____.

   b Ich _____ nicht so ängstlich gewesen, wenn ich nicht von den Überfällen gewusst _____.

   c Sie _____ nicht nach Deutschland geflohen, wenn es in ihrem Land keine Probleme gegeben _____.

   d Wir _____ hier geblieben, wenn wir eine Wohnung gefunden _____.

B Fill in the correct German form of the verbs in brackets (see section 3 left).

   a Man hätte nicht für die Initiative _____ _____. (*to vote*) (*should*)

   b Die Behörden hätten den Asylantrag _____ _____. (*to accept*) (*to have to*)

   c Er hätte nicht in Vietnam _____ _____. (*to stay*) (*to be able to*)

   d Die Schule hätte uns an dem Projekt nicht. _____ _____ _____.
   (*to participate*) (*to allow/let*) (*should*)

C Translate these sentences into German (see sections 2 and 3 left).

   a They would have been more tolerant if they had met more foreigners.

   b People would have been friendlier if he had been German.

   c We should have spoken to the refugees.

   d I would not have been able to live there.

D Complete the sentences (see sections 4 and 5).

   a Ich _____ weniger besorgt, wenn der Asylantrag gestellt wäre. (*sein*)

   b Er _____ gern ein friedlicheres Leben. (*haben*)

   c Es sieht aus, als ob er _____. (*die Wahl gewinnen*)

   d Sie sahen aus, als _____. (*sie, Angst haben*)

Tipp

Developing internet research skills

When researching a topic on the internet, make sure you:

- use only German-language websites
- only read texts in German
- do not translate your ideas from English into German
- make all your notes in German

If you type a German keyword into any search engine, you will often find that it brings up German websites automatically. To obtain the information you need, it is important to make sure that you key relevant words into the search engine.

You are likely to get better results if you use a German-language search engine – try your usual one with .de (for Germany), .au (for Austria) or .ch (for Switzerland) on the end instead of .co.uk or .com.

For statistical information about a certain country, official German, Austrian and Swiss government websites are useful. They often have the same information in English and in German. Read in German to reinforce new vocabulary you pick up.

Be careful when researching a sensitive topic such as racism. Certain websites, for example those of extreme right-wing political parties, may be marked as unsafe or be blocked because they promote racist ideas.

A Imagine you want to find out how many asylum applications are made in Germany every year and type in *Asylanträge in Deutschland*. The first website which comes up may well be that of an organisation with the word *Asyl* in its name, for example a charity helping asylum seekers or a group which campaigns against asylum. Although these sites will give you some figures, they may not always provide the same information and you should double-check by going to one of the official government websites. These will often have the word *Bundesamt* in their name. Because it takes a long time for a government to gather statistical information, the figures you find may not be very up to date.

Which website extract (a, b or c) below indicates that …

1 the number of asylum applications is rising?

2 the site can provide accurate information?

3 there are fewer asylum applications?

a Insgesamt stellten 2009 nur 27.649 Menschen einen *Asylantrag in Deutschland*. Das ist eine relativ niedrige Antragszahl, verglichen mit den letzten 20 Jahren …

b Statistik | Studie: Finden Sie zu „*Asylanträge, Deutschland*" mehr aktuelle Statistiken und Studien auf Statista – dem Statistik-Portal.

c 23. März 2010 … Nach einem UN-Bericht ist die Zahl der *Asylanträge in Deutschland* 2009 um ein Viertel gestiegen. Deutschland liegt damit auf Rang fünf der …

B You are looking for information about *Internationale Wochen gegen Rassismus*. Find the website which contains the same wording in its address and go to the home page. Can you see when this event will next take place? Go to the page entitled *Veranstaltungen*. Complete these sentences with words from the box.

a Selektieren Sie die _____ nach Bundesland oder _____.

b Man kann die Suchergebnisse nach _____ oder Datum _____.

c Die _____ sind zum Beispiel Migration, _____, NS-Zeit, Diskriminierung.

d Wenn man direkt „Suchen" _____, wird der _____ Veranstaltungskalender angezeigt.

sortieren	Asyl	Ort	wählt	Kategorie
Themen	Veranstaltungen	gesamte		

C Work with a partner, still on that website. Decide on a particular date during the week of action; choose a German city each and key in the name, to find out what events are happening there. Note three events that sound interesting; then compare with your partner.

D Imagine you want to find out about Roma living in Germany under the Nazi regime. Try keying in these words and see which provide you with the most useful websites.
Deutsche Roma   Roma in Deutschland
Roma unter Nationalsozialismus

E Once you have found websites which seem to have the relevant information for task D, find answers to these questions:

a Seit wann leben Roma und Sinti in Deutschland?

b Wieviele deutsche Roma und Sinti sind in der Nazi-Zeit ermordet worden?

c Wieviele Roma und Sinti wurden insgesamt von den Nazis ermordet?

Gründe für und Maßnahmen gegen den Rassismus pages 50–51

der Aufmarsch	*deployment; (here) increase, growth*
der Brandanschlag	*arson attack*
das Flugblatt	*leaflet, flyer*
die Gleichgültigkeit	*indifference*
der Hintergrund	*background*
die Initiative	*project*
die Maßnahme	*measure*
die Rechten	*the Right; people with right-wing political ideas*
die Stichwunde	*stab wound*
die Stütze	*support*
die Tat	*action, gesture*
der Überfall	*attack, assault*
die Wende	*the change, the time of German reunification*
anregen	*to encourage, inspire*
eine Diskussion anregen	*to inspire discussion*
auftauchen	*to appear, turn up*
behandeln	*to treat*
beleidigen	*to insult*
als ... bewerten	*to consider/rate something as ...*
sich (in etwas) einmischen	*to interfere (in something)*
ermitteln	*to investigate (a case)*
gleichgültig	*indifferent*
teilnehmen (an)	*to participate (in)*
unterscheiden	*to differentiate*
sich unterscheiden von	*to be different from*
sich verfestigen	*to become entrenched (ideas)*
Vorurteile abbauen	*to break down prejudices*
positiv wirken	*to have a positive effect*
obdachlos	*homeless*
unerwünscht	*unwanted*
im Großen und Ganzen	*on the whole*

Opfer des Rassismus pages 52–53

die Arbeitsvermittlungsstelle	*employment agency/ centre*
das Aussehen	*appearance*
der Mieter	*tenant*
der Spruch	*slogan*
die Steuer	*tax*
das Verhalten	*behaviour*

sich anpassen	*to adapt, fit in*
auftragen	*to apply*
auslachen	*to mock*
bedrohen	*to threaten*
sich bedroht fühlen	*to feel threatened*
bezweifeln	*to doubt*
erfahren	*to experience*
klauen	*to steal*
einen Beitrag zu ... leisten	*to make a contribution to ...*
sich niederlassen	*to settle*
verhaften	*to arrest*
sich weigern	*to refuse*
sich weigern, mitzumachen	*to refuse to take part*
jemandem widersprechen	*to contradict someone*
den Finger auf jemanden zeigen	*to point the finger at someone*
begeistert	*enthusiastic*
besonders	*particularly*

Weitere Vokabeln

aktuell	*current*
der Hintergrund	*background*
insgesamt	*in total*
die Unterstützung	*support (e.g. financial)*
die Verfolgung	*persecution*

Sie sind dran!

Vervollständigen Sie diese Sätze mit Vokabeln aus der obigen Liste.

a Viele Leute kämpfen gegen den _____ der _____ und _____ an Protesten _____.

b Auch wenn sich Menschen durch ihr _____ oder ihre Religion _____, sollte man niemanden _____ oder anders _____.

c Wenn man von einer Idee _____ ist und sich nicht weigert, sein _____ zu ändern, kann man einen positiven _____ _____.

7 Armut und Reichtum

By the end of this unit you will be able to:

- Talk about the causes of poverty in Europe and developing countries
- Discuss the work of charitable organisations and governments
- Describe attitudes to wealth and poverty
- Understand the link between wealth and health

- Produce grammatically accurate German in terms of gender and nouns
- Defend and justify your point of view

1 Vervollständigen Sie die Sätze mit dem passenden Ausdruck.

a Wenn man keine Wohnung hat, ist man _____.

b _____ heißt, dass viele Leute ohne Arbeit sind.

c Ohne Nahrung _____ die Menschen.

d Wer sehr viel Geld hat, ist _____.

e Auf der _____ handelt man mit Aktien.

f Malawi ist zum Beispiel ein _____.

> reich   Börse   obdachlos
> Entwicklungsland
> Arbeitslosigkeit   verhungern

2a Welche Überschrift passt zu welchem Bild?

a Kinder verhungern in der Dritten Welt

b Immer mehr junge Obdachlose

c Herr Feyl wird Millionär

d Die Börse erreicht ein neues Hoch

e Die Arbeitslosigkeit steigt schon wieder

2b Besprechen Sie diese Fragen mit einem Partner/ einer Partnerin.

a Was machen die Leute auf Bild 3?

b Warum sind die Leute auf Bild 2 und Bild 4 glücklich?

c Wo, denken Sie, sind die Kinder auf Bild 1?

Armut in Europa

▶ *Wie groß ist die Armut in Deutschland und anderen europäischen Ländern?*

Arm in einem reichen Land

13,5% der deutschen Bevölkerung leben unter der Armutsgrenze. Tendenz steigend. Vor fünf Jahren waren es noch 12,7%. Und alle 10 Jahre verdoppelt sich die Anzahl der Kinder, die in Armut leben. In den westlichen Industrieländern ist das Wohlhaben ungleich verteilt. In einem Jahr ist die Anzahl der Millionäre in Deutschland um 31 000 gestiegen.

Warum hat sich in den letzten Jahren so eine Kluft zwischen Arm und Reich aufgetan? Und warum sind vor allem Kinder davon betroffen? „Familienverhältnisse haben sich in den letzten 40 Jahren dramatisch verändert", erklärt Sozialarbeiterin Susanne Wolf. „Es gibt jetzt viel mehr Alleinerziehende, besonders Frauen, die Probleme haben, gleichzeitig zu arbeiten und ihre Kinder großzuziehen. Gut ausgebildete Frauen sind oft auf Sozialhilfe angewiesen, weil es sich nicht lohnt, eine Tagesmutter zu bezahlen. Damit ist das ganze Gehalt weg."

Damit hat Elke Schmidt persönlich Erfahrung. Die ausgebildete Krankenschwester wurde von ihrem Mann verlassen und wohnt jetzt mit ihren drei Kindern in einer Zweizimmerwohnung in Düsseldorf. Die Miete bezahlt das Sozialamt; das Geld, das sie für ihre Lebenskosten

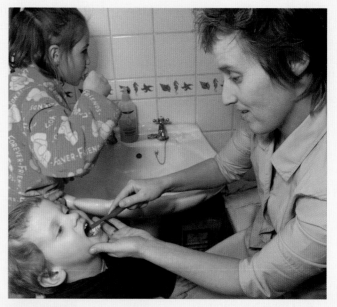

bekommt, muss sie sorgfältig einteilen. Sie spürt deutliche Missbilligung. „Mit drei Kindern und keiner Arbeit bist du asozial, aber ohne einen Kindergartenplatz kann ich überhaupt nicht an eine regelmäßige Beschäftigung denken." Elke möchte wieder arbeiten, sobald die Kinder in die Schule kommen. „Nicht nur wegen des Geldes, sondern auch, weil ich wieder ein Teil der Gesellschaft sein möchte."

Für Gabi ist das Leben noch schlimmer – Krach mit ihrer Mutter und ihrem Stiefvater hat sie gezwungen, ihr Elternhaus zu verlassen. Jetzt wohnt sie auf der Straße. Dort hat sie Christoph kennengelernt. Er hat eine ähnliche Geschichte – sein Vater hat ihn geprügelt, bis er es nicht mehr aushalten konnte. „Ich wollte eine Stelle hier in München finden", sagt er, „aber ich habe die Hoffnung darauf längst aufgegeben. Wir stecken in einem Teufelskreis. Wer keine feste Adresse hat, bekommt keinen Job. Ohne Job kann man keine Unterkunft bezahlen. Niemand scheint sich groß um uns zu kümmern. Klar gibt es Heime, besonders im Winter, aber niemand versucht, uns aus dieser Situation rauszuholen. Das Schlimmste ist weder die Kälte noch der Dreck. Es ist, dass du wie ein Tier behandelt wirst. Die Leute, die vorbeigehen, gucken dich gar nicht an."

1a Lesen Sie den Text und finden Sie diese Ausdrücke.

a unequally distributed

b single parents

c disapproval

d affected

e living costs

f regular employment

g part of society

h in a vicious circle

i dependent on social benefits

j no fixed address

k a divide between poor and rich

l below the poverty line

1b Wählen Sie jedes Mal die Aussage, die mit dem Sinn des Textes am besten übereinstimmt.

1　a　Immer mehr Kinder leben in Armut.

　　b　Die Anzahl an Kindern, die in Armut leben, steigt langsam.

　　c　Die Armut bei Erwachsenen ist noch schneller gestiegen als die bei den Kindern.

2　a　Alleinerziehende Frauen bekommen finanzielle Unterstützung für eine Tagesmutter.

　　b　Für alleinerziehende Frauen macht es oft keinen finanziellen Sinn, zu arbeiten.

　　c　Das Gehalt von alleinerziehenden Frauen ist oft sehr niedrig.

3　a　Elke fühlt sich als Außenseiterin.

　　b　Elke bekommt einen Kindergartenplatz von der Sozialhilfe bezahlt.

　　c　Selbst wenn sie mehr Geld hätte, würde sie nicht an Vollzeitarbeit denken.

4　a　Gabi wurde von ihren Eltern rausgeworfen.

　　b　Gabi will zu ihren Eltern zurückkehren.

　　c　Gabi hat sich mit ihren Eltern gestritten.

5　a　Christoph ist sicher, dass sich seine Situation bald verbessern wird.

　　b　Christoph verlässt sich auf das Sozialamt.

　　c　Christoph hat keine Aussicht auf eine bessere Zukunft.

6　a　Christoph meint, es sei schwierig, einen Platz in einem Heim für Obdachlose zu finden.

　　b　Christoph meint, es sei schwierig, Kontakt mit dem Sozialamt aufzunehmen.

　　c　Christoph meint, es sei schwierig, eine langfristige Lösung zu finden.

7　a　Was Christoph am meisten stört ist die mangelnde Hygiene.

　　b　Womit er nicht fertig wird, ist, dass Passanten ihn beleidigen.

　　c　Was er vor allem erniedrigend findet, ist, dass Passanten ihn nicht wahrnehmen wollen.

1c Übersetzen Sie den letzten Abschnitt „Für Gabi ist das Leben noch schlimmer ...“ ins Englische.

2a „Bürger in sozialen Schwierigkeiten" geben eine Zeitung heraus, um Obdachlose zu unterstützen. Hören Sie sich den Bericht darüber an und vervollständigen Sie die Sätze.

1　BISS erscheint ____.

　　a　jeden Monat　　　b　alle zwei Monate

　　c　alle zwei Wochen

2　Heute hat BISS eine Auflage von ____ Exemplaren.

　　a　50.000　　　b　15.000

　　c　10.000

3　Die Verkäufer dürfen ____ pro Exemplar behalten.

　　a　70 Cent　　　b　15 Cent

　　c　50 Cent

4　Gleichzeitig verkaufen und ____ ist verboten.

　　a　Drogen nehmen　　　b　Leute um Geld bitten

　　c　U-Bahn fahren

2b Hören Sie sich den Bericht noch einmal an und verbinden Sie die Satzhälften.

1　Klaus Honigschnabel hat

2　Er wollte Obdachlosen

3　Obdachlose arbeiten mit

4　Das Projekt soll auch über

5　Zu Beginn hatte das Projekt

6　Seit er bei BISS mitmacht,

a　an der Herstellung von BISS.

b　gar keine finanzielle Unterstützung.

c　die Zeitschrift gegründet.

d　hat Hermann mehr Hoffnung für die Zukunft.

e　Armut in den Industrieländern informieren.

f　konkrete Hilfe geben.

3 Übersetzen Sie diese Sätze ins Deutsche.

a　Although the situation in Germany cannot be compared with the developing countries, poverty remains an urgent problem.

b　Poverty also has negative consequences for children's social development.

c　Children who grow up below the poverty line often suffer feelings of inferiority.

d　It is more likely that children from poor families will get involved in crime.

Entwicklungsländer

▶ *Warum haben manche Menschen zu viel und andere zu wenig?*

Die Dritte Welt

Zwei Drittel der Menschheit lebt heute in den Entwicklungsländern, in der sogenannten „Dritten Welt". Von diesen rund 300 Milliarden Menschen leben 800 Millionen in absoluter Armut. Es fehlt ihnen selbst an den lebensnotwendigsten Dingen. Ihr Einkommen ist zu gering, um sich ernähren zu können.

Der Unterschied zwischen den Lebensbedingungen in der Ersten und der Dritten Welt ist drastisch. In der Bundesrepublik liegt die Lebenserwartung eines Menschen bei rund 74 Jahren – in Äthiopien liegt sie bei 40 Jahren. In Deutschland gibt es einen Arzt pro 490 Einwohner, in Burkina Faso hat ein Arzt über 49 000 Patienten zu betreuen. In der Bundesrepublik liegt die Analphabetenrate bei 2%, in Bangladesch bei 70%.

Die Entwicklungsländer unterscheiden sich in vielem, aber einige Probleme haben sie gemeinsam: mangelnde Hygiene, geringe Bodenschätze, Überbevölkerung, unzureichende Nahrungsmittel, einen hohen Prozentsatz an Analphabetentum, wenige Schulen und Krankenhäuser. Krankheiten breiten sich schnell aus, weil die Menschen oft keinen Zugang zu sauberem Wasser haben. In manchen Ländern herrscht auch Bürgerkrieg, und finanzielle Mittel, mit deren Hilfe man das Volk ernähren könnte, werden in Waffen gesteckt. Wenn Naturkatastrophen wie Dürren oder Hungersnöte eintreten, ist das Land auf internationale Hilfsorganisationen angewiesen, um die Ernährung und das Überleben der Bevölkerung zu sichern. Dazu kommt, dass viele Entwicklungsländer den Industrieländern Geld schulden, das sie nicht zurückzahlen können.

Was in der Ersten Welt als tragisch empfunden wird, gehört in den Entwicklungsländern zum Alltag. Mohammed Barkale lebt in Äthiopien. Er hat schon seine Frau und seine drei Kinder begraben müssen. Seine Herde ist nach einer Dürreperiode eingegangen. Es gab nichts mehr zu essen. Er selbst ist an Aids erkrankt – dem neuesten Problem der Entwicklungsländer. Kein Kontinent ist so stark von der Ausbreitung des Virus betroffen wie Afrika. Über 20 Millionen sind mit dem Virus infiziert, etwa 14 Millionen sind bereits daran gestorben.

1a Lesen Sie den Text links. Verbinden Sie die Definitionen (a–h) mit den passenden Nomen (1–8).

a der Zustand, wenn man kein Geld oder keine Wertsachen hat

b wenn zu viele Menschen in einem Gebiet leben

c jemand, der weder lesen noch schreiben kann

d wenn die Bewohner eines Landes gegeneinander kämpfen

e wenn es kein Wasser gibt

f wenn es nichts zu essen gibt

g das Alter, das Leute durchschnittlich erreichen

h wertvolles Material, das man aus der Erde gewinnt

1	Analphabet	5	Bodenschätze
2	Bürgerkrieg	6	Hungersnot
3	Lebenserwartung	7	Armut
4	Dürre	8	Überbevölkerung

1b Schreiben Sie diese Sätze zu Ende.

a Wenn man in absoluter Armut lebt, …

b Der Durchschnittsbürger in Äthiopien kann erwarten, …

c In Bangladesch können 70% der Bevölkerung weder …

d Wegen des Mangels an sauberem Wasser …

e Wegen politischer Instabilität …

f Entwicklungsländer sind oft hilflos, wenn …

g Manche Entwicklungsländer haben weitere finanzielle Schwierigkeiten, weil …

h In Afrika war Aids schon die Todesursache von …

1c Übersetzen Sie den letzten Abschnitt des Textes ins Englische.

2a Hören Sie sich einen Bericht über Kinderarbeit an. Vervollständigen Sie die Sätze mit den passenden Wörtern.

a Manche Kinder _____ zehn Jahren arbeiten schon in _____.

b Weltweit werden etwa 250 Millionen Kinder als _____ Arbeitskräfte _____.

c Kinder werden_____, weil ihre Familien sie nicht _____ können.

d Wenn die _____ arbeiten, müssen Kinder oft auf jüngere _____ aufpassen.

billige	unter	Eltern	Fabriken
benutzt	ernähren	Geschwister	verkauft

2b Hören Sie sich den Bericht noch einmal an und beantworten Sie diese Fragen.

a Nennen Sie drei typische Arten von Kinderarbeit.

b Warum sind Kinder attraktiv für Arbeitgeber?

c Wie hoch ist der Prozentsatz aller Kinder, die weltweit arbeiten müssen?

d Warum verkaufen manche Eltern ihre Töchter?

e Warum können Eltern auf die Arbeit ihrer Kinder nicht verzichten?

f Welche Arbeit erledigen manche Kinder zu Hause?

g Was für eine Arbeit macht Omar?

h Warum kann man diese Arbeit eigentlich nicht als Ausbeutung bezeichnen?

i Welche dauerhafte Folge hat Kinderarbeit?

3a Wie sind die Probleme der Entwicklungsländer am besten zu lösen? Hören Sie sich das Interview an und verbinden Sie die Satzhälften.

1 Bei Katastrophen ist die Arbeit

2 Hilfe zur Selbsthilfe bedeutet, dass Menschen

3 Wenn Leute nicht von Hilfe abhängig sind,

4 Um Entwicklungsprojekte zu fördern,

5 Viele Entwicklungsländer haben hohe Schulden

6 Ein Schuldenerlass würde bedeuten,

a ihre Probleme mit der Zeit selber lösen können.

b und müssen auch hohe Zinsen zahlen.

c hat man armen Ländern viel Geld geliehen.

d von Hilfsorganisationen unentbehrlich.

e haben sie mehr Kontrolle über ihr Leben.

f dass sie die Schulden nicht zurückzahlen müssen.

3b Hören Sie sich das Interview noch einmal an und beantworten Sie die Fragen.

a Welche Art von Hilfe leisten Organisationen wie das Rote Kreuz?

b Was können Hilfsorganisationen nicht erreichen?

c Welche Projekte findet Herr Hoffmann besonders hilfreich?

d Wem leiht die Grameen-Bank in Bangladesh Geld? Wie hilft sie Leuten damit?

e Welche Nachteile haben Leihen der Weltbank für Entwicklungsländer?

f Warum wurden die Geldspenden der Industrieländer kritisiert?

g Was will man in Zukunft tun?

4a Welches sind, Ihrer Meinung nach, die größten Probleme in den Entwicklungsländern? Erstellen Sie eine Liste. Vergleichen Sie Ihre Ideen mit anderen in der Klasse.

4b Können und sollen wir helfen, diese Probleme zu lösen? Schreiben Sie **F** zu Aussagen **für** Hilfe und **G** zu Aussagen **gegen** Hilfe.

a Die Entwicklungsländer müssen ihre Probleme selbst lösen.

b Wir kennen die Länder nicht gut genug, um uns einzumischen.

c Wir sind viel reicher und müssen armen Menschen helfen.

d Wenn wir Geld spenden, wissen wir nicht, was damit passiert.

e Wir sollten Geld für spezifische Projekte spenden.

f Wir können helfen, indem wir Spezialisten in die Länder schicken.

g Die Menschen in den Entwicklungsländern kennen ihre Situation viel besser als wir.

h Am besten ist es, Hilfe zur Selbsthilfe zu leisten.

i Der Lebensstandard wird steigen, wenn wir Schulbildung für alle unterstützen.

j Wir sollten unsere eigenen Probleme lösen, bevor wir uns einmischen.

k Entwicklungshilfe macht die Menschen von den Industrieländern zu abhängig.

l Ein Schuldenerlass wäre die beste Hilfe für arme Entwicklungsländer.

 Weiteres Material zum Thema „Der Zusammenhang zwischen Gesundheit und Reichtum" finden Sie auf dem Arbeitsblatt 7.3.

Kampf gegen Armut

▶ *Wie sind die Probleme in den Entwicklungsländern am besten zu lösen?*

A Lucy

Lucy Mansa erntet Kakao auf ihrem kleinen Bauernhof in Ghana. Sie ist Mitglied des Kleinbauern-Zusammenschlusses Kuapa Kookoo. „In dieser Region von Ghana leben wir ausschließlich von der Kakao-Ernte", erzählt sie. „Bevor ich Mitglied von Kuapa Kokoo wurde, war es schwierig, einen fairen Preis für meine Ernte zu bekommen. Ich

musste die Bohnen an einen Händler verkaufen, der sie dann weiterverkaufte, aber so viel Gewinn wie möglich für sich behielt. Nun bekomme ich einen besseren Preis und kann es mir leisten, meine Tochter in die Schule zu schicken. Und wir haben die Prämie dafür ausgegeben, das Dorf mit sauberem Wasser zu versorgen. Vorher mussten wir Wasser vom Fluss holen, das oft schmutzig war und Krankheiten verursachte."

B Thomas

Da die Bauern mehr für ihre Produkte bekommen, sind die Fairtrade-Produkte, die wir im Supermarkt finden, dementsprechend teurer. Doch der Marktanteil an Fairtrade-Produkten ist Jahr um Jahr gestiegen und beträgt

nun 1,6 Milliarden Euro weltweit. „Europäische Verbraucher interessieren sich jetzt viel mehr dafür, wo Produkte herkommen und wie sie hergestellt werden", erklärt Thomas Meyer, Besitzer eines Weltladens in Hamburg. „Sie sind bereit, ein paar Cent mehr für ethisch hergestellte Produkte auszugeben."

C Heinz

„Natürlich helfen wir in Krisensituationen", erklärt Heinz, Volontär bei einer Schweizer Entwicklungsorganisation. „Unser Ziel ist jedoch, die Grundversorgung für alle sicherzustellen. Das heißt, alle Menschen sollten genug zu essen und trinken haben, sowie ein ausreichendes Einkommen verdienen. Um dieses Ziel zu erreichen, braucht man nicht nur temporäre, sondern längerfristige Projekte. Wir arbeiten mit Menschen in vielen Ländern zusammen. In Nepal helfen wir zum Beispiel mit dem Bau von neuen Straßen und Brücken. So können Bauern die frische Ernte schneller zum Markt bringen und Kinder leichter zur Schule gehen. In Benin und anderen afrikanischen Ländern legen wir Wasserleitungen, damit die Leute ihre Felder bewässern können und sauberes Trinkwasser haben. Wir helfen den Menschen, ein besseres und würdiges Leben für sich zu schaffen."

D Sofia

Sofia lebt mit ihrer Familien in einem Lager in der Nähe von Chocó in Kolumbien. „Als unser Dorf letztes Jahr überschwemmt wurde, kamen viele internationale Hilfsorganisationen. Sie brachten

Nahrungsmittel, Sanitäranlagen und Zelte und bauten dieses Lager", berichtet sie. „Wir waren ihnen sehr, sehr dankbar, denn wir hatten alles verloren. Man hat versprochen, unsere alten Häuser wieder aufzubauen. Aber jetzt sind viele der Helfer abgereist und wir wissen nicht, wie es weitergehen soll. Wir stecken in einem kalten Zelt und können keine warmen Kleider kaufen. Was ist mit dem Geld passiert, dass Leute aus dem Ausland geschickt haben? Vielleicht ist es in den Taschen der Mafia gelandet. Von unserer Regierung bekommen wir auch keine Unterstützung."

1a Lesen Sie die Texte auf Seite 62. Entscheiden Sie, welcher Name zum Satz passt: Lucy, Thomas, Heinz oder Sofia.

a Ich bin froh, dass meine Tochter nicht als Analphabetin leben wird.

b Was hätten wir getan, wenn man uns nicht in dieses Lager gebracht hätte?

c Unsere Kunden interessieren sich mehr und mehr für Entwicklungsländer.

d Ich möchte das Leben vieler Menschen für immer ändern.

e Wir sind jetzt viel seltener krank als früher.

f Wenn es eine Hungersnot gibt, verteilen wir Nahrungsmittel.

g Wir möchten wieder in unser Dorf zurückkehren.

1b Verbinden Sie die Satzhälften.

1 Die Kuapa Kokoo Mitglieder konnten eine neue Wasserversorgung bauen,

2 Wenn die Bauern einen fairen Preis für ihre Ernte bekommen,

3 Bauprojekte in Entwicklungsländern haben zum Ziel,

4 Obwohl Hilfe in einer Krise absolut notwendig ist,

a müssen die Konsumenten mehr bezahlen.

b sollte man den betroffenen Menschen auch längerfristig helfen.

c weil sie mehr Gewinn verdient hatten.

d dass die Menschen dort in Zukunft selbständig leben können.

2a Hören Sie sich diesen Bericht von Erich Breining an, der als freiwilliger Lehrer in Äthiopien gearbeitet hat. Vervollständigen Sie die Sätze.

1 Als Erich nach Afrika fuhr, war er _____.

a Student **b** Realschüler **c** Lehrer

2 Er hatte geplant, _____ dort zu verbringen.

a die Sommerferien/zwei Monate

b zwei Jahre **c** eine lange Zeit

3 In Äthiopien gehen _____ Kinder zur Schule.

a sehr wenige **b** immer mehr **c** alle

4 Man braucht dort _____ Lehrer.

a mehr **b** keine neuen **c** weniger

5 Erichs Arbeit war _____.

a in einer Schule **b** an einer Beratungsstelle

c in verschiedenen Schulen

2b Hören Sie sich den Bericht noch einmal an und beantworten Sie dann diese Fragen.

a Wie war Erichs Situation, als er nach Afrika fuhr?

b Warum ist er in Afrika geblieben?

c Warum sind ausländische Lehrkräfte in Äthiopien nötig?

d Welche Aufgaben hat er als Beratungslehrer erfüllt?

e Warum ist eine gute Ausbildung so wichtig für die Äthiopier?

f Was hat ihm am meisten imponiert?

g Welche Vergleiche zieht er zwischen Schülern in Afrika und Deutschland?

h Wie fühlt er sich, wenn er an den Unterschied denkt?

3 Übersetzen Sie Text B auf Seite 62 ins Englische.

4 Wählen Sie Meinung 1 oder 2. Ihr Partner/Ihre Partnerin wählt das Gegenargument.

- Machen Sie eine Liste von mindestens vier Punkten, um diese Stellung zu verteidigen, und sprechen Sie dann eine Minute lang darüber.

- Bereiten Sie weitere Punkte vor, und notieren Sie für jeden Punkt, was Ihr Gegner sagen könnte. Diskutieren Sie alle Punkte zu zweit, und erweitern Sie eventuell die Argumente.

- Führen Sie dann eine Debatte mit einem Partner/einer Partnerin, indem Sie Ihre Meinung (1 oder 2) strengstens verteidigen.

Können wir den Menschen in den Entwicklungsländern helfen, wenn wir Fairtrade-Produkte kaufen?

Meinung 1

Durch Fairtrade profitieren die Bauern selbst, nicht Händler und Supermärkte. Wenn die Bauern mehr verdienen, können sie würdiger leben und ihre Kinder zur Schule schicken. Fairtrade-Produkte zu kaufen bedeutet echte, längerfristige Hilfe und ist besser als Geld zu spenden.

Meinung 2

Fairtrade-Produkte sind zu teuer und in der Qualität nicht besser als andere. Wir wissen nicht, ob die Bauern wirklich einen fairen Preis bekommen. Ausserdem sollten wir die Bauern in Europa unterstützen, denn sie haben auch finanzielle Probleme.

Grammatik ➡ 135, 137–40, 143 ➡ W10, 22–25

Adjective endings and cases

To make sure that you use the correct adjective endings, you need to be confident in using the different cases of German nouns. You should:

- establish the gender of the noun
- check whether it is in the singular or plural
- decide whether it is being used with a definite or indefinite article or no article at all
- know what case(s) a particular preposition relating to the noun takes.

A Test yourself:

- What are all the different forms of the definite article?
- What are all the different forms of the indefinite article?
- Which set of endings is used for possessive pronouns?
- Which set of endings is used for demonstrative pronouns?
- Identify the case and gender of the following – there may be more than one possible answer:

  den dem ein einer der
  meines die diesen ihre

  Example: *den* – masculine singular accusative, plural dative

- Which case (or cases) do these prepositions take?

  mit bei in auf nach für wegen seit neben

B Now make sure you know the correct adjective endings. Look at the texts on page 62 and find examples of the following.
Example: b neuter dative – *in einem kalten Zelt*

- **a** masculine accusative
- **b** neuter dative
- **c** plural accusative
- **d** feminine accusative
- **e** neuter accusative
- **f** plural nominative

C Write out the text below with the correct articles and adjective endings.

Chirurgin im Busch

Seit anderthalb Jahren ist Gabi Kortmann mit ihr__ Kollegen Karl Eiter für d__ deutsch__ Gesellschaft für technisch__ Zusammenarbeit in Malawi im Einsatz. Ihr__ Aufgabe: d__ Gesundheitsdienst im Bezirk Chipita zu unterstützen. Im ganz__ Bezirk leben 135 000 Menschen, und für all__ dies__ Menschen gibt es nur ein__ einzig__ Krankenhaus mit 120 Betten. Gabi und Karl sind d____ einzig__ Ärzte.

Ein__ malawisch__ Arzt hat noch nie hier gearbeitet. Kein__ will dies__ Job. D__ Land ist arm, d__ Gehalt miserabel, d__ Lebens- und Arbeitszustände sind katastrophal. Bei Regen ist d__ Verbindungsstraße zum Rest d__ Welt unbefahrbar. Strom, Benzin und Paraffin sind Glückssache. Im Krankenhaus mangelt es an all__ : an Hygiene, heiß__ Wasser, Medikamenten und Personal.

Nur eines gibt es im Überfluss: Patienten. In Malawi stirbt jede__ 10. Kind bei d__ Geburt. D__ durchschnittlich__ Lebenserwartung liegt bei 38 Jahren. Jed__ Dritt__ hat Aids. Warum will d__ ehemalig__ Oberärztin hier arbeiten? „Im Urlaub haben Karl und ich wiederholt in d__ Dritt__ Welt gearbeitet," erklärt sie. „Hier habe ich halb verhungert__ Kinder gesehen und in ein__ Flüchtlingslager gearbeitet. D__ Probleme in Deutschland schienen wie nichts dagegen." Schließlich wurde d__ Entschluss gefasst, Deutschland zu verlassen und Nothilfe im Ausland zu leisten. D__ beid__ kündigten.

D Translate these sentences into German, paying particular attention to the adjective endings.

- **a** The worldwide Fairtrade Organisation ensures a better life for the country.
- **b** If there is a severe drought, farmers can lose the entire harvest.
- **c** People are healthier, because they have clean water.
- **d** All humans have the right to a sufficient income.
- **e** Many consumers are willing to pay a little more for ethical products.

Tipp

Defending and justifying your point of view

Here is a reminder of what you need to do to perform successfully in your oral exam.

1 Decide which of the two viewpoints you want to support. Prepare to speak for a minute to outline your viewpoint, with about four ideas to support it. This stage is covered on pages 17, 21 and 29.

2 Be ready to discuss your viewpoint with the examiner. Have more detail ready on your initial points: reasons, arguments and examples to support your case. This is covered on page 39.

3 Next comes the trickiest aspect of the debating task! The examiner will play 'devil's advocate' and put the opposite point of view, to see whether you can defend and justify your opinions. The task below illustrates this part of the debate.

Think of counter-arguments which the examiner might use and decide how you could argue against them. Some useful phrases for this are given on page 39. Here are some more to extend your repertoire.

Damit bin ich nicht einverstanden, denn …

Ja, aber man darf nicht vergessen, dass …

Nein, das ist leider nicht richtig!

Das ist nicht immer der Fall. Zum Beispiel …

Die Vorteile/Nachteile von … sind offensichtlich/klar.

Es hängt davon ab, … (ob/inwieweit) …

Es gibt überwiegende Gründe für/gegen …

Ⓐ Read the question and the two opposing views, and choose one to support.

Ⓑ Do these statements support opinion 1 or 2?

a Die Menschen in diesen Ländern müssen selbst einen Weg aus der Armut finden.

b Ich weiß, dass ich Glück habe, also möchte ich anderen Menschen helfen.

c Ich kann keine großen Geldsummen spenden, doch in armen Ländern ist es mehr wert.

d Die Probleme der Welt sind so groß, dass ich persönlich nichts daran ändern kann.

e Auch wenn man kein Geld spendet, kann man anderen Menschen mit Taten helfen.

f Wenn man nicht mit anderen teilen will, was man besitzt, macht man sich schuldig.

g Es hat keinen Sinn, zu spenden. Oft wird das Geld benutzt, um Waffen zu kaufen, statt den ärmsten Menschen zu helfen.

h Erst sollten wir unsere eigenen Probleme lösen und den Menschen in unserer Nähe helfen.

Kann der/die Einzelne etwas tun, um den Menschen in armen Ländern zu helfen?

Meinung 1

Es wird leider immer Ungerechtigkeit geben. Wie kann ich persönlich helfen, wenn Menschen an Hunger und Krankheiten leiden? Gegen diese riesigen Probleme kann eine einzelne Person überhaupt nichts tun.

Meinung 2

Es ist unsere Pflicht, so viel wie möglich zu tun, um den Menschen zu helfen. Die meisten von uns haben ein friedliches und relativ bequemes Leben. Wir sollten zum Beispiel Geld an Hilfsorganisationen spenden.

Ⓒ Read these counter-arguments for the two opinions. How would you respond?

Meinung 1

a Wie können Sie einfach zusehen, wenn andere Menschen in solch schwierigen Umständen leben?

b Denken Sie nicht, dass die westlichen Länder reich genug sind, um den armen Ländern zu helfen?

c Ist es nicht offensichtlich, dass man viel verändern könnte, wenn jeder Einzelne einen kleinen Beitrag leisten würde?

Meinung 2

a Muss man nicht akzeptieren, dass jeder Mensch egoistisch ist und seinen Nachbarn nicht helfen will?

b Es wird immer arme und reiche Menschen geben, nicht wahr?

c In Europa gibt es auch viele Probleme zu lösen. Ist es sinnvoll, wenn wir versuchen, den Menschen in Entwicklungsländern zu helfen?

Ⓓ Practise defending your point of view; argue with your partner, who takes the opposing view. Listen to your partner's points, so that you can argue against them convincingly!

Armut in Europa — pages 58–59

die Armutsgrenze	*poverty line*
die Kluft	*divide, large gap*
die Missbilligung	*disapproval*
die Scham	*shame*
das Selbstwertgefühl	*self-confidence*
die Tagesmutter	*childminder*
die Unterstützung	*support*
das Wohlhaben	*wealth*
etwas aushalten	*to bear/endure something*
betteln	*to beg*
einteilen	*to apportion*
sich lohnen	*to be worthwhile*
prügeln	*to beat (up)*
zwingen	*to force*
angewiesen	*dependent*
auf (Hilfe) angewiesen sein	*to be dependent on (help)*
betroffen	*affected*
von (einem Problem) betroffen sein	*to be affected by (a problem)*
ungleich verteilt	*unequally distributed*
es lohnt sich, zu (arbeiten)	*it is worthwhile to (work)*
sein Selbstwertgefühl verlieren	*to lose your self-confidence*

Entwicklungsländer — pages 60–61

das Analphabetentum	*illiteracy*
die Ausbreitung	*the spread*
die Bodenschätze (pl.)	*natural resources*
der Bürgerkrieg	*civil war*
die Dritte Welt	*the Third World*
die Dürre	*drought*
das Entwicklungsland	*developing country*
die Hungersnot	*famine*
die Lebensbedingungen (pl.)	*living conditions*
die Lebenserwartung	*life expectancy*
die Leihe	*loan*
die Menschheit	*humanity*
die Schulden (pl.)	*debt(s)*
die Selbsthilfe	*self-help*
die Überbevölkerung	*over-population*
das Überleben	*survival*
die Waffe	*weapon*
die Zinsen	*interest (on money)*
der Zugang	*access*
sich ausbreiten	*to spread (of illnesses)*
begraben	*to bury*
betreuen	*to care for*

fehlen an	*to be lacking in*
leihen	*to lend*
schulden	*to owe (money)*
gering	*small, low*
mangelnd	*lacking*
unentbehrlich	*indispensable*
unzureichend	*insufficient*
abhängig sein (von)	*to be dependent (on)*
etwas als … empfinden	*to consider/feel sth to be …*
es fehlt an Nahrungsmitteln	*there is a lack of food*
das Überleben sichern	*to ensure survival*

Kampf gegen Armut — pages 62–63

das Einkommen	*salary, earnings*
die Grundversorgung	*basic provision*
der Händler	*trader, middle-man*
das Lager	*camp*
die Sanitäranlage	*sanitary installation*
die Verbraucher (pl.)	*consumers*
der Weltladen	*shop selling fair-trade products*
erstellen	*to build, set up*
sicherstellen	*to ensure*
verursachen	*to cause*
ausreichend	*sufficient*
ausschließlich	*exclusively*
dementsprechend	*accordingly*
langfristig	*long-term*
würdig	*dignified*
ein Recht auf … haben	*to have a right to …*
sich schuldig machen	*to make oneself culpable*
mit Taten helfen	*to help with deeds, actions*
einen Unterschied bewirken	*to make a difference*
das Ziel ist, eine Lösung zu finden	*it is the aim to find a solution*

Sie sind dran!

Vervollständigen Sie diese Sätze mit Vokabeln aus der obigen Liste.

a In einem _____ oder in Gebieten mit _____ und keinen _____ breiten sich Krankheiten besonders schnell aus und _____ noch größere Probleme.

b Alle Menschen haben das _____ auf ein _____ Leben und ein _____ Einkommen, damit sie nicht auf Hilfe von anderen _____ sind.

c Auch wenn es keine _____ gibt, sind die _____ in Europa für viele Menschen_____, denn das Wohlhaben ist ungleich _____ und es gibt eine große _____ in der Gesellschaft.

8 Rechtswesen und Verbrechen

By the end of this unit you will be able to:

- Talk about crime, especially when committed by or affecting young people
- Discuss internet crime and its effect on young people
- Look at measures to reduce crime and express an opinion about their effectiveness
- Describe alternatives to imprisonment and discuss how appropriate and effective they are

- Use modal verbs and *lassen*
- Use verbs of perception
- Adapt text from the internet

1a Schauen Sie sich die Bilder an und überlegen Sie, warum Jugendliche Verbrechen begehen. Gibt es noch weitere Gründe?

1b Was für Verbrechen werden hier dargestellt? Benutzen Sie ein Wörterbuch, um die genaue Bezeichnung des Verbrechens herauszufinden.

Jugendkriminalität

▸ *Was führt Jugendliche zu einem kriminellen Leben und wer begeht die meisten Verbrechen? Was bedeutet die Kriminalstatistik?*

1 Schauen Sie sich das Diagramm unten an. Wie hat sich die Zahl der Straftaten in den letzten acht Jahren verändert? Welche Altersgruppe begeht die meisten Verbrechen?

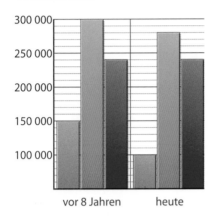

unter 14
14 – 18
18 – 21

vor 8 Jahren   heute

2a Lesen Sie den Text und suchen Sie die deutschen Ausdrücke, die den englischen entsprechen.

a offence
b suspect
c to record
d convicted
e damage to property
f victim
g to seem to
h crime of violence
i report (to the police)
j legal proceedings

2b Suchen Sie die Synonyme der folgenden Wörter im Text.

a schaut man … an
b Delikte
c so alt wie
d werden herausgefunden
e Verbrecher (2)

Begehen Jugendliche immer mehr Straftaten?

Betrachtet man die polizeiliche Kriminalstatistik, so sieht man, dass das nicht der Fall ist, denn dieses Jahr ist die Zahl der tatverdächtigen Jugendlichen gesunken. Ungefähr 12 Prozent aller Tatverdächtigen sind Jugendliche. Jugendliche im Alter von 17 und 18 Jahren begehen die meisten Delikte. Ab 20 geht die Zahl der Tatverdächtigen wieder zurück. Die Kriminalstatistik erfasst also hauptsächlich Tatverdächtige, nicht verurteilte Straftäter.

Die Straftaten in diesen Altersgruppen sind zumeist leichte Delikte wie Ladendiebstahl, Sachbeschädigung oder Schwarzfahren. Bei 25 Prozent der Straftaten handelt es sich um Körperverletzung. Eine Analyse der Kriminalstatistik in Baden-Württemberg hat zeigen können, dass die Opfer der meisten Straftaten Gleichaltrige sind.

Positiv ist jedoch, dass die Bereitschaft, Gewalt anzuwenden, zu sinken scheint, wie Studien in den Städten Greifswald, Duisburg, München und Stuttgart zeigen. Dennoch ist die Zahl der Tatverdächtigen bei Gewalttaten wie Körperverletzung gestiegen. Das liegt wohl daran, dass mehr Anzeigen erfolgten und die Polizei häufiger benachrichtigt wurde. Die Behörden und die Öffentlichkeit sind aufmerksamer und daher kommen mehr Straftaten ans Tageslicht.

Wer begeht nun mehr Verbrechen, Jungen oder Mädchen? Es kommt bei dieser Frage auf die Altersgruppe und das Verbrechen an. Bei Diebstahl gibt es genauso viele Mädchen wie Jungen als Täter. Mit zunehmendem Alter und bei Gewalttaten handelt es sich bei den Tätern dann immer häufiger um männliche Jugendliche.

Was passiert nun mit diesen jugendlichen Delinquenten? Für 14–18-Jährige gilt das Jugendstrafrecht und die Gerichtsverfahren werden von einem Jugendrichter geführt. Kinder unter 14 Jahren können nicht gerichtlich bestraft werden.

2c Lesen Sie den Text auf Seite 68 noch einmal und beantworten Sie die Fragen.

a Ab welchem Alter nimmt die Zahl der Tatverdächtigen ab?

b Was sagt uns die Kriminalstatistik nicht?

c Welche Straftaten kommen am häufigsten vor?

d Gegen wen richten sich die meisten Delikte?

e Aus welchen Gründen ist die Zahl der Tatverdächtigen bei Gewalttaten gestiegen, obwohl es insgesamt weniger Gewalttaten gibt?

3 Übersetzen Sie diese Sätze ins Deutsche. Beachten Sie dazu den *Tipp* auf Seite 47.

a Young offenders mainly seem to commit less serious crimes.

b A quarter of all youth crimes are to do with bodily harm.

c Studies in several German cities have shown that the number of violent crimes has gone down.

d The public is more vigilant and more offences are reported to the police.

4a Welche Ausdrücke passen zusammen?

a Heranwachsende

b eine hohe Kriminalitätsbelastung

c benachteiligt

d das soziale Umfeld

e Ehre

f Voraussetzung

1 honour

2 adolescents

3 pre-condition

4 a high level of crime

5 disadvantaged

6 milieu or social environment

4b Hören Sie sich einen Bericht über Jugendkriminalität an. Welche Sätze sind richtig (**R**) und welche falsch (**F**)? Verbessern Sie die falschen Sätze.

a Eine Zukunftsperspektive hilft jungen Menschen, keine Verbrechen begehen zu wollen.

b Gewalttätige Eltern haben immer gewalttätige Kinder.

c Der Sicherheitsbericht der Bundesregierung sagt, dass die Regierung zugewanderte Jugendliche nicht akzeptiert.

d Zugewanderte Familien haben eine andere Einstellung zu Kriminalität.

e Der Aufenthaltsstatus spielt oft keine Rolle.

f Jugendliche am Rande der Gesellschaft sollen integriert werden.

4c Hören Sie sich den Bericht noch einmal an und machen Sie Notizen zu den folgenden Punkten:

- Gründe für Jugendkriminalität
- Situation bei zugewanderten Jugendlichen
- Was man dagegen tun kann

5a Machen Sie ein Rollenspiel mit einem Partner/einer Partnerin. Jeder überlegt sich Fragen und bearbeitet Antworten zu den folgenden Punkten:

- Gründe für Jugendkriminalität
- Welche Verbrechen?
- Beispiele aus Ihrer Erfahrung, zum Beispiel aus Ihrer Stadt
- Vorschläge zur Reduzierung der Jugendkriminalität

Benutzen Sie den Text auf Seite 68 sowie Informationen aus dem Hörtext für Übung 4b.

Partner A ist der Interviewer/die Interviewerin. Partner B übernimmt die Rolle des Experten im Bereich Jugendkriminalität. Tauschen Sie anschließend die Rollen.

Beispiel: A: Welche Rolle spielt die Familie in der Jugendkriminalität?

5b Überlegen Sie sich die Punkte aus der Übung 5a. Geben Sie dann einen PowerPoint-Vortrag zum Thema „Jugendkriminalität".

Internetkriminalität

▶ *Deutschland hat sich zu einer modernen Informationsgesellschaft entwickelt. Was sind aber die Licht- und Schattenseiten?*

1 Was verstehen Sie unter Internetkriminalität? Nennen Sie einige Beispiele.

2a Welche Definition oder welches Synonym passt zu welchem Ausdruck?

- **a** sich etwas stellen
- **b** Betrug
- **c** Betäubungsmittel
- **d** Strafverfolgungsbehörde
- **e** erforderlich
- **f** verführen

- **1** eine Droge, nach der man keine Schmerzen hat oder sich besser fühlt
- **2** notwendig; unbedingt wichtig
- **3** jemanden dazu bringen, etwas zu tun, was man vielleicht gar nicht tun wollte
- **4** jemandem etwas Illegales verkaufen
- **5** die Polizei
- **6** nicht weglaufen; versuchen, ein Problem zu lösen

2b Lesen Sie dieses Interview mit einer Expertin über Internetkriminalität und suchen Sie folgende Ausdrücke auf Deutsch.

- **a** to what extent
- **b** range from … through … to …
- **c** with counterfeit goods
- **d** keeps pace with …
- **e** under no circumstances

Wie fängt man virtuelle Verbrecher?

Int.: Frau Kleiser, Sie arbeiten im Landeskriminalamt des Bundeslands Hessen. Inwiefern ist Internetkriminalität in Deutschland ein Problem?

Fr. K.: Wie jede andere Informationsgesellschaft muss sich auch Deutschland der Bedrohung durch die Internetkriminalität stellen. Internetdelikte reichen von der Verbreitung extremistischer Propaganda über Kinderpornographie und Kreditkartenbetrug bis hin zu verbotenen Glücksspielen und dem illegalen Verkauf von Waffen, Medikamenten und Betäubungsmitteln.

Int.: Können Sie uns vielleicht ein konkretes Beispiel geben?

Fr. K.: Wie Sie ja wissen, wird das Internet leider zunehmend von Betrügern dazu benutzt, Passwörter für Bankkonten abzugreifen. Letztes Jahr ist die Zahl der Betrugsfälle um 1,3 Prozent gestiegen, während der Betrug mit gefälschten Waren und der Kreditbetrug um 7,3 Prozent stieg. Man darf auch nicht die Verbreitung von Extremismus und Terrorismus vergessen.

Int.: Was kann man denn gegen diese Bedrohung tun?

Fr. K.: Zuerst müssen sich die Strafverfolgungsbehörden auf diese neuen Straftaten und Täterstrategien einstellen. So ist es zum Beispiel unheimlich wichtig, dass die Polizei mit den immer neuen technischen Entwicklungen Schritt hält. Um effektiv etwas gegen die Internetkriminalität zu unternehmen, ist es unbedingt erforderlich, dass rechtliche, administrative, finanzielle und organisatorische Maßnahmen ergriffen werden.

Int.: Und was genau hat das Bundesland Hessen schon tun können?

Fr. K.: Hessen hat als erstes Bundesland spezielle Kommissariate eingerichtet, wo die Experten nicht nur die Straftaten aufklären, sondern auch nach den Tätern fahnden. Um dies zu erreichen, haben Internet-Spezialisten mit speziell ausgebildeten Polizisten zusammenarbeiten müssen und mit Hilfe von Suchprogrammen das Internet nach Anbietern von verbotenen Waren durchsuchen dürfen.

Int.: Wie kann sich der Einzelne gegen diese Betrüger schützen?

Fr. K.: Alle Bürger sollten viel vorsichtiger und misstrauischer sein und nur auf Anzeigen oder E-Mails reagieren, die ihnen bekannt sind. Man sollte sich auf keinen Fall von verlockenden Angeboten verführen lassen.

Int.: Vielen Dank für dieses aufschlussreiche Gespräch, Frau Kleiser.

2c Ergänzen Sie die Sätze mit der Aussage, die am besten passt.

1 Alle Informationsgesellschaften müssen etwas gegen Internetkriminalität _____.

   a erreichen   **b** erarbeiten   **c** unternehmen

2 Internetdelikte _____ unter anderem extreme Propaganda, Kinderpornographie und Kreditkartenbetrug.

   a umfassen   **b** verbreiten   **c** verfassen

3 Letztes Jahr stieg die Zahl der Betrugsfälle _____.

   a um 1,3 Prozent   **b** weniger   **c** um 7,3 Prozent

4 Es ist wichtig, dass die Polizei die neuesten technischen Entwicklungen _____.

   a weiß   **b** kennt   **c** diskutiert

5 Ziel der Kommissariate ist es vor allem, die _____ zu finden.

   a verbotenen Waren   **b** Betrüger   **c** Straftaten

Wie schützt man sich vor Internet-Trickstern?

[A] Mit immer neuen Methoden versuchen Kriminelle, an die privaten Daten von Nutzern zu gelangen, um sie für ihre Zwecke zu missbrauchen – und immer wichtiger werden dabei soziale Netzwerke wie Facebook und Co. Das Phänomen heißt Social Engineering. Die Betrüger nutzen dabei gezielt menschliche Eigenschaften und Schwächen aus: Gier, Neugier, Angst, Lust.

[B] Social Engineering bedeutet, Menschen und ihr Sozialgefüge derart zu manipulieren, dass diese bereitwillig Geld, Informationen oder Privatfotos herausrücken. Die Betrüger versprechen häufig hohe Gewinne oder gesteigertes soziales Ansehen, täuschen Freundschaften vor, geben mit vermeintlichem Intimwissen an oder bringen ihre Opfer in soziale Bredouille – und bieten dann einen Ausweg an.

[C] Besonders leicht haben sich Menschen von folgenden Personen beeinflussen lassen:

* von angeblichen Autoritäten,

* von Menschen, die ihnen sympathisch sind, oder denen sie etwas zu schulden glauben,

* von Menschen, die unter Zeitdruck ein scheinbar wertvolles Angebot machen,

* von Menschen, die die Genehmigung Dritter bekommen haben.

[D] Soziale Netzwerke sind deswegen besonders beliebt bei Betrügern – in ihnen können sie leicht eine Schar angeblicher Verbündeter um sich sammeln, die ihre betrügerischen Absichten legitim erscheinen lassen. Im schlimmsten Fall helfen die Opfer sogar dabei, neue Opfer zu finden: Indem sie fragwürdige Empfehlungen bei Facebook verbreiten oder private E-Mail-Adressen über das CC-Feld enthüllen.

'Neun Tipps gegen die Tricks der Datendiebe', Felix Knoke, *Spiegel Online*, 30.1.2011

3 Lesen Sie den Artikel, dann übersetzen Sie den Absatz A ins Englische. Benutzen Sie die *Tipps* auf Seiten 7 und 13.

> ### Tipp
>
> **Adapting information from the internet**
>
> The internet can be a useful source of information, but you need to adapt the language for your own work. You need to be able to research topics and then:
>
> * write up the information using your own words
> * summarise several sentences (or a long sentence) into one (shorter) sentence
> * expand words and short phrases into longer phrases or full sentences.
>
> **A** Look at the text *Wie schützt man sich vor Internet-Trickstern?*.
>
>   **a** Rewrite section A in your own words.
>
>   **b** Use one sentence to summarise section D.
>
>   **c** Explain the phrase *soziale Bredouille* (end of section B) in your own words.

4 Hören Sie sich eine Diskussion über Chaträume an. Notieren Sie dann die Hinweise unter folgende Schlagzeilen:

* persönliche Daten
* geschriebene Wörter
* Treffen
* Fremde blocken
* Bedrohungen
* Geschenke und Angebote
* Themen zu vermeiden
* Fotos
* Chatroom verlassen

5 „Das Internet ist für Jugendliche zu gefährlich: zu viele haben sich betrügen lassen, weil sie die Gefahren nicht erkennen. Deshalb sollten Chaträume und soziale Netzwerke für Jugendliche verboten werden."

Geben Sie Ihre Meinung zu dieser Stellungnahme ab. Bereiten Sie die wichtigsten Punkte schriftlich vor, dann diskutieren Sie zu zweit oder in Gruppen.

Bewährungshilfe, Gefängnis oder gar Todesstrafe?

▶ *Was verstehen Sie unter wirksamer Verbrechensbekämpfung?*

1a Schauen Sie sich die Bilder an. Um welche verschiedenen Strafen handelt es sich hier? Machen Sie eine Liste von Verbrechen und Straftaten, die bisher in dieser Einheit erwähnt wurden. Arbeiten Sie mit einem Partner/einer Partnerin und überlegen Sie, welche Strafe Ihrer Meinung nach für welches Verbrechen angemessen ist.

1b Lesen Sie diese Aussagen und überlegen Sie, mit welchen Aussagen Sie übereinstimmen und warum. Diskutieren Sie dann in einem Klassengespräch.

a Gefängnisstrafen sind wirkungslos, sonst wäre die Rückfallrate nicht so hoch.

b Erziehungscamps für gewalttätige jugendliche Straftäter sollte es in allen Großstädten geben. Nur mit strengen Regeln und Verhaltenstraining kann man diesen jungen Menschen helfen.

c Die Regierung sollte mehr in vorbeugende Maßnahmen der Verbrechensbekämpfung investieren, zum Beispiel mehr Überwachungskameras einrichten, besonders in Großstädten und sozialen Brennpunkten.

d Wenn die Bedingungen in unseren Gefängnissen besser und die einzelnen Gefängnisse nicht so überfüllt wären, hätten Haftstrafen mehr Erfolg.

e Die meisten Strafen heutzutage sind einfach nicht abschreckend genug. Gefängnisstrafen stellen keine Abschreckung mehr dar, deshalb bin ich für die Wiedereinführung der Todesstrafe.

f Wenn jeder Straftäter im Gefängnis eine Lehre oder eine Art Ausbildung machen könnte und gleichzeitig auch die Möglichkeit hätte, an einer Gesprächstherapie teilzunehmen, gäbe es bestimmt viel weniger oder vielleicht sogar keine rückfälligen Kriminellen.

g Überwachungskameras sind nutzlos, weil Verbrecher sich andere, nicht überwachte Plätze aussuchen werden. Außerdem sind sie eine Beschränkung der persönlichen Freiheit. Wer möchte sich schon gern Tag und Nacht überwachen lassen?

h Die Todesstrafe ist weder eine Abschreckung noch eine gerechte Strafe, denn nach der allgemeinen Erklärung der Menschenrechte der Vereinten Nationen hat jeder Bürger das Recht auf Leben, Freiheit und Sicherheit der Person. Die Todesstrafe ist also auch wieder Mord.

1c Wählen Sie die Aussagen, die Ihrer Meinung am wenigsten entsprechen, und erarbeiten Sie die Gegenargumente dazu. Diskutieren Sie dann in der Klasse oder zu zweit.

1d Lesen Sie die folgenden Meinungen. Mit welchen Aussagen in Übung 1b stimmen sie überein?

> Frauke: „Es gibt bessere Methoden als Gefängnisstrafen. Die potentiellen Straftäter sollten davon abgehalten werden, überhaupt Verbrechen zu begehen. Sie sollten sich beobachtet fühlen."

> Sam: „Es gibt heute einfach nicht mehr genug Disziplin."

> Marie: „Wir brauchen härtere Strafen. Die Straftäter werden nicht lange genug eingesperrt. Man hätte die Todesstrafe nicht abschaffen sollen."

> Stefan: „Strafen bewirken wenig. Man müsste sich mehr um die gefährdeten Jugendlichen kümmern und mit Ihnen arbeiten, um ihr Selbstwertgefühl zu verbessern."

2a Hören Sie sich einen Bericht zum Thema „Erziehungscamps gegen Jugendkriminalität?" an. Lesen Sie die folgenden Aussagen und entscheiden Sie, ob sie richtig (**R**), falsch (**F**) oder nicht angegeben (**NA**) sind.

a In Nordrhein-Westfalen wurde vor einem Monat das erste Erziehungscamp des Bundeslands eingerichtet.

b Ziel ist es, zu verhindern, dass Jugendliche straffällig werden.

c Man will diese Einrichtung auch in anderen Bundesländern einführen.

d Bei diesem Projekt handelt es sich um die Reintegration der Jugendlichen.

e Man will den Jugendlichen durch Sport, Disziplin, Arbeit und strenge Regeln helfen.

f Die Einrichtung wird bald auch für ältere jugendliche Straftäter ausgebaut werden.

2b Hören Sie sich den Bericht noch einmal an und ergänzen Sie diese Lücken.

a Das erste nordrhein-westfälische Erziehungscamp ist für … Kinder im Alter zwischen … und … Jahren.

b Bei der Betreuung ist neben Sport, Arbeit und … auch Verhaltenstraining wichtig.

c Man will den Jugendlichen beibringen, … ohne … zu lösen.

d Die Landesregierung will auch andere ergänzende … einführen.

e Man hofft, dadurch die … zu reduzieren.

f Straftäter zwischen … und … Jahren werden nicht mehr nach dem Jugendstrafrecht bestraft.

3a Sehen Sie die beiden Meinungen unten an. Wählen Sie Meinung 1 oder 2. Machen Sie eine Liste von mindestens vier Punkten, um diese Stellung zu verteidigen, und sprechen Sie dann eine Minute darüber. Ihr(e) Partner(in) wählt das Gegenargument.

3b Bereiten Sie jetzt weitere Punkte vor, und notieren Sie für jeden Punkt, was Ihr Gegner sagen könnte. Diskutieren Sie alle Punkte und erweitern Sie eventuell die Argumente.

3c Führen Sie dann eine Debatte mit einem Partner/einer Partnerin, indem Sie Ihre Meinung (1 oder 2) strengstens verteidigen.

Strafe oder Verständnis?

Meinung 1

> Es wird immer wichtiger, dass wir härtere Gefängnisstrafen einführen, sonst gewinnen wir nie den Kampf gegen die steigende Jugendkriminalität. Dazu gehört, dass wir jugendliche Straftäter ins Gefängnis schicken.

Meinung 2

> Haftstrafen für Jugendliche sind wirkungslos. Vor allem muss unsere Gesellschaft die Ursachen der Jugendkriminalität bekämpfen und Wege finden, jugendlichen Verbrechern zu helfen.

 Weiteres Material zum Thema „Die Reduzierung von Kriminalität" finden Sie auf dem Arbeitsblatt 8.3.

Grammatik
➡ 145–6 ➡ W46, 52

Modal verbs

A **Read the short text and make a list of the modal verbs in it.**

> In einem Erziehungscamp sollen junge Straftäter umerzogen werden. Sie sollen lernen, ohne Aggressionen in einer Gemeinschaft zu leben. Sie müssen sich genau an die Regeln halten und dürfen nicht einfach das tun, wozu sie gerade Lust haben. Das kann natürlich zu Konfliktsituationen führen und es ist die Aufgabe der Betreuer, den jungen Menschen neue Verhaltensweisen zu zeigen, sodass sie Lösungen ohne Anwendung von Gewalt finden können.

B **Look at the following sentences in the perfect tense and translate them into English.**

a Die jungen Straftäter **haben** lernen **sollen**, wie man ohne Aggressionen in einer Gemeinschaft lebt.

b Sie **haben** sich genau an die Regeln halten **müssen**.

c Sie **haben** nicht einfach das tun **dürfen**, wozu sie gerade Lust hatten.

d Der achtjährige Junge war froh, dass er noch nie in ein richtiges Gefängnis **gemusst hat**.

> Used on their own, modal verbs have a normal past participle in the perfect tense, as in **d**. When used with another verb in the infinitive – as is normally the case – the perfect tense of the modal verb is formed with its infinitive rather than the past participle, as in **a**, **b** and **c**.

C **Choose the correct verb in the following sentences.**

a Der Täter hat die Tat nicht gestehen … (*gewollt/wollen*).

b Das Opfer hat nach dem Prozess nach Hause … (*gedurft/dürfen*).

c Der Richter hat nicht gerecht urteilen … (*gekonnt/können*).

d Man hätte die Todesstrafe nicht abschaffen … (*gesollt/sollen*).

e Im Gefängnis hat sie sofort in ihre Zelle … (*gemusst/müssen*).

lassen

The verb *lassen* is always followed by the infinitive and can mean:

- to let, allow
- to cause, make (someone do something)

It is usually obvious from the context which meaning applies.

D **Read these sentences and translate them into English. Which of the different meanings of *lassen* is used in each of the sentences? Note in sentences *c* and *d* that the active infinitive has a passive meaning.**

a Er lässt den Verbrecher einsperren.

b Der Mörder ließ die Waffe fallen.

c Mit der Belohnung lässt sie sich ein Haus bauen.

d Die Strafe lässt sich nicht so leicht ändern.

Verbs of perception in the perfect tense

The verb *lassen* and verbs of perception such as *hören*, *sehen* and *fühlen* follow the same pattern as modal verbs in the perfect tense.

E **Match up the following sentences.**

a Wir haben diese Strafe kommen sehen.

b Der Verbrecher hat die Strafe akzeptieren müssen.

c Das Opfer hat den Mörder nicht kommen hören.

d Der Täter hat sein Opfer einfach im Wald liegen lassen.

1 The victim did not hear the murderer coming.

2 We saw the sentence coming.

3 The culprit simply left his victim lying in the woods.

4 The criminal has had to accept the sentence.

F **Find five examples of the perfect tense of modal verbs and *lassen* on pages 68 and 70–73.**

Tipp

Working with text from the internet

Here is some advice on how to make the most of a text from the internet (refer also to page 55).

Do ...

✓ skim-read the whole text before you copy and paste it into your own document ready to edit and adapt. Make sure it is appropriate for your purpose.

✓ remember to copy the web address of any text so that you can return to it if you need to.

✓ look for key words or phrases, identify relevant sections and highlight them in your document. Try to guess the meaning of words from context.

✓ use a dictionary sparingly – only look up unfamiliar vocabulary that prevents you from understanding the gist of the text.

✓ use a text for its ideas, but make a note of its main points in your own words.

✓ be critical of the opinions expressed in a text. Cross-reference with other texts and read "between the lines" to pick up information or deduce the author's point of view and opinions.

✓ consider the sentence structure and grammar (e.g. use of tenses) – this is critical to understanding the gist and the details of a text.

Don't ...

✗ copy and paste a text without reading it first – it might not be as appropriate as you thought and you will end up with too much unnecessary material to work through.

✗ try to understand every word of the text. It takes far too long, and some might not be relevant anyway.

✗ copy whole passages from the text into your own document and use them unchanged, unless you are quoting from the text. If you do quote, use quotation marks and name the author, e.g. *In einem Artikel/Text über* [topic] *sagt* [author's name]: *„Jugendkriminalität ist ...* [quote]"

✗ believe everything you read! If in doubt, search again for other texts and cross-check.

✗ assume a text is grammatically correct – blog or forum contributors can make lots of mistakes in their eagerness to express an opinion!

✗ forget to make your views and opinions clear. Even if you are using information from the internet or other sources, the examiner is particularly interested in **your** views and opinions.

A Match these German and English phrases for acknowledging the source of comments.

   a Ich stimme mit dem Autor überein, dass ...

   b Ich bin nicht derselben Meinung des Autors, dass ...

   c Im Gegensatz zum Autor glaube ich, dass ...

   d Laut der Autorin ist es nicht der Fall, dass ...

   1 I agree with the author that ...

   2 Contrary to the author, I think that ...

   3 According to the author it is not the case that ...

   4 I don't agree with the author that ...

B You have been asked to research youth crime in Germany and present your findings to the class. Use the advice above to help you put the information in the internet extract (*Gute Frage*) in your own words. Make notes to use in a discussion or presentation.

C Use the advice on page 55 and above to do your own research and collect further information about youth crime from the internet. Find three or four useful points to add to the information already provided.

D Sum up your findings in a presentation to the class. Be ready to answer questions.

Gute Frage

Frage: Kennt ihr eine Liste, auf der alle typischen Straftaten von Jugendlichen aufgezählt sind?

Antwort: Bei der Gruppe der Körperverletzungsdelikte reicht das Spektrum von der vergleichsweise harmlosen fahrlässigen Körperverletzung (die typischerweise bei Rangeleien auf dem Schulhof entstehen kann) bis hin zur schweren vorsätzlichen Körperverletzung.

Bei der Gruppe der Diebstahlsdelikte reicht das Spektrum von Ladendiebstählen (Dunkelziffer: satte 90 Prozent!) bis hin zum Raub (= Diebstahl plus Körperverletzung) bzw. zur räuberischen Erpressung, die typischerweise beim jugendlichen „Abziehen von Klamotten" vorkommt. (Interessant: Jugendliche Straftäter wissen fast nie, dass dieses „Abziehen" als Raub oder räuberische Erpressung eine Straftat darstellt, die im Erwachsenen-Strafrecht mit einer Mindeststrafe von einem Jahr Freiheitsentzug geahndet wird und damit in die juristische Kategorie der „Verbrechen" fällt!)

Vermutlich am häufigsten treten aktuell die Deliktsgruppen „Urheberrechtsverletzungen" und „Verstöße gegen das Betäubungsmittelgesetz" in Erscheinung. Klar: Dank moderner Technologien und deren Verbreitung wird in wachsendem Maße geklaut, was dem Schutz des UrhG unterliegt, vor allem Musik und Filme. Und das Kiffen ist vermutlich sogar noch mehr verbreitet.

Vokabeln

Jugendkriminalität
pages 68–69

die Gewalttat	*act of violence*
die Straftat	*crime, criminal offence*
der Straftäter	*criminal, offender*
Delikte/Verbrechen begehen	*to commit offences/crimes*
betrachten	*to examine, view*
gelten	*to apply*
gerichtlich	*by a court of law*
immer häufiger	*more and more frequently*
das ist nicht der Fall	*that is not the case*
es handelt sich um Körperverletzung	*it's a question of bodily harm*
das Jugendstrafrecht gilt	*Juvenile Criminal Law applies*
es kommt auf … an	*it depends on …*
das liegt wohl daran, dass …	*that is probably because …*
positiv ist jedoch, dass …	*a positive aspect is that …*
ans Tageslicht kommen	*to come to light*
die Zahl der Tatverdächtigen ist gestiegen	*the number of suspects has risen*

Internetkriminalität
pages 70–71

angeben	*to show off*
sich beeinflussen lassen	*to be influenced*
sich gegen etwas einstellen	*to prepare oneself for something*
an etwas gelangen	*to get at something*
mit den Entwicklungen Schritt halten	*to keep pace with developments*
von … bis hin zu … reichen	*to extend from … to …*
sich gegen etwas schützen	*to protect oneself from something*
sich der Bedrohung stellen	*to face up to the threat*
sich verführen lassen	*to be seduced*
vortäuschen	*to fake*
angeblich	*alleged*
derart	*in such a way*
scheinbar	*apparently*
vermeintlich	*supposed*
zunehmend	*increasingly*

Bewährungshilfe, Gefängnis oder gar Todesstrafe?
pages 72–73

die Beschränkung der Freiheit	*restriction of freedom*
die Bewährungshilfe	*probation work*
das Gefängnis	*prison, jail*
die Haftstrafe	*custodial sentence*
der/die Kriminelle	*criminal*
der Mord	*murder*
das Recht auf	*the right to*
das Selbstwertgefühl	*self-esteem*
die Todesstrafe	*death sentence*
die Verbrechensbekämpfung	*fight against crime*
abschaffen	*to do away with*
einsperren	*to lock away*
sich um jemanden kümmern	*to take care of someone*
sich überwachen lassen	*to be watched/monitored*
vorbeugen	*to prevent*
gleichzeitig	*at the same time, concurrently*
davon abgehalten werden, etwas zu tun	*to be stopped from doing something*
Ich halte es für völlig (un)gerecht, dass …	*I think it's completely (un)fair that …*
Meiner Meinung nach sollte man …	*In my opinion, they should …*
Einige behaupten, dass …, aber ich stimme damit nicht überein, denn …	*Some people claim that …, but I don't agree because …*
Man darf nicht vergessen, dass …	*You shouldn't forget that …*
Es kommt auf … an.	*It depends on …*
Es kommt darauf an, ob …	*It depends whether …*
Wie würden Sie reagieren, wenn …?	*How would you react if …?*
Die Strafe muss für das Verbrechen angemessen sein, deshalb meine ich, dass …	*The punishment must be made to fit the crime, so I think that …*

Sie sind dran!

Vervollständigen Sie diese Sätze mit Vokabeln aus der obigen Liste.

a Viele glauben, dass fast alle Jugendliche _____ begehen. _____ man aber die Statistik, so sieht man, dass die Zahl der _____ zurückgeht.

b Internet-Trickster versuchen immer _____, an persönliche Informationen zu _____, daher muss man sich dagegen _____.

c Ich finde es gut, dass man in Deutschland die _____ abgeschafft hat. Das ist keine gerechte Methode der _____, denn jeder hat das _____ auf Leben.

9 Technik und die Zukunft

By the end of this unit you will be able to:

- Talk about the role of technology in the home and workplace
- Discuss space and satellite technology
- Examine the progress made in medical research
- Give opinions on ethical issues relating to scientific and technological progress

- Use the future perfect
- Use the conditional perfect
- Use the imperfect subjunctive
- Use strategies while debating

1a Wie wird die Welt in 50 Jahren aussehen? Was meinen Sie?

	realistisch	unrealistisch
a Man wird Babys geklont haben.		
b Die Erde wird eine Umweltkatastrophe überstanden haben.		
c Man wird Urlaub auf dem Mond machen können.		
d Astronauten werden auf dem Mars gelandet sein.		
e Jeder wird ein Bildtelefon besitzen.		
f Alle Häuser werden mit Solarenergie beheizt werden.		
g Roboter werden Menschen in vielen Arbeitssphären ersetzen.		
h Alle Lebensmittel werden gentechnisch verändert werden.		
i Es wird eine Impfung gegen Krebs und Aids geben.		

1b Welche von diesen Visionen sind wünschenswert und welche nicht? Diskutieren Sie in Ihrer Klasse.

Die technische Revolution

▸ *Welche technischen Fortschritte können wir im Laufe der nächsten Jahre erwarten? Sind diese Fortschritte alle wünschbar?*

1  **Wie wird die Welt in 20, 50, 100 Jahren aussehen? Diskutieren Sie in der Klasse.**

2a Lesen Sie den Text unten und finden Sie die deutschen Ausdrücke.

a scientific discoveries
b great advances
c employees
d saved
e to estimate
f a disadvantage
g to increase
h to decrease

Schöne neue Welt?

Welche wissenschaftlichen Erkenntnisse dürfen wir vom 21. Jahrhundert erwarten? Welche Chancen, aber auch welche Risiken bieten uns die Technologien der Zukunft? Vor allem von den neuen Informations- und Kommunikationstechnologien werden große Fortschritte erwartet. Brillen mit Internetzugang, eine Kreditkarte, auf der der vollständige Code des Inhabers gespeichert ist, und der Sieg von Heimshopping, wodurch 50 Prozent aller Lebensmittel die Verbraucher erreichen, ohne dass sie in den Supermarkt gehen mussten, das sind nur einige der Hypothesen. Für die großen Datenströme werden immer schnellere Internetanschlüsse benötigt, sowohl am Arbeitsplatz als auch in der Freizeit.

Diese Fortschritte sollen vor allem den Arbeitsplatz revolutionieren. Vielen Mitarbeitern wird der Weg ins Büro erspart bleiben. Experten schätzen, dass in den nächsten fünfzehn Jahren 20% aller Mitarbeiter an wenigstens zwei Tagen in der Woche zu Hause arbeiten werden. Wer noch ins Büro geht, wird auch Innovationen erleben.

Diese schöne neue Welt hat aber auch eine Kehrseite. Drei Viertel der Experten halten es für wahrscheinlich, dass der technische Fortschritt die Arbeitslosenquote in den meisten Industrieländern erhöhen wird. Zwar benötigt die Hightech-Industrie besser qualifizierte Arbeitskräfte, aber sicher ist, dass viele Arbeitsplätze im Bereich der niedrig qualifizierten Beschäftigungen wegfallen werden. Bauroboter werden Menschen sowohl an der Baustelle als auch in der Fabrik ersetzen. Fest steht: lebenslanges Lernen und ständige Weiterbildung werden in Zukunft die beste Versicherung gegen Arbeitslosigkeit sein.

2b Lesen Sie nochmal den Text. Lesen Sie dann die Aussagen a–j. Sind sie richtig (R), falsch (F) oder nicht im Text (NA)?

a Es wird vermutet, dass der technische Fortschritt mehr Risiken als Vorteile mit sich bringt.

b Heimshopping wird Supermärkte ersetzen.

c Der Einfluss von Multimedia wird steigen.

d Es wird nötig, dass mehr Daten produziert werden.

e Die Befragten in einer Studie halten es für unwahrscheinlich, dass jeder Haushalt ein Bildtelefon besitzen könnte.

f Die Schnelligkeit von Internetübertragungen wird verbessert sein sollen.

g Die Arbeitswelt wird sich ändern, indem viele Menschen nur an drei Wochentagen arbeiten werden.

h Frauen werden häufiger als Männer durch Telearbeit beschäftigt werden.

i Die neue Technik wird jedoch zum Verlust vieler Arbeitsplätze führen.

j Erziehung und Weiterbildung werden immer wichtiger sein.

3a **Hören Sie sich diesen Bericht über Smart-Wohnungen in Südkorea an. Füllen Sie die Lücken mit Wörtern im Kasten aus.**

Seit ihrem ___(a)___ wohnt Mi Yung Kim in einer der modernsten Wohnungen in Seoul, Korea, die mit den allerneuesten ___(b)___ ausgestattet ist. Ein integriertes Computersystem kontrolliert die Qualität der ___(c)___ , informiert über ihren ___(d)___ und kümmert sich um die rechtzeitige ___(e)___ ihrer ___(f)___ . Wenn Mi Yung nicht da ist, kann sie im Internet nachsehen, ob sie ___(g)___ bekommen hat.

Die Wohnungen werden mit ___(h)___ der Elektronikfirma LG gebaut. LG hat ___(i)___ für weitere Wohnungen in den nächsten Jahren. In der nächsten Version werden die Mieter alle Elektogeräte mit der ___(j)___ bedienen können. Die technische ___(k)___ mancher Geräte steht auf dem Plan: zum Beispiel ein Kühlschrank, der ___(l)___ auf verdorbene Lebensmittel gibt.

Stromverbrauch   Geräten   Stimme   Aufträge
Bezahlung   Rechnungen   Entwicklung
Nachrichten   Luft   Umzug   Hinweise
Unterstützung

3b  Würden Sie gern in so einer Wohnung wohnen? Welche Vor- und Nachteile hat das? Besprechen Sie das zu zweit oder in Gruppen.

4 Sehen Sie sich das Poster über Gentechnik (rechts) an. Worum geht es? Welche Produkte werden gentechnisch manipuliert? Warum?

5a Hören Sie sich die Meinungen dieser zwei Jugendlichen zum Thema Gentechnik an und wählen Sie für jede Person die Aussage, die ihre Meinung am besten zusammenfasst.

Dieter

a Gentechnisch veränderte Lebensmittel sind eine gute Quelle von Nährstoffen.

b Gentechnisch veränderte Lebensmittel könnten das Problem des Welthungers lösen.

c Neue Technik ist immer etwas Positives.

Natalie

d Greenpeace ist gegen gentechnisch veränderte Lebensmittel.

e Gentechnisch veränderte Lebensmittel stellen ein Gesundheitsrisiko dar.

f Es ist sehr teuer, gentechnisch veränderte Lebensmittel zu produzieren.

5b Übersetzen Sie die folgenden Sätze ins Deutsche.

a I find genetically modified food a positive development.

b I don't think that genetic engineering could stop world hunger.

c People are always sceptical, but we cannot reject every new technology.

d You can avoid these products if you read the packaging.

6  Sind Sie für oder gegen gentechnisch veränderte Lebensmittel? Machen Sie eine Liste der Hauptpunkte, dann besprechen Sie das zu zweit. Ihr(e) Partner(in) soll der anderen Meinung von Ihnen sein. Benutzen Sie Ausdrücke aus Übungen 5a und 5b.

7 „Vorsprung durch Technik! Die Entwicklung von neuen Technologien kann nur positiv sein."

Wie nehmen Sie Stellung zu dieser Aussage? Machen Sie eine Liste der Hauptpunkte dafür und dagegen. Besprechen Sie das dann zu zweit oder in Gruppen.

 Weiteres Material zum Thema „Erfindungen, die das Alltagsleben revolutionieren" finden Sie auf dem Arbeitsblatt 9.1.

Vorwärts ins Weltall

▸ *Der Mensch ist neugierig und lernt immer mehr über das Weltall.
Welche Möglichkeiten bietet uns die Raumfahrt an?*

1 Sehen Sie sich das Bild an. Wohin werden wir in den nächsten 20 bis 50 Jahren reisen können? Ist die Weltraumtouristik eine wünschenswerte Möglichkeit? Für wen? Wohin möchten Sie ins Weltall reisen?

2a Lesen Sie den Artikel über bemannte und unbemannte Raumfahrt und finden Sie die passende Überschrift für jeden Absatz (1–6).

a „Das bringt nichts!"

b „Menschen braucht man dazu nicht!"

c Menschen wollen selber entdecken

d „Das ist reine Geldverschwendung!"

e Die Menschheit wird die Erde verlassen müssen

f Ohne Forschung kein Fortschritt

Bemannte Raumfahrt

Zu teuer, zu wenig Ergebnisse, Roboter können das genauso gut. Das sind die drei gängigsten Argumente gegen die bemannte Raumfahrt. Nur eines von ihnen ist richtig.

[1] Für einen durchschnittlichen Menschen sind die Kosten eines großen Forschungsprojekts oder einer bemannten Weltraummission enorm hoch. Verglichen mit dem Budget großer Länder und Organisationen, und verglichen mit dem, was für andere Dinge ausgegeben wird, sind die Kosten für Wissenschaft und Raumfahrt fast schon unerheblich. Mit dem Geld, das beispielsweise der Fernsehsender NBC für die Übertragungsrechte der olympischen Spiele gezahlt hat, hätte man den kompletten Large Hadron Collider finanzieren können. Deutschland könnte sich also tatsächlich eine eigene, bemannte Mission zum Mars leisten, ohne viel Geld auftreiben zu müssen – man müsste nur das vorhandene sinnvoller einsetzen. „Zu teuer" ist also kein Argument gegen die bemannte Raumfahrt.

[2] „Solange Kinder in Afrika hungern müssen, soll kein Geld für unnütze Forschung ausgegeben werden dürfen" – so oder so ähnlich wird oft polemisiert. Natürlich will niemand, dass Menschen verhungern – aber ist ein Forschungsstopp die richtige Lösung? Wissenschaft, Forschung und Bildung sind die einzigen Möglichkeiten, die Welt nachhaltig positiv zu beeinflussen. Dafür braucht man auch Grundlagenforschung. Viele Menschen erkennen aber nicht, wie wichtig Grundlagenforschung als Basis für die gesamte Wissenschaft ist.

[3] Ohne Grundlagenforschung kann es keine neuen Anwendungen geben und damit auch keinen Fortschritt. Und man kann eben nicht sagen, wohin die Grundlagenforschung führen wird. Hätte sich Max Planck 1900 nicht mit dem komplett theoretischen und anwendungsfreien Thema der Schwarzkörperstrahlung beschäftigt, dann gäbe es heute keine Quantenphysik und damit auch nicht all die Anwendungen, die daraus entstanden sind und die unsere moderne Zivilisation prägen. Man kann nie wissen, was sich später einmal daraus entwickeln wird. Das gilt auch für die Raumfahrt.

[4] Das vernünftigste Argument, das in solchen Diskussionen aufkommt, ist „das könnten doch Roboter genauso gut erledigen – warum muss man Menschen ins All schicken?". Da ist tatsächlich etwas dran. Abgesehen von der Arbeit auf den Raumstationen MIR und ISS und den Shuttleflügen hat die gesamte Forschung im Weltall in den letzten Jahrzehnten ohne Menschen stattgefunden. Und diese unbemannten Missionen haben tolle Ergebnisse geliefert. In vielen Fällen ist es tatsächlich nicht nötig, Menschen mitzuschicken.

[5] Aber: Wissenschaft soll nicht nur allein dem Erkenntnisgewinn dienen. Sie soll die Menschen auch faszinieren und inspirieren. In dieser Hinsicht ist Wissenschaft genauso wertvoll wie Kunst, Musik oder Literatur. Menschen sind von Natur aus Forscher und Entdecker. Alles Wissenswerte über die Berggipfel des Himalaya könnte man problemlos durch Satelliten oder andere automatische Methoden erlangen. Trotzdem ist es für viele wichtig, dass Menschen selbst dort waren und diese Berge erklommen haben.

[6] Ultimativ wird den Menschen nichts anderes übrig bleiben, als die Erde zu verlassen. Umweltveränderungen, Naturkatastrophen oder die wachsende Weltbevölkerung wird es irgendwann nötig machen, andere Planeten zu besiedeln. Das mag erst in fernster Zukunft passieren – aber je eher wir anfangen, desto leichter und besser wird es dann gehen.

2b Lesen Sie noch einmal „Bemannte Raumfahrt" und vervollständigen Sie die Aussagen mit Wörtern aus dem Kasten.

a Wenn _____ weniger Geld für unwichtige Sachen ausgegeben hätten, so hätten sie viel wissenschaftliche Forschung finanzieren können.

b Manche glauben, dass es besser gewesen wäre, _____ auf der Erde zu lösen, als bemannte Missionen ins All zu schicken.

c Ohne _____ des letzten Jahrhunderts hätte unser modernes Leben ganz anders ausgesehen.

d Viele Anwendungen der Forschung kristallisieren sich erst _____ heraus.

e Man kann vieles _____ erledigen lassen, aber eben nicht alles.

f Ein Bild von einem Künstler bringt keine neuen Erkenntnisse über die Natur, aber seine Existenz ist für _____ zweifellos wichtig und nützlich.

g Wenn der Mensch _____ von oben nicht selbst sehen kann, so will er zumindest andere Menschen sehen, die dies tun.

h Wenn wir irgendwann einmal _____ besiedeln wollen, dann müssen wir Stützpunkte außerhalb der Erde schaffen.

andere Planeten	von Robotern	die Erde
die Forschung	die Menschheit	Organisationen
menschliche Probleme	nach Jahrzehnten	

Grammatik ➡ 148–9 ➡ W59

The imperfect subjunctive

The imperfect subjunctive can often be used instead of the conditional to describe what would happen.

● Look at page 148 and at your previous work to remind yourself of the imperfect subjunctive.

Ⓐ Complete the sentences with the imperfect subjunctive form of the verb in brackets.

a Wenn das Internet schneller (*sein*), (*können*) man bewegte Bilder besser übertragen.

b (*Geben*) es keine Aufnahmen der Erde aus dem All, so (*sehen*) niemand die Schönheit des blauen Planeten.

c Durch die Entwicklung der Gentechnik (*kommen*) es bestimmt zu einer besseren Ernährung.

d Die Gesellschaft (*müssen*) garantieren können, dass Menschen die Möglichkeit (*haben*), neue Arbeitsplätze zu bekommen.

Ⓑ Translate sentences a–d from activity A into English. Think carefully about the meaning of each verb.

3 Hören Sie sich einen Bericht über „Architektur für den Weltraum" an. Welche der folgenden Aussagen sind richtig (**R**), falsch (**F**) oder nicht angegeben (**NA**)?

a Man kann schon jetzt Ferien auf dem Mars buchen.

b Ab 2030 können Touristen zwar nicht zum Mond, aber zum Mars fliegen.

c Alle Weltraumfähren sind bequem und komfortabel.

d An den neuen Weltraumbetten braucht man sich nicht mehr festzubinden.

e Der Druck der Bettdecke ist für die Astronauten zu groß.

f Man plant mindestens drei Raumstationen auf dem Mond.

g Man ist sich über den Standort der Raumstationen noch nicht sicher.

h Sowohl auf dem Mond als auch auf dem Mars gibt es hohe Windgeschwindigkeiten.

4a Wählen Sie Meinung 1 oder 2. Machen Sie eine Liste von mindestens vier Punkten, um diese Stellung zu verteidigen, und sprechen Sie dann eine Minute darüber. Ihr(e) Partner(in) wählt das Gegenargument.

4b Bereiten Sie weitere Punkte vor. Notieren Sie für jeden Punkt, was Ihr Gegner sagen könnte. Diskutieren Sie alle Punkte zu zweit und erweitern Sie eventuell die Argumente.

4c Führen Sie dann eine Debatte mit einem Partner/einer Partnerin, indem Sie Ihre Meinung (1 oder 2) strengstens verteidigen.

Forschung oder Hilfe?
Meinung 1

> Der Mensch will fremde Welten erforschen. Die bemannte Raumfahrt ist eine Fortsetzung der Erforschung der Welt und muss weitergeführt werden.

Meinung 2

> Die bemannte Raumfahrt ist eine reine Geldverschwendung, die dem Menschen nichts bringt. Es wäre viel besser, das Geld hier auf der Erde zu nutzen, um den Armen zu helfen.

Genforschung

▶ *Welche Bedeutung haben Genforschung und Klonen für die Menschen?*

1 **Schauen Sie sich das Bild an und beantworten Sie die folgenden Fragen:**

a Wer sind die zwei Personen auf dem Bild?

b Wie sind sie in der Lage, die Augenfarbe des Babys zu bestimmen?

c Was halten Sie von dieser Idee?

Fortschritt im Reagenzglas

Eine verlockende Vision: Alzheimer und Parkinson sind vergessen, Infarkte und Diabetes haben ihren Schrecken verloren. Falls ein Organ versagt, sprießen individuelle Herzen und Nieren im Reagenzglas. Blinde können wieder sehen, Lahme wieder gehen. Möglich werden alle diese Wunder dank embryonaler Stammzellen – so hat man es sich wenigstens ausgemalt.

Bei der Stammzellenforschung scheiden sich noch heftig die Geister: Auf der einen Seite sehen manche Wissenschaftler darin neue Chancen im Kampf gegen Krankheiten, auf der anderen Seite stellen sich ethische Fragen über die Nutzung von Embryos zu experimentellen Zwecken. Und dann wäre da noch die abschreckende Perspektive des menschlichen Klonens, wobei man ein verstorbenes Kind auf Wunsch seiner Eltern als Klon zu neuem Leben erweckt.

Laut Genforscher Jochen Renz ist die Anwendung der Forschung der Hauptpunkt bei dem Thema. „Was man regeln muss, ist, wie man die Ergebnisse der Forschung in die Praxis umsetzen kann. Wenn man durch Stammzellenforschung den Kampf gegen Krankheiten wie Parkinson gewinnen kann, sollten wir ohne Bedenken weitermachen", meint er. „Schließlich wollen wir Leben retten. Aber ich wäre auch dagegen, die Technik so einzusetzen, dass Eltern bestimmen können, welches Geschlecht oder welche Augenfarbe ihr Kind hat."

In Deutschland ist die Erzeugung menschlicher Embryos zu Forschungszwecken noch untersagt – alle Zellen müssen importiert werden, was Jochen Renz frustriert. „Bei der künstlichen Befruchtung werden oft mehr Embryos erzeugt als benutzt. In anderen Ländern können die Eltern die Embryos zu Forschungszwecken freigeben – warum auch nicht hier?" Seine pragmatische Ansicht wird aber nicht von jedem geteilt. „Ein Embryo ist ein menschliches Lebewesen, und damit sollte nicht experimentiert werden. Ein Embryo hat auch Rechte", meint Gisela Wolf von der Gruppe Aktion Leben. „Die Vorteile der Forschung verstehe ich schon, aber die Gefahren stellen ein zu großes Risiko dar – wie ist es zu verhindern, dass skrupellose Einzelgänger Menschen klonen? Letztlich wird es die Macht des Geldes sein, die über alle moralische Bedenken siegen wird."

2a **Lesen Sie diesen Text über Genforschung und stellen Sie ein Wortfeld zum Thema „Genforschung" zusammen.**

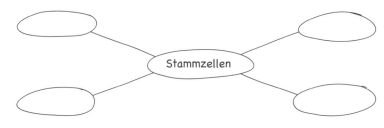

2b Sind diese Aussagen richtig (R), falsch (F) oder nicht angegeben (NA)?

a Durch Forschung an Stammzellen haben Wissenschaftler Heilmittel gegen Krankheiten wie Parkinson entdeckt.

b Die meisten Wissenschaftler unterstützen Forschung an Stammzellen.

c Es besteht die Gefahr, dass man die Technik zum Klonen von Menschen nutzen könnte.

d Jochen Renz meint, dass die Möglichkeit, neue Heilmittel zu entdecken, die Forschung rechtfertigt.

e Jochen Renz hat nichts dagegen einzuwenden, wenn man die Technik bei der Familienplanung einsetzt.

f In Deutschland darf man nur mit Stammzellen experimentieren, die bei der künstlichen Befruchtung überfrüssig waren.

g In der Schweiz ist es schon erlaubt, an Embryos zu experimentieren.

h Gisela Wolf meint, dass die Forschung ein Verstoß gegen die Rechte des ungeborenen Kindes ist.

i Gisela Wolf zweifelt daran, dass man einen Missbrauch der Technik ausschließen kann.

2c Übersetzen Sie den Abschnitt im letzten Absatz – „Ein Embryo ist ein menschliches Lebewesen … Bedenken siegen wird." – ins Englische.

3 Hören Sie sich den Bericht über Gentechnik an und beantworten Sie die Fragen auf Deutsch.

a Was hoffen Wissenschaftler künftig durch Gentechnik machen zu können?

b Welche Fortschritte hat es bereits bei der Behandlung von zystischer Fibrose gegeben?

c Wie kann die Genforschung helfen, neue Medikamente zu entwickeln?

d Was können die Wissenschaftler auch abschätzen?

e In welchem Bereich ist das Thema Genforschung besonders umstritten?

f Wie hat eine Frau in Amerika Genforschung genutzt?

g Welche zwei Meinungen zu diesem Ereignis werden erwähnt?

4 Gentechnik – sind Sie dafür oder dagegen? Sie haben eine Minute Zeit, um den Rest der Gruppe von Ihrer Meinung zu überzeugen! Am Ende soll die Klasse entscheiden, wer die besten Argumente vorgebracht hat.

Tipp

Strategies for debating

Think about all the possibilities that could come up in the debate.

- Try to steer the debate towards the points you feel most confident in discussing because you have prepared them beforehand, e.g. *Wir könnten hier viele Standpunkte besprechen, aber am wichtigsten finde ich, dass …*

- Be prepared for the unpredictable – think carefully about other points of view and have an answer for them.

A Mit Hilfe des *Tipps* (oben) übernehmen Sie eine dieser Rollen und debattieren in Gruppen zu viert das Thema „Genforschung".

A Sie sind Wissenschaftler und erforschen Gentechnik.

B Sie sind Mitglied einer Organisation, die gegen Genforschung kämpft.

C In Ihrer Familie gibt es eine Erbkrankheit, weshalb Sie Angst davor haben, Kinder zu bekommen.

D Sie sind der Chef/die Chefin einer Firma, die geklonte Organe produzieren möchte.

The future perfect

To talk about what will have happened in the future, we use the **future perfect** tense. To form it, we use the present tense of *werden* + past participle + the infinitive of *haben* or *sein*.

Man **wird** Babys **geklont haben**. *Babies will have been cloned.*

A **Put these sentences into the future perfect.**

a Forscher finden Heilmittel gegen schwere Krankheiten.

b Man pflanzt gentechnisch verändertes Obst und Gemüse in der Wüste an.

c Die Arbeitslosenquote wird durch die technische Revolution steigen.

d Astronauten werden zum Mars fliegen.

e Man wird die Schule durch Lernen im Internet ersetzen.

f Wissenschaftler werden eine Impfung gegen Malaria erfinden.

B **Translate these sentences into German.**

a Home shopping will soon have replaced supermarkets.

b In the future, the influence of the internet will have risen.

c Tourists will have had the opportunity to see Earth from outer space.

d Man will have fulfilled his desire to explore new worlds.

e Perhaps unscrupulous loners will have been in a position to clone humans.

f In the end, we will have solved a lot of problems.

C 🔊 **Was werden Sie in 10 Jahren schon gemacht haben? Und Ihre Klassenkameraden? Schreiben Sie einige Sätze, z. B.**

Ich werde mein Studium abgeschlossen haben.

Besprechen Sie das zunächst in Gruppen und machen Sie Notizen, z. B.

Laura wird ihre erste Million verdient haben.

The conditional perfect

- The conditional perfect is used to express an event that has not happened and is no longer possible.
- To form the conditional perfect, use the imperfect subjunctive of the auxiliary verb and the past participle of the main verb.

  Ich **hätte** das gerne **gemacht**. *I would have gladly done that.*

  Wir **wären** nicht **gegangen**. *We wouldn't have gone.*

- In a sentence with a modal verb, use the imperfect subjunctive of the auxiliary verb with both the main and the modal verb in the infinitive.

  Er **hätte** das nicht **machen sollen**. *He should not have done that.*

D **Complete this text with the correct form of the verb given in brackets in the conditional perfect.**

Therapeutisches Klonen – menschlich oder unmenschlich?

In Deutschland ist therapeutisches Klonen trotz Kampagnen mancher Politiker noch verboten. Wie _____ diese Jugendlichen _____ (*handeln*), wenn sie _____ _____ _____ (*bestimmen dürfen*), wie es mit dem therapeutischem Klonen in Deutschland weitergehen soll?

Antonia: Ich bin für therapeutisches Klonen und finde, dass die Politiker nicht genug getan haben, um unsere Aufmerksamkeit auf die Vorteile zu lenken. An ihrer Stelle _____ ich eine große Werbekampagne _____ (*durchführen*) und _____ auch Flugblätter _____ (*verteilen*), damit das Volk besser über die Vorteile informiert _____ _____ (*sein*).

Hans: Ich finde Klonen in allen Formen unmenschlich und _____ auf alle Fälle dagegen _____ (*stimmen*). Ich _____ Bilder von kleinen Embryos _____ (*zeigen*), damit man versteht, dass es hier um Menschen und nicht um Zellen geht. Ich _____ auch den potentiellen Missbrauch dieser Technik _____ (*betonen*).

Tipp

Developing strategies for debating

Take the initiative

- Lead the conversation in your own direction. You can do this by mentioning an issue associated with a point you have just been discussing. This gives you the opportunity to use prepared language rather than think on your feet.

Deal with the unpredictable

- Keep the conversation running smoothly so that the examiner has fewer opportunities to ask you questions you might not be familiar with.

- Question the examiner to make sure you have fully understood. Rephrase the question in your own words to check this.

  Wollen Sie damit sagen, dass ...?

  Sie möchten also wissen, ob ich ...?

- Ask the examiner to repeat things where necessary.

- Play for time by using hesitating language. This does not result in extra marks but it serves the purpose of giving time to think.

  Das ist ein interessanter Standpunkt.

  Daran hatte ich nicht gedacht.

- Rather than have a long silence while you think of an answer, say what contrasting thoughts are going through your mind. This keeps the conversation going, although you must take care not to ramble incomprehensibly, and do make sure you eventually give a clear answer.

Cover all possibilities

- Make a list of all the arguments in favour of your point of view.

- Predict the counter-arguments the examiner is likely to come up with – there will be at least one for each of your points.

- Prepare detailed responses to these arguments. Even if the examiner does not raise a particular point, you can always use it to back up your own argument.

  Manche Leute behaupten, dass ..., aber ich lehne das völlig ab / stimme damit gar nicht überein, denn ...

  Wenn man mir sagen würde, dass ..., dann hätte ich folgende Antwort: ...

- Think of associated issues the examiner might ask questions about and prepare things to say about those.

A Decide whether the following are asking for clarification (C), gaining time to think (T), or thinking aloud (A).

a Entschuldigung, ich habe nicht völlig verstanden. Können Sie die Frage bitte wiederholen?

b Das mag wohl sein, aber die Lage ist gar nicht so eindeutig. Einerseits ..., andererseits ...

c Das ist eine sehr interessante Frage. Ich muss mir das ein bisschen überlegen.

d Da bin ich mir nicht sicher. Es ist möglich, dass ..., aber wir dürfen nicht vergessen, dass .... Letzten Endes würde ich sagen, dass ...

e Habe ich das so richtig verstanden? Sie fragen mich, ob ich denke, dass ...

f Das lässt sich nicht mit Sicherheit sagen. Darf ich kurz darüber nachdenken, bevor ich meine Antwort darauf gebe?

B The use of genetically modified (GM) food is a controversial topic. Read these two opposing views:

✓ „Gentechnisch veränderte Lebensmittel stellen den einzigen Weg in die Zukunft dar."

✗ „Gentechnisch veränderte Lebensmittel könnten verhindern, dass der Mensch ausstirbt."

Which of the following points are for GM food and which are against?

a Man könnte damit Ernährungsprobleme in Afrika lösen.

b Es gäbe keine Hungersnot mehr.

c Gentechnik würden neue Allergien verursachen.

d Wir würden mehr und nahrhaftere Lebensmittel produzieren können.

e Das würde sogar in unserer Milch und unseren Eiern auftauchen.

f Antibiotika würden nicht mehr richtig wirken.

C Choose one side of the argument in B above and make a list (in German) of all the points you can think of. Then find a counter-argument for each one and think about how you would address it. Finally, add any other areas that might be covered.

D Now discuss the issue with a partner who has chosen the opposite viewpoint. Use the *Tipp* to help you keep the conversation flowing and use as many as possible of the tactics described there.

Die technische Revolution — pages 78–79

die Arbeitskraft	*workforce*
die Arbeitslosenquote	*unemployment figure*
der Arbeitsplatz	*workplace*
die Entwicklung	*development*
das Ernährungsproblem	*food supply problem*
der Fortschritt	*progress, advance*
die Gentechnik	*genetic engineering*
der Internetanschluss	*internet connection*
die Kehrseite	*disadvantage, other side*
der Nährstoff	*nutrient*
das Risiko	*risk*
die Technik, die Technologie	*technology*
die Telearbeit, das Telearbeiten	*teleworking*
der Verbrauch	*use, consumption*
der/die Verbraucher(in)	*consumer*
die Verpackung	*packaging*
die Versicherung	*insurance*
die Weiterbildung	*further education/training*
wissenschaftliche Erkenntnisse (pl.)	*scientific discoveries*
ablehnen	*to reject*
ausstatten	*to equip, furnish*
erhöhen	*to raise*
sich um etwas kümmern	*to take care of something*
nachsehen	*to check, look up*
schätzen	*to estimate*
verursachen	*to cause*
gentechnisch verändert	*genetically modified*
skeptisch	*sceptical*

Vorwärts ins Weltall — pages 80–81

die Anwendung	*application*
die Erforschung	*exploration*
die Grundlagenforschung	*basic research*
die (bemannte) Raumfahrt	*(manned) space travel*

die Schwerkraft	*gravity*
das Weltall	*(outer) space*
der Weltraum	*(outer) space*
besiedeln	*to occupy, settle*
aus ... bestehen	*to consist of ...*
etwas dienen	*to serve something*
vergleichen	*to compare*
abgesehen von	*apart from*
durchschnittlich	*average*
unerheblich	*negligible, insignificant*

Genforschung — pages 82–83

das Bedenken	*reservation*
die künstliche Befruchtung	*artificial insemination*
der Einzelgänger	*loner*
die Erbkrankheit	*hereditary disease*
die Erzeugung	*production, generation*
der Forschungszweck	*research purpose*
der Infarkt	*heart attack*
das Reagenzglas	*test tube*
die Stammzelle	*stem cell*
sprießen	*to grow*
umsetzen	*to transfer*
versagen	*to fail*
abschreckend	*horrifying, frightening*
untersagt	*forbidden*

Sie sind dran!

Vervollständigen Sie diese Sätze mit Vokabeln aus der obigen Liste.

a Ein _____ der neuen Technik ist, dass es eine höhere _____ geben wird, weil Roboter die Menschen am _____ häufiger ersetzen.

b Die _____ mag wohl ziemlich teuer sein, aber die Forschung erzeugt viele nützliche _____ für den _____ Mensch – das ist nicht _____.

c Bei der _____ _____ bleiben oft Embryos übrig. Man könnte Sie zu _____ benutzen, aber das ist in vielen Ländern _____.

Eine Region im deutschsprachigen Raum

1a Sehen Sie sich die Bilder an. Welche deutschsprachige Region ist das?

a Berlin   **d** Tirol

b München   **e** Rheinland-Pfalz

c Walliser Alpen   **f** Ostseeküste

1b In welchem Land liegt jede von diesen Regionen?

2a Wo spricht man Deutsch? Arbeiten Sie mit einem Partner/einer Partnerin und erstellen Sie eine Liste von Ländern, indem Sie die Fragen unten beantworten. Sie können dazu eine deutsche Suchmaschine benutzen.

Wo ist Deutsch …

a die dominierende Sprache?

b Amtssprache?

c anerkannte Minderheitensprache?

2b Suchen Sie diese deutschsprachigen Städte bzw. Regionen auf einer Karte. Wählen Sie zwei aus dem Kasten und finden Sie für jede fünf interessante Tatsachen im Internet. Tauschen Sie diese Tatsachen mit dem Rest der Klasse aus.

> Wien   Schwarzwald   Liechtenstein   Brandenburg
> Ruhrgebiet   Berner Oberland   Südtirol   Vorarlberg

2c Geben Sie Ihre Meinung zu den Städten bzw. Regionen, die in Übung 2b beschrieben wurden. Möchten Sie da wohnen? Würden Sie gern mehr darüber wissen? Warum? Warum nicht?

> If you decide to study a region for one of your cultural topics, then you need to be ready to discuss or write about any of the aspects listed in the AQA specification. As you study, make sure you prepare answers to the questions below.

Do you know plenty of facts about the region's geography and history?
What are the main geographical features and how do they influence the life lived there? (Does it have a coastline, mountains, rivers? What are the main cities? Is it a mainly rural area? What role does climate play? What are the major transport links?)
Has it been important historically? (Has reunification had an impact here? Did a famous person come from there? Are there significant museums or historical sites worth visiting today?)

Do you know something about the region's economy, industry and population?
How do the people there earn their living? Has that changed recently? Is it changing now? Why?
Is it a rich or a less well-off region? Why?
What products are grown or made there?
Is it densely populated? Is the population growing or declining? Why?

What is your personal opinion of this region?
Would you like to live and work there? Why/Why not?

10 Der Freistaat Sachsen

▶ *Wie ist das Leben in Sachsen seit der Wende?*
▶ *Wie hat sich diese Region gewandelt?*

1 **Wie viel wissen Sie schon über Sachsen? Arbeiten Sie mit einem Partner/einer Partnerin und entscheiden Sie gemeinsam, ob diese Aussagen richtig (R) oder falsch (F) sind. Wenn etwas falsch ist, suchen Sie die richtige Antwort im Internet.**

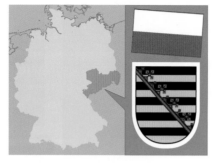

a Sachsen ist eines der fünf Bundesländer, die nach der Wende entstanden sind.

b Die Landeshauptstadt von Sachsen ist Leipzig.

c Sachsen grenzt an Polen im Osten und an die Slowakei im Süden.

d Es ist das östlichste Bundesland Deutschlands.

e Der wichtigste Fluss ist die Elbe.

f Es ist vor allem ein ländliches Gebiet mit sehr wenig Industrie.

2a Lesen Sie die Texte rechts. Welche Suchbegriffe in Verbindung mit dem Wort „Sachsen" könnte man im Internet benutzt haben, um die Auskünfte hier zu bekommen? Machen Sie Vorschläge.

Beispiel: a Städte b ...

2b Suchen Sie diese Wörter und Ausdrücke im Text:

1	the highest point	6	worth a visit
2	composer	7	significant
3	restored	8	industrial location
4	a memorial against war	9	is known as
5	neighbouring federal state	10	is protected

2c **Wählen Sie jeweils zwei der folgenden Stichpunkte und finden Sie Bilder davon im Internet. Beschreiben Sie Ihrem Partner/Ihrer Partnerin, was Sie im Bild sehen.**

• Meißener Porzellan
• die Sächsische Schweiz
• die Frauenkirche vor und nach dem Wiederaufbau
• das Völkerschlachtdenkmal

a Die größten Städte sind Leipzig und Dresden, gefolgt von Chemnitz. Sowohl Sachsens größte Stadt Leipzig als auch die Landeshauptstadt Dresden haben etwas mehr als 500 000 Einwohner. Andere bedeutende Städte sind Meißen, Zwickau und Görlitz. Meißen ist als Porzellanstadt anerkannt, Zwickau dagegen als Stadt des Automobilbaus.

b Sachsen ist ein Land der Musiker, Dichter und Denker. Obwohl er im Nachbarbundesland Thüringen geboren wurde, verbrachte der deutsche Komponist Johann Sebastian Bach die Jahre von 1723 bis zu seinem Tod 1750 in Leipzig. Der Komponist Robert Schumann wurde im Jahr 1810 in Zwickau geboren und seine Frau Clara, wie auch Richard Wagner, kam in Leipzig zur Welt.

c Nachdem diese wunderschöne Barockkirche 2005 wiederaufgebaut wurde, lohnt sich ein Besuch in die Dresdner Frauenkirche. Erbaut im 18. Jahrhundert, stürzte sie 1945 in der Bombennacht über Dresden in sich zusammen. Man ließ die Ruine fast 50 Jahre lang als Mahnmal gegen den Krieg stehen. Auch das Völkerschlachtdenkmal ist interessant, das mit 91 Metern Höhe das größte Denkmal Europas ist.

d Mit 1215 m ist der Fichtelberg im Erzgebirge die höchste Erhebung Sachsens. Die atemberaubende Felsenlandschaft des Elbsandsteingebirges rund um das Elbtal nennt man die Sächsische Schweiz. Sie liegt zwischen Meißen und der Landesgrenze zur Tschechischen Republik und wird seit 1990 als Nationalpark geschützt.

e Im 19. Jahrhundert hatte sich Sachsen zum modernsten und innovativsten Wirtschaftsraum Deutschlands entwickelt. Im Südwesten des Bundeslandes entstanden aus alten Fahrzeug- und Maschinenfabriken moderne Industriekomplexe. Die Stadt Meißen war vor 1990 ein traditionell gewachsener Wirtschaftsstandort der keramischen Industrie.

3a Inwiefern hat sich die Demografie in Sachsen gewandelt? Hier sind einige Suchbegriffe, die Sie in eine deutsche Suchmaschine in Bezug auf Sachsen eintippen können. Vielleicht fallen Ihnen auch andere ein. Machen Sie Notizen zu jedem Stichpunkt.

- Einwohnerzahl
- Bevölkerungsentwicklung
- Wandel der Lebensformen

3b Sehen Sie sich diese Grafik an. Sie zeigt Sachsens Bevölkerung 2006 und die Prognose für 2020 nach Alter und Geschlecht.

Der Anteil der älteren Menschen nimmt stetig zu

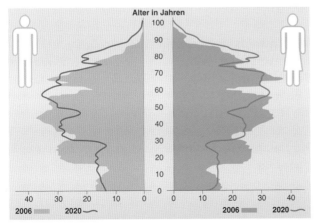

Benutzen Sie sowohl diese Grafik als auch die Notizen, die Sie in Übung 3a gemacht haben, und schreiben Sie einen

Bericht (230–250 Wörter), in dem Sie den Demografiewandel in Sachsen beschreiben und die Gründe dafür analysieren. Betrachten Sie:

- den Wandel in den letzten zwanzig Jahren
- die mögliche zukünftige Entwicklung.

4a Hören Sie sich ein Interview an, in dem eine Frau aus Dresden beschreibt, wie sich das Leben in Sachsen seit der Wende verändert hat. Hören Sie sich den ersten Abschnitt an und beantworten Sie die Fragen auf Deutsch.

1 Welche Rolle hat Frau Hoffmann während der friedlichen Revolution 1989 gespielt?

2 Wie war das Leben für sie direkt nach der Wende?

3 Welche Probleme gab es etwas später?

4 Wie haben viele Jugendliche auf die Probleme reagiert?

5 Nennen Sie einen Vor- und einen Nachteil des Lebens im Westen, die von Frau Hoffmann erwähnt werden.

4b Hören Sie sich jetzt die zweite Hälfte des Interviews an. Sind diese Sätze richtig (**R**), falsch (**F**), oder nicht angegeben (**NA**)?

1 Frau Hoffmann findet, dass der Wiederaufbau der Frauenkirche zu viel gekostet hat.

2 Viele Leute meinen, man hätte die Kirche lieber als Ruine belassen sollen.

3 Fast 50 Prozent der Wirtschaftsleistung in den neuen Bundesländern wird in Sachsen erzeugt.

4 Ihrer Meinung nach wird es in Zukunft mehr Stellenangebote geben.

5 In den sächsischen Wäldern leben wilde Wölfe.

Wölfe in der Oberlausitz

4c Was haben Sie von diesem Interview über das Leben in Sachsen seit der Wende erfahren? Fassen Sie Ihre Gedanken in zwei Minuten zusammen.

Sprechen

In der mündlichen Prüfung müssen Sie die von Ihnen gewählte Region vorstellen. Bereiten Sie Antworten auf diese Fragen vor.

- Welche geografischen Aspekte der Region interessieren Sie am meisten?
- Ist es eine schöne Region? Warum? Warum nicht?
- Hat diese Region eine interessante Geschichte?
- Wie hat die Geschichte dieser Region das Leben heute beeinflusst?
- Welche Rolle spielt die Industrie in dieser Region? Hat sich die Industrie in letzter Zeit verändert?
- Wie hat sich die Wirtschaftslage in den letzten zwanzig Jahren verändert und wie wird sich die Wirtschaft entwickeln?
- Was wissen Sie über die Bevölkerung in dieser Region?
- Haben Sie schon einmal diese Region besucht? Wenn ja, welche Eindrücke hatten Sie? Wenn nein, möchten Sie dorthin fahren? Warum? Warum nicht?
- Möchten Sie in dieser Region wohnen? Warum? Warum nicht?

See page 114 for help with revising for the oral exam.

Schreiben

Schreiben Sie mindestens 250 Wörter zu einem von diesen Themen.

- Bewerten Sie, wie wichtig der Tourismus in der von Ihnen gewählten Region ist.
- Beschreiben Sie den demografischen Wandel in der von Ihnen gewählten Region. Wie sind die Tendenzen für die Zukunft?
- Inwiefern wird das Leben in der von Ihnen gewählten Region von geografischen Faktoren beeinflusst?
- Bewerten Sie die Bedeutung der Industrien und der Landwirtschaft in der von Ihnen gewählten Region.
- Beeinflussen die Ereignisse der Geschichte noch das Alltagsleben in der von Ihnen gewählten Region?
- Kann man optimistisch in die Zukunft dieser Region blicken? Warum? Warum nicht?

See pages 110–113 for ideas on how to write a really good cultural topic essay.

Vokabeln

das Ballungsgebiet	conurbation
die Bevölkerungsdichte	population density
das Eisenbahnnetz	rail network
die Felsenlandschaft	mountainous landscape
das Flachland	lowland, plain
die Fläche	area
der schiffbare Fluss	navigable river
das Gebirge	mountain range
das Klima	climate
die Landwirtschaft	agriculture
das Mahnmal	memorial, warning
die Sehenswürdigkeiten (pl.)	sights
das Straßennetz	road network
der Tagebau	open cast mining
das Tal	valley
die Wirtschaft	economy

die Abwanderung	emigration
die Einwanderung	immigration
die ehemalige DDR	the former GDR
seit der Wende	since reunification
Die Arbeitslosenquote steigt/sinkt.	Unemployment is increasing/decreasing.
Die Einwohnerzahl erhöht sich/verringert sich.	The population is increasing/decreasing.
Diese Entwicklung bedeutet, dass ..	This development means that …
Die Region grenzt an …	The region has a border with …
Die Landschaft ist von … geprägt.	… has left its mark on the landscape.

1a Was wissen Sie schon über die deutsche Geschichte im 20. Jahrhundert? Welche Satzhälften passen zusammen?

1 Ab August 1914 befanden sich die

2 Für die Phase von 1919 bis 1933 wurde das Deutsche Reich als

3 Am 12. März 1938 marschierte die Deutsche Wehrmacht in Österreich ein und

4 Der Überfall auf Polen am 1. September 1939

5 Nach Ende des Krieges wurde Deutschland

6 Im Jahr 1949 wurden in den Besatzungszonen die

7 Am 13. August 1961 riegelte die DDR die

8 In der Schweiz erhielten die Frauen erst 1971 das

9 Im November 1989

10 Am 3. Oktober 1990 traten die

a gliederte das Land als „Ostmark" ins nationalsozialistische Deutsche Reich ein.

b Stimm- und Wahlrecht auf nationaler Ebene.

c Grenzen zu West-Berlin ab und baute die Berliner Mauer.

d Weimarer Republik bezeichnet.

e fünf neuen Bundesländer der BRD bei.

f öffnete sich nach friedlichen Demonstrationen die Mauer.

g Mittelmächte Deutschland und Österreich-Ungarn im Krieg gegen Frankreich, Großbritannien und Russland.

h löste schließlich den Zweiten Weltkrieg aus.

i auf der Basis der alliierten Konferenzen in vier Besatzungszonen geteilt.

j Bundesrepublik Deutschland und die Deutsche Demokratische Republik gegründet.

1b An welchen von diesen Ereignissen denken Sie, wenn Sie diese Bilder ansehen?

Is there an aspect of 20th-century history, relating to a German-speaking country, that particularly interests you? If you decide to study a period of 20th-century history for one of your cultural topics, you need to be ready to discuss or write about any of the aspects listed in the AQA specification. As you study, make sure you prepare the answers to the questions below.

Do you have a good knowledge and understanding of what happened during your chosen period?
What were the main events of the period? (War? Political unrest? Difficulties in daily life?)
What caused these events?
What was their effect at the time? Do they still influence the country or region today? In what way(s)?

Have you studied the lives and actions of at least two influential people from the period?
Who were they? What did they do?
What was their motivation? What causes did they fight for?
What influence did they have on the history of the day? Are they still influential today? In what way?

What is your personal opinion of this period of history?
What do you find interesting about it?
Would you like to have lived then? Why/Why not?
What have you learned from it that might be applicable to your life today?

1c Wählen Sie zwei Ereignisse aus der Liste oben und suchen Sie für jedes im Internet mindestens fünf interessante Tatsachen. Tauschen Sie Ihre Ergebnisse mit anderen in der Klasse aus.

Der Fall der Berliner Mauer

▶ *Warum gab es eine Mauer in Berlin? Wie kam es zum Fall der Mauer?*

Johann

Ich war 16 Jahre alt, als die Mauer gebaut wurde. Damals war Deutschland schon in zwei Länder geteilt gewesen und in Berlin gab es vier Zonen. Wir wohnten in der russischen Zone im Osten Berlins. Aber viele Leute verließen die DDR durch Berlin und das wollten die Russen verhindern – so haben sie die Mauer gebaut. Ich werde diesen Tag nie vergessen – es war Sonntag, der 13. August 1961. Als wir aufgewacht sind, sahen wir, dass das Pflaster and die Verbindungsstraßen nach Westberlin aufgerissen worden waren. Die Sektorengrenze zwischen Ost- und Westberlin war durch Stacheldraht abgesperrt. Niemand konnte in den Westen. Die Leute winkten ihren Verwandten auf der anderen Seite zu.

In den nächsten Tagen wurde eine richtige Mauer aus Beton gebaut. Manche U-Bahn-Stationen wurden zugemauert. Meine Mutter konnte nicht mehr arbeiten, da sie in einem Kaufhaus in Westberlin arbeitete. Und wir haben auch den Kontakt zu anderen Familienmitgliedern verloren.

Nach 1963 wurden Passierscheine eingeführt, damit die Ostdeutschen für einen Tag nach Westberlin reisen durften, um Verwandte zu besuchen. Aber eigentlich waren wir in der DDR eingesperrt. Man musste auch aufpassen, nichts gegen die Regierung zu sagen – überall spionierte die Stasi den Leuten nach. Ich hatte fast die Hoffnung aufgegeben, dass die Mauer je fallen würde. Für mich war die Wende wie ein Wunder.

Karl

Ich bin in der DDR geboren und aufgewachsen – ich kannte das Leben nicht anders, obwohl wir alle schon wussten, dass das Leben auf der anderen Seite der Mauer anders war. In der Schule wurde uns gesagt, das Leben hier sei besser, aber das konnten wir nicht glauben.

Ich war am 9. November 1989 – dem Tag des Mauerfalls – hier in Berlin. Schon in den Wochen davor wurde gegen die Teilung Deutschlands demonstriert – vor allem in Leipzig – aber diese Demonstrationen wurden von der Polizei niedergeschlagen. Dann auf einmal wurde die freie Reise in die westlichen Länder zugelassen – und wir strömten alle auf die Mauer zu. Man hat uns nicht daran gehindert, in den Westen zu gehen, und es war für mich fast unglaublich, dass ich jetzt auf der anderen Seite der Mauer stand. Es wurde groß gefeiert.

Der Mauerfall hat mein Leben total verändert. Ich war damals 17 und habe dann beschlossen, im Westen zu studieren. Ich wohne jetzt im Rheinland, und meine Frau kommt aus Bonn. Ich weiß, es gibt Probleme seit der Wende, und es muss noch viel gemacht werden, aber es lässt sich nicht leugnen, dass wir in Freiheit ohne Angst vor einer Regierung leben – für mich bedeutet das alles.

Erlaubnis	Wendepunkt	Überwachung	Fahrt
Gewalt	Überraschung	Leben	Transportsystem
Bau	Kindheit	Absperrung	Erlaubnis
Entschluss	Flucht	Arbeitsplätze	Ereignis

1 Lesen Sie die Berichte von Johann Segers und seinem Sohn Karl über den Bau und den Fall der Berliner Mauer. Dann füllen Sie die Lücken mit einem passenden Wort aus dem Kasten oben.

a Schon vor dem _____ der Mauer war Deutschland in Zonen aufgeteilt.

b Berlin gab den DDR-Bürgern eine Möglichkeit zur _____ in den Westen.

c Als Johann am 13. September aufwachte, war die _____ des östlichen Stadtteils schon im Gang.

d Das _____ in den Westen wurde auch zerstört.

e Nach 1963 bekamen DDR-Bürger die _____, sich für einen Tag im Westen aufzuhalten.

f _____ durch die Stasi war Teil des Alltags in der DDR.

g Karl hat seine _____ in der DDR verbracht.

h Vor dem Mauerfall gab es _____ auf den Straßen, als die Bürger demonstrierten.

i Die plötzliche _____ zur freien Reise in den Westen war eine _____.

j Der Mauerfall war ein großer _____ in Karls Leben, da er den _____ fasste, in den Westen zu ziehen.

2  Hören Sie diesen Bericht, der die Ereignisse bis zum Fall der Berliner Mauer beschreibt. Welches Ereignis passt zu welchem Datum?

a 19. August

b 10. September

c 30. September

d 7. Oktober

e 9. Oktober

f 1. November

g 4. November

h 8. November

i 9. November

1 700 Flüchtlinge aus den Botschaften in Warschau und Prag reisen in die BRD. In den nächsten Tagen kommen noch 15 000 Menschen.

2 Die SED feiert den 40. Jahrestag der DDR. Die Polizei geht brutal gegen demonstrierende Gruppen vor.

3 Rund eine Million Menschen demonstrieren in Ostberlin.

4 600 Menschen aus der DDR flüchten von Ungarn über Österreich in die BRD.

5 Die DDR öffnet die Grenzen. Die Mauer fällt.

6 DDR-Flüchtlinge in Budapest dürfen in die BRD reisen.

7 Die Regierung in Ostberlin tritt zurück.

8 70 000 Menschen gehen in Leipzig auf die Straßen und verkünden „Wir sind das Volk".

9 Die Tschechoslowakei hebt die Visumspflicht für die Nachbarn aus der DDR auf. Innerhalb von acht Tagen fliehen über 50 000 über die tschechische Grenze.

3a Lesen Sie den Bericht über den Tag der deutschen Einheit. Wer waren Helmut Kohl und Richard von Weizsäcker? Suchen Sie Informationen über diese zwei Männer und ihre Rollen während dieses Zeitraums in Internet.

Um Mitternacht am 3. Oktober 1990 begann eine neue Epoche der deutschen Geschichte. In Berlin feierten Hunderttausende am Reichstag und am Brandenburger Tor, als um null Uhr die Bundesfahne als Zeichen der Einheit gehisst wurde. Das Fest wurde dann mit Feuerwerk und Böllerschüssen fortgesetzt. Die offizielle Feier ging mit einem ökumenischen Gottesdienst in der Berliner Marienkirche weiter. Im anschließenden Staatsakt versprach Bundeskanzler Helmut Kohl den Völkern der Welt friedliche Partnerschaft. Bundespräsident Richard von Weizsäcker sagte: „Sich zu vereinen, heißt teilen lernen."

3b Welche anderen Namen hört man in Zusammenhang mit diesen geschichtlichen Ereignissen? Finden Sie weitere Tatsachen über den Einfluss von zwei von diesen Menschen.

1 Michail Gorbatschow
Der Generalsekretär der KPdSU trieb in Russland die Reformen voran. In der DDR wurde er zum Hoffnungsträger und ist für die Deutschen bis heute eine Symbolfigur der friedlichen Revolution von 1989.

2 Willy Brandt
Für den ehemaligen Bundeskanzler (1969–1974) war der Fall der Mauer die Erfüllung seiner Ost- und Deutschlandpolitik.

3 Günter Schabowski
Er war Mitglied des Politbüros der SED und hielt am Abend des 9. Novembers 1989 eine Pressekonferenz in Ostberlin, in der er die Nachricht von der neuen Reiseregelung verkündete.

4 Ronald Reagan
Am 12. Juni 1987 hielt der amerikanische Präsident am Brandenburger Tor eine Rede, in welcher er Gorbatschow aufforderte, die Mauer abzureißen.

5 Harald Jäger
Als diensthabender Leiter der Grenzübergangsstelle Bornholmer Straße, war er der Mann, der die Mauer eröffnete.

Exam practice questions

Sprechen

In der mündlichen Prüfung müssen Sie den von Ihnen gewählten geschichtlichen Zeitraum vorstellen. Bereiten Sie Antworten zu diesen Fragen vor.

- Was waren die Hauptereignisse im von Ihnen gewählten geschichtlichen Zeitraum?

- Was hat Sie am meisten interessiert? Warum?

- War es eine schwierige Zeit? Warum? Meinen Sie, dass es am Ende positiv ausgegangen ist?

- Inwiefern war das Alltagsleben in diesem Zeitraum anders als heute?

- Nennen Sie eine Persönlichkeit, die eine Hauptrolle in diesem Zeitraum gespielt hat. Warum ist er oder sie so wichtig?

- Warum hat er oder sie so gehandelt?

- Halten Sie die Taten/die Ideen dieser Person für richtig? Warum? Warum nicht?

- Hätten Sie gern während dieses Zeitraums gelebt? Warum? Warum nicht?

> See page 114 for help with revising for the oral exam.

Schreiben

Schreiben Sie mindestens 250 Wörter zu einem von diesen Themen.

- Vergleichen Sie die Zeit vor und nach dem von Ihnen gewählten geschichtlichen Zeitraum. Bewerten Sie, inwiefern sich das Leben geändert hat.

- Analysieren Sie die Taten und die Motivation einer bedeutenden Persönlichkeit in dem von Ihnen gewählten geschichtlichen Zeitraum.

- Erklären Sie, warum die Hauptereignisse im von Ihnen gewählten geschichtlichen Zeitraum bedeutend waren. Welches finden Sie am wichtigsten? Warum?

- Vergleichen Sie die Rollen von zwei bedeutenden Persönlichkeiten, die zu den Ereignissen des von Ihnen gewählten geschichtlichen Zeitraums beigetragen haben.

- Hätten Sie gern zu diesem Zeitpunkt gelebt? Rechtfertigen Sie Ihre Antwort.

- Was kann man von diesem von Ihnen gewählten geschichtlichen Zeitraum lernen? Kann man daraus auch für die Zukunft Nutzen ziehen?

> See pages 110–113 for ideas on how to write a really good cultural topic essay.

Vokabeln

die Außenpolitik	*foreign policy*	die Macht	*power*
die Ostpolitik	*foreign policy towards the Eastern bloc*	die Ostblockstaaten (pl.)	*Eastern bloc countries*
		der Panzer	*tank*
der Erste Weltkrieg	*First World War*	der Sieg	*victory*
der Zweite Weltkrieg	*Second World War*	der Vertrag	*treaty*
der Kalte Krieg	*Cold War*	die Visumspflicht	*obligatory visa*
das Deutsche Reich	*German Empire*	die wachsende Krise	*growing crisis*
der Faschismus	*fascism*	der Waffenstillstand	*ceasefire*
der Kommunismus	*communism*	die Weltwirtschaftskrise (pl.)	*global economic crises*
der Sozialismus	*socialism*		
die Abdankung	*abdication*	auslösen	*to trigger, set off*
der Angriff (auf)	*attack (on)*	besetzen	*to occupy*
der Anschluss	*annexation*	demonstrieren	*to demonstrate*
die Ausreise	*permission to leave*	einmarschieren	*to invade*
die Besatzungszone	*occupied zone*	flüchten	*to flee*
das Ereignis	*event*	gründen	*to found*
der Feind	*enemy*	niederschlagen	*to quell, suppress (riots)*
der Flüchtling	*refugee*	eine Hauptrolle spielen	*to play a vital role*
die Grenzübergangsstelle	*border checkpoint*	bewaffnet	*armed*
das Grundgesetz	*Basic Law, constitution*		
der Krawall	*riot*		

12 Ein deutschsprachiger Schriftsteller

1a 👤 Haben Sie schon von diesen Schriftstellern gehört? Welches Werk passt zu welchem Autor? Vergleichen Sie Ihre Antworten mit einem Partner/einer Partnerin und schauen Sie im Internet nach. Finden Sie heraus, in welchem Jahr die Bücher erschienen.

1	Thomas Mann	**a**	Der Prozess
2	Hermann Hesse	**b**	Die Blechtrommel
3	Christa Wolf	**c**	Wie kommt das Salz ins Meer?
4	Julia Franck	**d**	Ansichten eines Clowns
5	Franz Kafka	**e**	Der Steppenwolf
6	Günter Grass	**f**	Kein Ort. Nirgends
7	Brigitte Schwaiger	**g**	Die Mittagsfrau
8	Heinrich Böll	**h**	Der Zauberberg

1b Diese Romane waren zu verschiedenen Zeitpunkten Bestseller. Lesen Sie den ersten Satz von jedem Roman und entscheiden Sie, von welchem Buch er stammt. Prüfen Sie im Internet nach, ob Sie recht hatten.

a Als Gregor Samsa eines Morgens aus unruhigen Träumen erwachte, fand er sich in seinem Bett zu einem ungeheuren Ungeziefer verwandelt.

b Im September 1828 verließ der größte Mathematiker des Landes zum erstenmal seit Jahren seine Heimatstadt, um am Deutschen Naturforscherkongress in Berlin teilzunehmen.

c Wie froh bin ich, daß ich weg bin.

d Im achtzehnten Jahrhundert lebte in Frankreich ein Mann, der zu den genialsten und abscheulichsten Gestalten dieser an genialen und abscheulichen Gestalten nicht armen Epoche gehörte.

1c 👤 Besprechen Sie mit einem Partner/ einer Partnerin, ob Sie eines von diesen vier Büchern lesen möchten. Warum finden Sie es interessant? Warum nicht?

2a Finden Sie im Internet die Titel anderer Werke, die von den Schriftstellern auf dieser Seite geschrieben wurden.

2b 👤 Kennen Sie auch andere deutschsprachige Schriftsteller? Machen Sie eine Liste und vergleichen Sie sie mit einem Partner/einer Partnerin.

If you decide to study an author for one of your cultural topics, then you will need to be ready to discuss or write about any of the aspects listed in the AQA specification. As you study, make sure you prepare answers to the questions below.

Do you know at least one novel or collection of short stories by this author really well?
What is it about?
What are the characters like?
What themes does it illustrate?
Is the author trying to convey a 'message'?
How does the author do this? (Through the plot or characters? Through the writing style?)

Do you know something about the author and what influenced him or her?
Were they influenced by events or people from their own life?
Is their work affected by the period in which they lived?
Were they influenced by other writers, artists or thinkers?

What is your personal opinion of this author's work?
What do you admire about it?
Do you agree with the author's ideas?
What do you find interesting about their style? (The choice of words, use of humour, irony or imagery?)
Do you have any criticisms of the work?

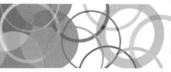

Bernhard Schlink: „Der Vorleser"

▸ Ein internationaler Bestseller als Roman und auch ein großer Erfolg als Film.
▸ Wer ist Bernhard Schlink und was sind die Hauptthemen in seinem Werk?

Bernhard Schlink: Biografie

1944: Als Sohn eines Theologieprofessors in Bielefeld geboren. Nach dem Abitur studiert er Jura an der Universität Heidelberg.

1982: Er wird Professor für Verfassungs- und Verwaltungsrecht in Bonn.

1987: Er schreibt seinen ersten Roman *Selbs Justiz* mit seinem Kollegen Walter Popp und wird Richter am Verfassungsgerichtshof des Landes Nordrhein-Westfalen in Münster.

1988: Sein zweiter Kriminalroman *Die gordische Schleife* kommt heraus.

1992: Professor an der Humboldt-Universität in Berlin.

1995: Der Roman *Der Vorleser* erscheint.

Krimis:

Gerhard-Selb-Reihe

(1987) *Selbs Justiz*

(1992) *Selbs Betrug (Deutscher Krimi Preis 1993, 1. Platz)*

(2001) *Selbs Mord*

(1988) *Die gordische Schleife (Friedrich-Glauser-Preis 1989)*

Non-Krimi:

(1995) *Der Vorleser*

(2000) *Liebesfluchten*

(2006) *Die Heimkehr*

(2008) *Das Wochenende*

(2010) *Sommerlügen*

Bernhard Schlink
Der Vorleser

Roman · Diogenes

Der Vorleser

Ich sah Hanna bei der brennenden Kirche, mit hartem Gesicht, schwarzer Uniform und Reitpeitsche. Mit der Reitpeitsche zeichnet sie Kringel in den Schnee und schlägt gegen die Stiefelschäfte. Ich sah sie, wie sie sich vorlesen läßt. Sie hört aufmerksam zu, stellt keine Fragen und macht keine Bemerkungen. Als die Stunde vorbei ist, teilt sie der Vorleserin mit, daß sie morgen mit dem Transport nach Auschwitz geht. Die Vorleserin, ein Geschöpf mit schwarzen Haarstoppeln und kurzsichtigen Augen, beginnt zu weinen. Hanna schlägt mit der Hand gegen die Wand, und zwei Frauen treten ein, auch sie Häftlinge in gestreiftem Gewand, und zerren die Vorleserin raus. Ich sah Hanna Lagerstraßen entlanggehen und in Häftlingsbaracken treten und Bauarbeiten überwachen. Sie tut alles mit demselben harten Gesicht, mit kalten Augen und schmalem Mund, und die Häftlinge ducken sich, beugen sich über die Arbeit, drücken sich an die Wand, in die Wand, wollen in der Wand verschwinden. [...]

Neben diesen Bildern sah ich die anderen. Hanna, die in der Küche die Strümpfe anzieht, die vor der Badewanne das Frottiertuch hält, die mit wehendem Rock auf dem Fahrrad fährt, die im Arbeitszimmer meines Vaters steht, die vor dem Spiegel tanzt, die im Schwimmbad zu mir herüberschaut, Hanna, die mir zuhört, die zu mir redet, die mich anlacht, die mich liebt. Schlimm war, wenn die Bilder durcheinandergerieten. Hanna, die mich mit den kalten Augen und dem schmalen Mund liebt, die mir wortlos beim Vorlesen zuhört und am Ende mit der Hand gegen die Wand schlägt, die zu mir redet und deren Gesicht zur Fratze wird. [...] Ich wußte, daß die phantasierten Bilder armselige Klischees waren. Sie wurden der Hanna, die ich erlebt hatte und erlebte, nicht gerecht. Sie zersetzten die erinnerten Bilder von Hanna und verbanden sich mit den Bildern vom Lager, die ich im Kopf hatte.

1 Hören Sie sich ein Interview an, in dem eine junge Abiturientin ihr Lieblingsbuch beschreibt. Sind diese Aussagen richtig (**R**), falsch (**F**), oder nicht angegeben (**NA**)?

a Heike fand das zweite Buch von Bernhard Schlink nicht so interessant wie das erste.

b Sie hat das ganze Buch auf einmal gelesen.

c Es geht um einen 15-jährigen Jungen und die 20-jährige Hanna Schmitz.

d Hanna Schmitz ist sehr hilfsbereit.

e Der Junge ist sehr dankbar und besucht sie jede Woche.

f Hanna hat es gern, dass sie durch Michael interessante Bücher kennenlernt.

g Michael und Hanna verlieren Kontakt und sehen sich erst in einem Gerichtssaal wieder.

h Erst im Gefängnis lernt Hanna schreiben.

i Der Roman ist besonders in Deutschland ein Erfolg.

2a Lesen Sie den Auszug aus „Der Vorleser" auf Seite 96 und füllen Sie die Lücken mit einem passenden Wort aus dem Kasten unten aus.

1 Im ersten Absatz beschreibt der Erzähler Hanna als _____ und im Vergleich dazu beschreibt er sie im zweiten Absatz als _____.

2 Wenn Hanna sich vorlesen lässt, _____ sie beim Zuhören.

3 Die Frau, die ihr in diesem Auszug vorliest, ist _____ im KZ.

4 Am nächsten Tag wird diese Frau _____ werden.

5 Bei der Arbeit scheint Hanna _____ zu handeln.

6 Denkt der Erzähler an seine ehemalige Geliebte, so werden seine Erinnerungen eher _____.

7 Ab und zu wird der Erzähler _____, indem er die verschiedenen Eindrücke von Hanna verwechselt.

8 Es ist dem Erzähler klar, dass nicht alle Gedanken seinem eigenen _____ entsprechen.

9 Es kann sein, dass andere ihm schon bekannte Bilder aus der Holocaustzeit einen _____ auf die Vorstellungen des Erzählers hatten.

schweigt Häftling KZ-Aufseherin Einfluss Geliebte verwirrt gefühllos Erinnerungsbild zärtlich abtransportiert

2b Übersetzen Sie die unterstrichenen Sätze auf Seite 96 ins Englische.

2c Wie finden Sie Schlinks Schreibstil? Besprechen Sie den Stil mit einem Partner/ einer Partnerin. Betrachten Sie:

• ob die Vokabeln einfach oder kompliziert sind

• ob die Sätze lang oder kurz sind

• welche Wörter er wählt, um einen Eindruck der Härte bzw. der Weichheit darzustellen

• welche Wirkung die wiederholten Relativsätze im zweiten Absatz haben.

3 Was sind die Hauptthemen im Roman „Der Vorleser"? Lesen Sie die Ideen hier und verbinden Sie a–f mit den Stichpunkten 1–6.

a In diesem Buch lernt man viel über das Geschehen des Krieges, vor allem wenn Michael als Beobachter und Zuhörer zu einem Prozess gegen Naziverbrechen geschickt wird.

b Michael entschließt sich, mit seinem Vater zu reden, wobei es ihm klar wird, dass es keine Vater-Sohn-Beziehung zwischen ihnen gibt. Diese Distanz zwischen Michael und seinem Vater kann gleichzeitig für den Konflikt zwischen der sogenannten Tätergeneration und der Folgegeneration stehen.

c Der erste Teil behandelt die leidenschaftliche Beziehung zwischen Hanna und Michael aus der Sicht eines Ich-Erzählers. In seinem späteren Leben vergleicht Michael alle Frauen, mit denen er zusammen ist, mit Hanna.

d Im Verlauf der Beziehung entwickelt sich Michael immer mehr von einem unschuldigen Jugendlichen zu einem selbsbewussten Mann, der mehr Erfolg in der Schule hat und sich in seinem Körper wohlfühlt.

e Hanna lässt sich immer wieder vorlesen. Der Versuch, ihr Geheimnis zu verbergen, bestimmt Hannas gesamten Lebensweg. Erst im Gefängnis lernt sie lesen und schreiben.

f Das ist möglicherweise das wichtigste Thema im Roman. Hanna fühlt sich verantwortlich nicht nur für ihre Verbrechen in der NS-Zeit, sondern auch Michael gegenüber. Andererseits wirft sich Michael vor, eine Mörderin geliebt zu haben und Hanna verraten zu haben.

1 Schuld   **4** Liebe

2 Generationskonflikt   **5** Analphabetismus

3 Nationalsozialismus   **6** Adoleszenz

4 Lesen Sie die Biografie von Bernhard Schlink auf Seite 96. Wählen Sie einen weiteren Roman, der hier erwähnt wird, und suchen Sie mehr Einzelheiten über ihn im Internet. Fassen Sie den Inhalt zusammen und teilen Sie diese Informationen mit einem Partner/ einer Partnerin.

Sprechen

In der mündlichen Prüfung müssen Sie den von Ihnen gewählten Schriftsteller bzw. die von Ihnen gewählte Schriftstellerin vorstellen. Bereiten Sie Antworten zu diesen Fragen vor.

- Was haben Sie über das Leben des Schriftstellers/der Schriftstellerin gelernt?
- Welchen Einfluss hatten seine/ihre Erfahrungen auf seine/ihre Werken?
- Sagen Sie mir etwas über eines seiner/ihrer Werken. Was sind die Hauptthemen? Wie werden sie vom Schriftsteller/von der Schriftstellerin dargestellt?
- Finden Sie die Hauptfigur in dem von Ihnen gewählten Werk sympathisch? Warum/Warum nicht?
- Welche Aspekte des Stils dieses Schriftstellers/dieser Schriftstellerin bewundern Sie?
- Was hat Sie am meisten interessiert, als Sie Ihre Forschungen über das Werk gemacht haben?
- Würden Sie diesen Schriftsteller/diese Schriftstellerin weiterempfehlen? An wen?

See page 114 for help with revising for the oral exam.

Schreiben

Schreiben Sie mindestens 250 Wörter zu einem von diesen Themen.

- Vergleichen Sie zwei der Hauptfiguren im Werk, das Sie gelesen haben. Welche ziehen Sie vor? Erklären Sie Ihre Wahl.
- Was betrachten Sie als das Hauptthema bzw. die Hauptthemen des Werkes, das Sie gelesen haben?
- Welchen Einfluss auf seine/ihre Werke hatte das Leben des/der von Ihnen gewählten Schriftstellers/Schriftstellerin?
- Was lernt man über die Gesellschaft, in der der/die von Ihnen gewählte Schriftsteller/Schriftstellerin lebte, wenn man seine/ihre Werken liest?
- Bewerten Sie die positiven bzw. negativen Aspekte des von Ihnen gewählten Werks. Meinen Sie, dass das Werk gut gelungen ist?

See pages 110–113 for ideas on how to write a really good cultural topic essay.

Vokabeln

der/die Autor(in)	*author, writer*	erscheinen	*to appear, to be published*
der/die Schriftsteller(in)	*author, writer*	bewundernswert	*admirable*
die Erzählung	*story*	humorvoll	*humorous*
die Kurzgeschichte	*short story*	ironisch	*ironic*
der Roman	*novel*	In diesem Roman geht es um die Themen von …	*This novel is about the themes of …*
der Absatz	*paragraph*		
der Auszug	*extract*	Vor allem handelt diese Erzählung von …	*Above all this story is about …*
der/die Erzähler(in)	*narrator*		
die Erzählung in der Ich-Form	*first-person narrative*	Was mir am meisten auffiel, war …	*What struck me most was …*
die Erzählung in der dritten Person	*third-person narrative*	Sein/Ihr Schreibstil lässt Bilder entstehen, die …	*His/Her writing style allows you to picture …*
die Handlung	*plot*	Die Hauptfigur kommt mir … vor, weil …	*The main character seems … to me because …*
das Hauptthema	*main theme*		
der Leser	*the reader*	Diese Geschichte basiert auf einer wahren Begebenheit, denn …	*This story is based on a real-life event, as …*
das Schicksal	*fate*		
der Stil	*style*		
die Stimmung	*atmosphere*		
das Thema	*theme*	Im Mittelpunkt steht …	*A central theme is …*
das Zitat	*quotation*		

13 Ein deutschsprachiger Dichter oder Dramatiker

1

An die Freude (Friedrich Schiller)

Freude, schöner Götterfunken,
Tochter aus Elysium,
Wir betreten feuertrunken
Himmlische, dein Heiligtum.
Deine Zauber binden wieder,
Was der Mode Schwert geteilt;
Bettler werden Fürstenbrüder,
Wo dein sanfter Flügel weilt.

2

Heidenröslein (Johann Wolfgang von Goethe)

Sah ein Knab' ein Röslein steh'n,
Röslein auf der Heiden,
War so jung und morgenschön,
Lief er schnell, es nah zu seh'n,
Sah's mit vielen Freuden.
Röslein, Röslein, Röslein rot,
Röslein auf der Heiden.

3

Die Loreley (Heinrich Heine)

Ich weiß nicht was soll es bedeuten,
Daß ich so traurig bin;
Ein Märchen aus alten Zeiten,
Das kommt mir nicht aus dem Sinn.
Die Luft ist kühl und es dunkelt,
Und ruhig fließt der Rhein;
Der Gipfel des Berges funkelt
Im Abendsonnenschein.

1a Diese Strophen sind aus drei Gedichten von bekannten deutschen Dichtern. Sie sind auch als Lieder bekannt. Welches Gedicht …

a erzählt die Geschichte einer Jungfrau, die oben auf einem Felsen sitzt und deren Schönheit und Gesang die Matrosen auf den Schiffen anlocken?

b beschreibt die Liebe eines jungen Mannes zu einem schönen Mädchen, das er mit einer Blume vergleicht?

c verbildlicht das Ideal einer Gesellschaft von gleichberechtigten Menschen?

1b Finden Sie im Internet die anderen Strophen von diesen Gedichten. Dann suchen Sie auch eine Interpretation eines der Gedichte und notieren Sie fünf Tatsachen, die Ihnen interessant erscheinen. Lesen Sie das Gedicht in der Klasse vor und erklären Sie, was Sie darüber herausgefunden haben.

2 Von welchen Dramatikern aus dem deutschsprachigen Raum haben Sie schon gehört? Hier unten sind Beispiele von Werken von vier Dramatikern, die zu verschiedenen Zeiten und in verschiedenen Ländern ihre Stücke schrieben. Suchen Sie Informationen im Internet über diese Dramatiker zu diesen Stichpunkten:

- Wann lebte er/sie?
- Aus welchem deutschsprachigen Land stammte er/sie?
- Was für Stücke schrieb er/sie? (z.B. Komödien, Tragödien, …)
- Nennen Sie andere Stücke, die er/sie schrieb.

Johann Wolfgang von Goethe „Faust"	Friedrich Dürrenmatt „Die Physiker"
Johann Nepomuk Nestroy „Eina Jux will er sich machen"	Friedrich Schiller „Maria Stuart"

If you decide to study a poet or a dramatist for one of your cultural topics, then you will need to be ready to discuss or write about any of the aspects listed in the AQA specification. As you study, make sure you prepare answers to the questions below.

Do you know at least one group of poems or play by this writer really well?
Poems:
What are they about?
What poetic techniques are used? (e.g. choice of vocabulary, rhymes, imagery, rhythms)
What is their tone? (e.g. amusing, melancholy, romantic, questioning) How is this achieved?
A play
What is it about?
What are the main characters like and how is this conveyed?
What decisions has the author made on technical aspects of the play? (scenery, dialogue, lighting, setting)
Both
What themes does the work illustrate?
Is the author trying to convey a 'message'?
How does he/she do this?

Do you know something about the writer and what influenced him or her?
Were they influenced by events or people from their own life?
Is their work affected by the period in which they lived?
Were they influenced by other writers, artists or thinkers?

What is your personal opinion of this writer's work?
What do you admire about it?
Do you agree with the writer's ideas?
What do you find interesting about their style?
Do you have any criticisms of the work?

Bertolt Brecht: „Die Dreigroschenoper"

▸ *Der Einfluss seines Lebens und der Politik auf die Werken von Bertolt Brecht*
▸ *„Die Dreigroschenoper" als Beispiel des epischen Theaters*

1a 🎧 Ein deutscher Schüler, der ein Projekt über Bertolt Brecht macht, stellt seiner Lehrerin Fragen über Brechts Leben. Hören Sie sich die erste Hälfte des Interviews an. Machen Sie sich Notizen zu seiner Biografie.

Beispiel: 1898 – in Augsburg geboren

1b 🎧 Hören Sie sich die zweite Hälfte des Interviews an und entscheiden Sie, ob diese Aussagen richtig (**R**), falsch (**F**) oder nicht angegeben (**NA**) sind.

1 Brecht war sowohl als Dichter als auch Dramatiker bekannt.

2 Romane hat er nicht geschrieben.

3 Das epische Theater war eine Form, die viele Dramatiker damals verwendeten.

4 Brechts politisches Denken war von seinen Eltern beeinflusst.

5 Er zeigte sich kritisch gegen den Krieg.

2a Vervollständigen Sie diese Beschreibung eines Theaterstücks von Brecht.

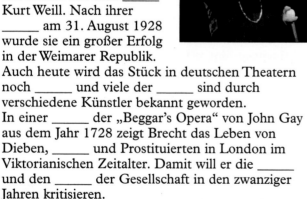

„Die Dreigroschenoper" ist keine _____, sondern ein politisch _____ Theaterstück mit Musik von dem _____ Kurt Weill. Nach ihrer _____ am 31. August 1928 wurde sie ein großer Erfolg in der Weimarer Republik.
Auch heute wird das Stück in deutschen Theatern noch _____ und viele der _____ sind durch verschiedene Künstler bekannt geworden.
In einer _____ der „Beggar's Opera" von John Gay aus dem Jahr 1728 zeigt Brecht das Leben von Dieben, _____ und Prostituierten in London im Viktorianischen Zeitalter. Damit will er die _____ und den _____ der Gesellschaft in den zwanziger Jahren kritisieren.

> Bürgermoral   Komponisten   aufgeführt   Lieder
> Kapitalismus   Uraufführung   Oper   Bettlern
> Neubearbeitung   engagiertes

2b Übersetzen Sie den Absatz ins Englische.

3 Suchen Sie Informationen über die Charaktere im Internet. Welche Beschreibung (1–6) passt mit welchem Namen zusammen?

> Mackie Messer
> (= Macheath)
> Peachum
> Polly
> Jenny
> Lucy
> Tiger-Brown

1 Oberster Polizeichef von London und alter Kriegskamerad von Mackie.

2 Eine Hure, die Mackie verrät und ihn bei der Polizei anzeigt.

3 Der Bettlerkönig, der das Geld von den Bettlern wegnimmt.

4 Ein skrupelloser Verbrecher, der eine Bande von Straßenräubern leitet.

5 Tochter des Bettlerkönigs, die in Macheath verliebt ist.

6 Tochter des Polizeichefs, die Mackie hilft, aus dem Gefängnis auszubrechen.

4 Setzen Sie die Satzhälften richtig zusammen, um eine kurze Zusammenfassung der Handlung des Stückes zu erstellen.

1 Die Dreigroschenoper spielt im viktorianischen London und erzählt die Geschichte

2 Mackie verführt Polly, die Tochter des sogenannten Bettlerkönigs Peachum,

3 Als die Eltern von der Hochzeit ihrer Tochter erfahren,

4 Mac kommt ins Gefängnis und nach einem misslungenen Fluchtversuch

5 Obwohl Mackie in der Schlussszene unterm Galgen steht,

a kommt im letzten Augenblick die Begnadigung und er wird befreit.

b vom Gangsterboss Mackie Messer, der von der Polizei gesucht wird.

c wendet sich Peachum an den Polizeichef und verlangt, dass Mackie verhaftet werden soll.

d und heiratet sie in einem mit gestohlenen Möbeln ausstaffierten Pferdestall.

e kann der Polizeichef Tiger Brown die Hinrichtung nicht mehr verhindern.

5 Hier finden Sie zwei Auszüge aus „Die Dreigroschenoper". Der erste Auszug ist ein bekanntes Lied, das Sie auch im Internet finden können. Lesen Sie das Lied und hören Sie es sich an und danach beantworten Sie diese Fragen.

a Warum kommt das Lied ganz am Anfang des Stückes, Ihrer Meinung nach?

b Was will Brecht mit der Metapher eines Haifisches erreichen?

c Welchen Eindruck bekommt das Publikum von Mackie Messer?

Die Moritat von Mackie Messer

Jahrmarkt in Soho.
Die Bettler betteln, die Diebe stehlen, die Huren huren.
Ein Moritatensänger singt eine Moritat.

Und der Haifisch, der hat Zähne
Und die trägt er im Gesicht
Und Macheath, der hat ein Messer
Doch das Messer sieht man nicht

Ach, es sind des Haifischs Flossen
Rot, wenn dieser Blut vergießt!
Mackie Messer trägt 'nen Handschuh
Drauf man keine Untat liest

An 'nem schönen blauen Sonntag
Liegt ein toter Mann am Strand
Und ein Mensch geht um die Ecke
Den man Mackie Messer nennt

Und Schmul Meier bleibt verschwunden
Und so mancher reiche Mann
Und sein Geld hat Mackie Messer
Dem man nichts beweisen kann

Jenny Fowler ward gefunden
Mit 'nem Messer in der Brust
Und am Kai geht Mackie Messer
Der von allem nichts gewusst

Und das große Feuer in Soho
Sieben Kinder und ein Greis
In der Menge Mackie Messer, den
Man nicht fragt und der nix weiß

Und die minderjährige Witwe
Deren Namen jeder weiß
Wachte auf und war geschändet
Mackie, welches war dein Preis?

9. Akt

FREITAG MORGEN, 5 UHR: MACKIE MESSER, DER ABERMALS ZU DEN HUREN GEGANGEN IST, IST ABERMALS VON HUREN VERRATEN WORDEN. ER WIRD NUNMEHR GEHÄNGT.

Todeszelle

[...]

SMITH Na, also los. Sechs Uhr. *Läßt ihn aus der Käfig.*

MAC Wir wollen die Leute nicht warten lassen. Meine Damen und Herren. Sie sehen den untergehenden Vertreter eines untergehenden Standes. Wir kleinen bürgerlichen Handwerker, die wir mit dem biederen Brecheisen an den Nickelkassen der kleinen Ladenbesitzer arbeiten, werden von den Großunternehmern verschlungen, hinter denen die Banken stehen. Was ist ein Dietrich gegen eine Aktie? Was ist ein Einbruch in eine Bank gegen die Gründung einer Bank? Was ist die Ermordung eines Mannes gegen die Anstellung eines Mannes? Mitbürger, hiermit verabschiede ich mich von euch. Ich danke Ihnen, dass Sie gekommen sind. Einige von Ihnen sind mir sehr nahegestanden. Daß Jenny mich angegeben haben soll, erstaunt mich sehr. Es ist ein deutlicher Beweis dafür, daß die Welt sich gleichbleibt. Das Zusammentreffen einiger unglücklicher Umstände hat mich zu Fall gebracht. Gut – ich falle.

bieder – *upright, square, bourgeois*
das Brecheisen – *crowbar*
der Dietrich – *picklock*
die Aktie – *share (financial)*

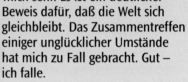

6 Lesen und hören Sie sich den zweiten Auszug an. Schreiben Sie einen Aufsatz, in dem Sie erklären, was wir von diesen beiden Auszügen über das Stück erfahren. Hoffentlich wollen Sie jetzt das ganze Stück lesen! Schreiben Sie mindestens 250 Wörter und betrachten Sie die folgenden Fragen:

• Was wird in den beiden Auszügen beschrieben?

• Wie passen die Auszüge mit der Handlung des Stücks zusammen?

• Welchen Eindruck haben Sie von der Hauptperson Mackie Messer?

• Woher sieht man, dass Brecht von seiner Politik beeinflusst wurde?

• Welche Elemente des Verfremdungseffektes kommen hier vor?

• Möchten Sie das Stück im Theater sehen? Warum? Warum nicht?

Exam practice questions

Sprechen

In der mündlichen Prüfung müssen Sie den von Ihnen gewählten Dichter oder Dramatiker bzw. die von Ihnen gewählte Dichterin/Dramatikerin vorstellen. Bereiten Sie Antworten auf diese Fragen vor.

- Was haben Sie über das Leben des Dichters/ Dramatikers bzw. der Dichterin/Dramatikerin gelernt?
- Welchen Einfluss hatten seine/ihre Erfahrungen auf seine/ihre Werken?
- Erzählen Sie mir etwas über eines seiner/ihrer Werke. Was sind die Hauptthemen? Wie werden sie vom Dichter/Dramatiker/von der Dichterin/Dramatikerin dargestellt?
- Welche Aspekte seines/ihres Stils bewundern Sie?
- Was hat Sie am meisten interessiert, als Sie Ihre Forschungen über das Werk gemacht haben?
- Würden Sie diesen Schriftsteller/diese Schriftstellerin weiterempfehlen? An wen?

> See page 114 for help with revising for the oral exam.

Schreiben

Schreiben Sie mindestens 250 Wörter zu einem dieser Themen.

- Vergleichen Sie zwei Szenen aus einem Stück oder zwei Gedichte aus einer Sammlung. Welche Szene bzw. welches Gedicht ziehen Sie vor? Erklären Sie Ihre Wahl.
- Was betrachten Sie als das Hauptthema bzw. die Hauptthemen des Werkes, das Sie gelesen haben? Sind diese Themen heute noch relevant?
- Welchen Einfluss auf seine/ihre Werken hatte das Leben des von Ihnen gewählten Dichters/ Dramatikers bzw. der von Ihnen gewählten Dichterin/ Dramatikerin?
- Was lernt man über die Gesellschaft, in der er/sie lebte, wenn man seine/ihre Werken liest?
- Bewerten Sie die positiven bzw. negativen Aspekte des von Ihnen gewählten Werks. Meinen Sie, dass das Werk gut gelungen ist?
- Bewerten Sie seinen/ihren Stil.

> See pages 110–113 for ideas on how to write a really good cultural topic essay.

Vokabeln

Gedichte

der/die Dichter(in)	*poet*
die Dichtung / die Poesie	*poetry*
das Gedicht	*poem*
der Reim	*rhyme*
das Reimschema	*rhyming scheme*
die Strophe	*verse (of poetry)*
die Zeile	*line (of poem)*
vergleichen	*to compare*
humorvoll	*funny*
lehrreich	*informative*
leidenschaftlich	*passionate*
politisch engagiert	*politically motivated*
das Adjektiv X drückt ... aus	*the adjective X expresses ...*
der Dichter ruft ... hervor	*the poet evokes ...*
das Gedicht behandelt Gefühle von ...	*this poem addresses feelings of ...*
die hier ausgesuchten Vokabeln sind ...	*the vocabulary used here is ...*
um den Leser zu rühren	*in order to move the reader*
um Mitleid zu erregen	*to invoke sympathy*

Theaterstücke

die Besetzung	*cast*
die Bühne	*stage*
der Charakter	*character*
der Dialog / der Monolog	*dialogue / monologue*
der/die Dramatiker(in)	*playwright*
die Handlung findet ... statt	*the action/plot takes place ...*
die Hauptpersonen (pl.)	*main players*
die Komödie / die Tragödie / die Posse	*comedy / tragedy / farce*
die Kulisse / die Requisiten	*scenery / props*
das Publikum	*audience*
der/die Regisseur(in)	*director*
der/die Schauspieler(in)	*actor*
der Verfremdungseffekt	*effect of distancing the audience*
der Vorhang	*curtain*
der Zuschauer	*member of the audience*
unterhalten	*to entertain*
X benimmt sich mutig	*X behaves courageously*
X bereut seine Tat	*X regrets his actions*

Ein deutschsprachiger Filmregisseur, Architekt, Musiker oder Maler

1a Lesen Sie diese Fragen und wählen Sie einen Namen aus dem Kasten (rechts) als Antwort. Wenn Sie nicht weiterkommen, recherchieren Sie bitte im Internet nach.

Wer...

a drehte einen Film über die letzten Tage Hitlers im Führerbunker?

b sang das Lied „Lili Marleen" 1943 vor amerikanischen Soldaten?

c malte vor etwa 300 Jahren viele Natur- und Landschaftsdarstellungen?

d hatte einen großen Einfluss auf die Stadtplanung von Wien Ende des 19. Jahrhunderts?

e komponierte die Oper „Die Zauberflöte"?

f war der deutsche Architekt, der das Bauhaus gründete?

g drehte Filme in Deutschland und in den USA wie „Paris, Texas" oder „Der Himmel über Berlin"?

h malte viele Bilder im Jugendstil, die oft seine Freundinnen darstellten?

1b Verbinden Sie jedes Bild mit einem der Sätze aus der Aufgabe 1a.

> Wolfgang Amadeus Mozart   Otto Wagner
> Oliver Hirschbiegel   Walter Gropius   Wim Wenders
> Paul Klee   Gustav Klimt   Johann Sebastian Bach
> Friedensreich Hundertwasser   Wolfgang Becker
> Marlene Dietrich   Caspar David Friedrich

1c Suchen Sie im Kasten (oben) die Namen von:
- drei Filmregisseuren
- drei Komponisten/Musikern
- drei Malern
- drei Architekten

2a Kennen Sie die Namen von anderen deutschsprachigen Künstlern aus diesen vier Bereichen? Diskutieren Sie in der Klasse.

2b Wählen Sie drei Namen und finden Sie im Internet für jede Person mindestens fünf Tatsachen.

2c Tauschen Sie diese Tatsachen mit einem Partner/einer Partnerin aus. Wen finden Sie am interessantesten? Warum?

If you decide to study a film director, architect, musician or painter for one of your cultural topics, then you need to be ready to discuss or write about any of the aspects listed in the AQA specification. As you study, make sure you prepare answers to the questions below.

Do you know some of this artist's work well? (e.g. a film, some of his/her buildings, compositions or paintings)
Can you describe it?
What techniques are typical of this artist?
What themes does the work illustrate?
Is the artist trying to convey a 'message'?
How does he/she do this?

Do you know something about the artist and what influenced him or her?
Were they influenced by events or people from their own life?
Is their work affected by the period in which they lived?
Were they influenced by other writers, artists or thinkers?

What is your personal opinion of this artist's work?
What do you admire about it?
Do you agree with the artist's ideas?
What do you find interesting about their style?
Do you have any criticisms of the work?

1

2

3

4

Wolfgang Becker und der neue deutsche Film

▶ Ein Überblick über den deutschen Film seit den 80er Jahren
▶ Wolfgang Becker, Regisseur der Komödie „Good Bye, Lenin!"

Der deutsche Film seit den 80er Jahren

Nachdem es in den 80er Jahren eine deutsche Kinokrise mit einem Rückgang an Besucherzahlen gegeben hatte, sahen die 90er Jahre eine Zunahme an Kinobesuchern, denn Kino war plötzlich wieder „in". Besonders deutsche Beziehungskomödien wie „Abgeschminkt" von Katja von Garnier oder „Stadtgespräch" von Rainer Kaufmann waren bei den deutschen Kinobesuchern beliebt. Auch die satirische Komödie „Wir können auch anders" von Detlev Buck, in der es um Probleme der deutschen Wiedervereinigung geht, war erfolgreich. Der auch im Ausland erfolgreichste deutsche Film der 90er Jahre war wohl „Lola rennt", bei dem Tom Tykwer Regie führte.

Das 21. Jahrhundert begann recht erfolgreich für den deutschen Film, denn es gab international wieder mehr Anerkennung. So wurde der Film „Der Untergang" von Oliver Hirschbiegel, in dem es um Hitlers letzte Tage und den Untergang des deutschen Reichs geht, ein internationaler Erfolg, ebenso wie „Sophie Scholl – Die letzten Tage" (2006) und „Das Leben der Anderen" (2006) von Florian Henckel. Auch Wolfgang Beckers Komödie „Good Bye, Lenin!" war nicht nur ein Kassenerfolg, sondern bekam auch gute Kritiken. Und Doris Dörries Film „Kirschblüten – Hanami" wurde mit dem Deutschen Filmpreis 2008 ausgezeichnet und für den Goldenen Bären der Berlinale 2008 nominiert.

Wolfgang Becker wurde 1954 in Westfalen geboren. Ab 1981 studierte er an der Deutschen Film- und Fernsehakademie in Berlin. Sein Abschlussfilm „Schmetterlinge", den er 1987 nach einer Erzählung vom britischen Autor Ian McEwan drehte, gewann einen Preis in Hollywood als besten Studentenfilm. In den frühen 90er Jahren inszenierte er für das Fernsehen die Tatort-Folge „Blutwurstwalzer" (1991) und die Tragödie „Kinderspiele" (1992). Sein 1997 gedrehter Film **„Das Leben ist eine Baustelle"** war sehr erfolgreich und auch der erste Film der Produktionsfirma X Filme, die Becker 1994 mit den Regisseuren Tom Tykwer, Dani Levy und dem Produzenten Stefan Arndt gegründet hatte. 2002 kam sein bisher größter Erfolg mit der Komödie **„Good Bye, Lenin!"**. Mit zahlreichen Auszeichnungen bekam dieser Film nicht nur in Deutschland, sondern auch im Ausland Anerkennung. Als Regisseur hat Becker den Ruf, Perfektionist zu sein, der in seinen Filmen nichts dem Zufall überlässt. Vor allem legt er viel Wert auf die Darsteller und meint: „Meine Spezialeffekte sind meine Schauspieler. Mehr Geld macht Filme nicht unbedingt besser. Film ist Mannschaftssport, und ich glaube an die Kraft des Ensembles."

1a Lesen Sie die Informationen über den neuen deutschen Film. Was verstehen Sie unter den folgenden Ausdrücken aus des Texten?

   a ein Rückgang der Besucherzahlen

   b Beziehungskomödien

   c Regie führte

   d mehr Anerkennung

   e ein Kassenerfolg

1b Lesen Sie die Texte noch einmal und ergänzen Sie die Sätze.

   a Das Kino der 80er Jahre befand sich in einer Krise, weil …

   b In den 90er Jahren waren …

   c Der Erfolg des deutschen Films zu Beginn des 21. Jahrhunderts zeigt sich an …, … und …

2a Lesen Sie den Auszug aus einer Online-Enzyklopädie über den Regisseur Wolfgang Becker. Suchen Sie Wörter bzw. Ausdrücke im Text mit derselben Bedeutung wie diese.

   a ein Film, den man am Ende des Studiums dreht

   b eine Geschichte

   c brachte auf die Bühne oder ins Fernsehen

   d wurde gelobt

   e ist als … bekannt

   f das Schicksal

   g er findet … sehr wichtig

2b Übersetzen Sie Beckers Zitat am Ende des Texts ins Englische.

2c Suchen Sie im Internet andere Zitate von Becker zu seinen Werken.

3a Sie werden sich ein Telefongespräch zwischen zwei Jugendlichen anhören, die sich über den Film „Good Bye, Lenin!" unterhalten. Diese Ausdrücke kommen in der Unterhaltung vor. Welche passen zusammen?

a sich absetzen

b jemanden aufregen

c Auszeichnungen

d Anspielungen

e gerührt

f Eigentümlichkeiten

1 touched

2 to withdraw, to desert

3 peculiarities

4 to upset someone

5 allusions

6 honours awards

3b Hören Sie sich das Telefongespräch an. Lesen Sie die Aussagen und finden Sie die fünf falschen Satze.

a Franjo war am Tag zuvor im Kino.

b Er fand den Film ganz gut.

c Der Hauptdarsteller heißt Alex Brühl.

d Der Film spielt sowohl in den 70er als auch in den 80er Jahren.

e Die Mutter von Alex wird eine begeisterte Anhängerin der DDR.

f Ihr Sohn nimmt an einer Protestaktion teil und landet im Gefängnis.

g Als die Mutter wieder zu Bewusstsein kommt, findet sie es schwierig, die Veränderungen seit der Wende zu verstehen.

h Die Schwester von Alex arbeitet in einem Fastfood-Restaurant.

i Alex verliebt sich in eine westdeutsche Krankenschwester.

j Der Film gibt einen Einblick in das Leben in der DDR vor der Wende.

k Als die Mutter stirbt, glaubt sie immer noch an die Existenz der DDR.

3c Jetzt korrigieren Sie die falschen Sätze.

4a  Unten sehen Sie einen Auszug aus einer Rezension über „Good Bye, Lenin!" Lesen Sie den Text und hören Sie sich das Gespräch von Übung 3 noch einmal an. Machen Sie sich von beiden Quellen Notizen zu den folgenden Punkten.

- Regisseur
- Handlung
- Hauptdarsteller
- warum es ein guter Film ist

Keine Atempause ... Geschichte wird gemacht. Und dieser Film lässt nun endlich zusammenwachsen, was zusammengehört. „Good Bye, Lenin!" liefert den ultimativen Beitrag zum Thema Mauerfall. Wolfgang Becker ist ein Perfektionist. Bei ihm stimmen die Figuren, die Dialoge, die Ausstattung, die Kostüme und Requisiten – unerlässlich bei einem Film, der auf ebenso eigenwillige wie unwiderstehliche Art eine ganz andere Variante der gesamtdeutschen Historie erzählt.

Schließlich geht es um eine verdiente DDR-Bürgerin (Katrin Saß), die kurz vor dem Mauerfall nach einem Herzinfarkt ins Koma fällt. Als sie acht Monate später wieder die Augen aufschlägt, erwacht sie in einem neuen Land. Doch erfahren darf sie davon nichts. Jede Aufregung würde sie umbringen. Also beginnt ihr treusorgender Sohn Alex (Daniel Brühl), in der 79 qm großen Plattenbau-Wohnung die DDR wieder aufleben zu lassen – mit allen erlaubten und unerlaubten Tricks.

Das ist zum einen rasend komisch, zum anderen auch mitreißend menschlich. Ein waschechter Becker eben, den man auf keinen Fall verpassen darf.

Film review of *Good-bye Lenin* from www.kino.de

4b Versuchen Sie, sich den Film „Good Bye, Lenin!" anzusehen. Schreiben Sie danach eine Rezension von 200–250 Wörtern, die folgendes einschließt:

- eine kurze Zusammenfassung der Handlung
- die Hauptthemen des Films
- Ihre persönliche Meinung über die Schauspieler, den Regisseur, den Humor, die Wirkung des Films

Friedensreich Hundertwasser: österreichischer Maler und Architekt

▶ *Elemente und Merkmale der Malerei von Hundertwasser*
▶ *Ein umwelt- und menschenfreundlicher Architekt*

Friedensreich Hundertwasser

1928	Als Friedrich Stowasser in Wien geboren.
1948	Verlässt nach drei Monaten die Akademie der Bildenden Künste in Wien.
1949	Unternimmt ausgedehnte Reisen nach Italien und Paris und beginnt, seinen eigenen Stil der Malerei zu entwickeln; nimmt den Namen Hundertwasser an.
1951	Reist nach Tunesien und Marokko und ist von der arabischen Kultur beeinflusst.
1952	Erste Ausstellung im Art Club Wien; es folgen Ausstellungen weltweit.

1968–1972	Lebt und malt auf dem von ihm umgebauten Schiff „Regentag" in der Lagune von Venedig.
1972	Demonstriert in der TV Sendung „Wünsch Dir was" für Dachbewaldung und individuelle Fassadengestaltung.
ab 1980	Entwirft verschiedene Bauwerke u.a. das Hundertwasserhaus und das Fernwärmewerk Wien Spittelau; arbeitet an zahlreichen Architekturprojekten in Deutschland, Österreich, der Schweiz, Kalifornien, Japan und Neuseeland.
1981	Verleihung des Großen Österreichischen Staatspreises für Bildende Kunst.
1991	Gestaltung des Kunsthaus Wien, das die weltweit einzige permanente Ausstellung seiner Werke beherbergt.
2000	Stirbt an Herzversagen an Bord der „Queen Elizabeth II" und wird auf seinem Land in Neuseeland unter einem Tulpenbaum begraben.

Irinaland über dem Balkan, 1969

Gelbe Häuser – mit der Liebe warten tut weh, wenn die Liebe woanders ist – Eifersucht, 1966

Das Hundertwasserhaus Wien, 1985

Martin Luther Gymnasium Wittenberg, 1999

Wohnhausanlage der Gemeinde Wien, Hundertwasser-Haus, 1983–1985
Idee und Konzept: Friedensreich Hundertwasser
Originalmiturheber em. o. Univ.-Prof. Arch. DI Josef Krawina
Planung: Arch. DI Peter Pelikan

1a 🎧 Hören Sie sich das Interview über Hundertwasser an. In jeder Aussage (a–g) gibt es eine falsche Information. Schreiben Sie die falsche Information und dann die richtige Information auf Deutsch daneben wie im Beispiel.

Beispiel: Hundertwasser war ein bekannter Bildhauer, der sich später für die Architektur interessierte.

Bildhauer ✗   Maler ✓

a Er hat drei Jahre lang an einer Kunstakademie studiert.

b Sein Gesicht erschien auf einer Reihe von Briefmarken.

c In den sechziger Jahren hat er an verschiedenen Projekten mit Architekten kollaboriert.

d Er interessierte sich kaum für die Umwelt.

e Die Merkmale seines Stils in der Malerei ändern sich bei seinen Bauwerken.

f In seinen Bildern sieht man oft Zwiebeln im Hintergrund.

g Die Bäume, die oft durch seine Häuser wachsen, sorgen für Schutz und Schönheit.

1b 🎧 Hören Sie sich das Interview noch einmal an. Konzentrieren Sie sich auf die Antwort auf die Frage „Was sind die Merkmale seiner Technik?" Machen Sie eine Liste von mindestens sechs Merkmalen, die Hundertwassers Werk beschreiben.

Beispiel: leuchtende Farben, die Spirale …

1c 👤 Sehen Sie sich die Bilder 1–4 auf Seite 106 an. Besprechen Sie mit einem Partner/ einer Partnerin, welche der Merkmale aus der Aufgabe 1b Sie in den Bildern erkennen können.

2a Lesen Sie die Biografie auf Seite 106. Suchen Sie Exemplare seiner Malerei aus den Jahren 1950 bis 1979 im Internet und versuchen Sie, Einflüsse aus diesem Zeitraum seines Lebens in den Bildern zu finden. Machen Sie Notizen.

2b 👤 Besprechen Sie einige seiner Bilder, die Sie gefunden haben, mit einem Partner/einer Partnerin. Können Sie Einflüsse aus seinem Leben in den Bildern erkennen, zum Beispiel Motive, die andere Kulturen andeuten, die er besucht hat? Wie finden Sie diese Bilder? Tauschen Sie Ihre Gedanken mit einem Partner/einer Partnerin aus.

3 👤 Hier ist eine Liste einiger von Hundertwasser entworfenen Bauwerke. Wählen Sie drei verschiedene Bauwerke aus und finden Sie Bilder davon im Internet. Beschreiben Sie das Bild, ohne dass Ihr Partner/Ihre Partnerin es sieht. Dann zeigen Sie Ihrem Partner/Ihrer Partnerin das Bild. Er/Sie muss sagen, ob es mit seiner/ihrer Vorstellung übereinstimmt.

- das Fernwärmewerk Spittelau
- das Autobahnrasthaus Bad Fischau
- die öffentliche Toilette Kawakawa
- der Umweltbahnhof Uelzen
- das Ronald McDonald Haus Essen
- die Sankt Barbara Kirche Bärnbach

4 Lesen Sie diese Beschreibung der Markthalle Altenrhein und übersetzen Sie sie ins Englische. Anschließend finden Sie ein Bild des Bauwerkes im Internet.

> Wie viele andere berühmte Bauten in Europa und Japan ist das Gebäude in Altenrhein ein eindrückliches Beispiel für die ungewöhnlichen Architektur-Konzepte des international renommierten Künstlers. Vergoldete Zwiebeltürme, leuchtende Farben, geschwungene Linien, ungleiche Fenster, unebene Böden, bunte Keramiksäulen, schattige Wandelgänge und begrünte Dachflächen sind die Merkmale von Hundertwassers Architektur. In seiner Bauweise wollte er alle Gleichmacherei, Sterilität und Anonymität ausschalten. Sein Traum und sein Ziel war, dem Einzelnen eine menschengerechte Umgebung zu ermöglichen und gleichzeitig der Natur wieder zu ihrem Recht zu verhelfen.
>
> Hundertwasser Markthalle, www.markthalle-altenrhein.ch

5 Wählen Sie eines von Hundertwassers Bauwerken und recherchieren Sie weiter im Internet. Schreiben Sie 200–250 Wörter zu folgenden Stichpunkten:

- eine Beschreibung des Bauwerks
- wann es entstanden ist
- wie Hundertwassers Lebensanschauung das Baukonzept beeinflusst hat
- welche typischen Merkmale zu sehen sind
- Ihre Meinung zum Projekt
- ob Sie das Bauwerk besuchen möchten und ob Sie es auch anderen empfehlen würden

Sprechen

In der mündlichen Prüfung müssen Sie den von Ihnen gewählten Künstler (Regisseur, Architekt, Musiker oder Maler) bzw. die von Ihnen gewählte Künstlerin (Regisseurin, Architektin, Musikerin oder Malerin) vorstellen. Bereiten Sie Antworten zu diesen Fragen vor.

- Was haben Sie über das Leben des von Ihnen gewählten Künstlers bzw. der von Ihnen gewählten Künstlerin erfahren?
- Wie haben seine/ihre Lebenserfahrungen sein/ihr Werk beeinflusst?
- Welche Merkmale oder Motive kommen bei seinem/ihrem Werk vor?
- Beschreiben Sie eines seiner/ihrer Werke. Was sind die Hauptthemen? Wie werden sie vom Künstler dargestellt?
- War der Künstler/die Künstlerin zu seiner/ihrer Lebenszeit berühmt? Warum/Warum nicht?
- Was hat Sie am meisten interessiert, als Sie Ihre Forschungen über diesen Künstler/diese Künstlerin gemacht haben?
- Würden Sie diesen Künstler/diese Künstlerin weiterempfehlen? An wen?

See page 114 for help with revising for the oral exam.

Schreiben

Schreiben Sie mindestens 250 Wörter zu einem von diesen Themen.

- Welche technischen Elemente prägen den Stil des von Ihnen gewählten Künstlers/der von Ihnen gewählten Künstlerin?
- Welche Bedeutung hatte der/die Künstler(in) zu seiner/ihrer Lebenszeit? Ist er/sie heutzutage besser oder weniger bekannt?
- Wie hat das Leben des von Ihnen gewählten Künstlers/der von Ihnen gewählten Künstlerin sein/ihr Werk beeinflusst?
- Was sind die Hauptthemen des von Ihnen gewählten Künstlers/der von Ihnen gewählten Künstlerin? Wie hat er/sie sie ausgedrückt?
- Bewerten Sie die positiven und negativen Aspekte des von Ihnen gewählten Werkes. Meinen Sie, dass das Werk gut gelungen ist?

See pages 110–113 for ideas on how to write a really good cultural topic essay.

Vokabeln

ein Einzelgänger	an individualist
ein Genie / ein genialer Mensch	genius
der Kritiker / die Kritik	critic / criticism
das Meisterstück / das Meisterwerk	masterpiece
ein orgineller Stil	an innovative style
eine originelle Technik	an innovative technique
das Wunderkind	child prodigy
den Zeitgeist treffen	to relate to the spirit of the age
seine/ihre Zeitgenossen	his/her contemporaries

einen Eindruck hervorrufen	to create an impression of …
provozieren	to provoke
rühren	to move (emotionally)
schockieren	to shock
Maßstäbe setzen	to set new standards, be innovative
Klischees vermeiden	to avoid stereotypes
hochmodern	very modern
realistisch / zeitgemäß	realistic / contemporary
Die Kultur ist durch X geprägt worden.	X had a formative influence on culture.
Er/Sie war seiner/ihrer Zeit voraus.	He/She was ahead of his/her time.

Cultural topics study skills

This unit will help you choose which two cultural topics you would like to study and show you how to research them and perform well in the exam.

Cultural topics (in the context of a German-speaking country)

Sample material

Sachsen
Der Fall der Mauer
Bernhard Schlink
Bertolt Brecht
Friedensreich Hundertwasser
Wolfgang Becker

1   Researching a topic

Researching your topic

A Below is a list of skills (1–5) you will need when researching your topic. For each one, choose two sentences (a–j) which describe ways of developing them.

1 Developing your knowledge and understanding

2 Deciding which are the most important facts

3 Making notes in German

4 Learning the facts you need for the examination

5 Developing your own opinions on the topic

a Disregard the trivial and concentrate on facts you can use for your arguments. Facts about an author's life are only useful if they tell you something about his work.

b Don't accept opinions you read as true – decide whether you agree or not and look for evidence to back up your point of view.

c Bullet-point notes are more helpful than copying sentences or paragraphs from source texts.

d Consult magazine and newspaper articles and books – all in German, of course!

e Learn key facts and key phrases rather than whole sentences.

f When reading a text, identify two or three main issues.

g Collect phrases to express whether you agree with something or not.

h Test yourself using cards with key facts on one side and English prompts on the other.

i Organise your notes under sub-headings, with sections for each bullet point in the specification.

j Use a German search engine to find texts.

Finding information

You need to be familiar with all the bullet points for your topic listed in the AQA specification. A page of key facts for each bullet point is a good start.

If you pick Schleswig-Holstein as a region to study and want to collect information on its economy, type that name into a search engine with any of: Handel – Landwirtschaft – Schiffbau – Windenergie – Tourismus – Arbeitslosigkeit – Arbeitsmarkt.

A Imagine your topic is Vienna (*Wien*) and you want to compile notes on its geography. List words to type into a search engine.

B When you have chosen your own topic, list the bullet points from the specification, then write a few key words to use when researching each aspect on the internet.

Once you start researching, you can use each article to point you towards other interesting aspects.

C Find in this text clues to what influenced Kafka's writing. List key words.

Franz Kafka wurde 1883 als Sohn eines jüdischen Kaufmanns in Prag geboren. 1901 bis 1906 studierte er Germanistik und Jura in Prag. Danach verbrachte er eine kurze Praktikantenzeit am Landesgericht Prag. 1908 bis 1917 war er Angestellter einer Versicherungsgesellschaft. Während dieser Zeit schrieb er die Erzählungen „Die Verwandlung" und „Das Urteil". 1917 erkrankte er an Tuberkulose, was 1924 zu seinem frühen Tod führte. Viele seiner Werke wurden posthum gegen seinen Willen veröffentlicht, u.a. die Romane „Der Prozess" (1925) und „Das Schloss" (1926).

Kafka fühlte sich als einsamer und unverstandener Einzelgänger und sein Verhältnis zu Frauen war schwierig. Er lebte erst in der k.u.k. Monarchie Österreich-Ungarn und nach dem Ersten Weltkrieg in der neu gegründeten Tschechoslowakei. Die kleine deutschsprachige Bevölkerung in Prag lebte in einer „inselhaften Abgeschlossenheit" innerhalb der tschechischen Mehrheit, was sicherlich einen Einfluss auf ihn hatte.

Cultural topics study skills

2 Planning a good essay

When planning your essay, keep in mind what the examiner is looking for. Two essential things are:

- a clear understanding of the task
- an essay which is well planned and logical.

Understanding the task

Some questions ask you to use your knowledge of one aspect of your topic, e.g. the development of industry in the region you have studied. You will always be asked to do more than just list the facts: the question will require you to 'analyse', 'compare' or 'evaluate'.

A Study the AQA bullet points for your topic; write a possible question which requires you to know some facts, but also to make a judgement about them.

Other questions require you to draw together your knowledge of different aspects of a topic. To write an essay on whether you judge a period of history to have been mainly positive or negative, you will have to choose the most relevant aspects.

B Write two different possible questions for the topic which would allow you to select material from different bullet points.

Making a logical plan

It is important to organise your ideas into a clearly-structured argument before you start writing.

- Every essay will follow this basic pattern:
  Introduction → Main body → Conclusion
- Concentrate first on planning the main body of the essay. Think of three or four main ideas which will each form a paragraph.

A Which of the ideas below might well be relevant to the following essay title?

Bewerten Sie die positiven bzw. negativen Aspekte der Ideen des Dramatikers, den Sie studiert haben.

1 die biografischen Daten

2 die humorvollen Aspekte eines seiner Stücke

3 warum Sie die Darstellung der Hauptfigur nicht realistisch finden

4 die Geschichte, die im Stück erzählt wird

5 die Bedeutung der Themen des Stückes

6 eine Liste der von diesem Dramatiker geschriebenen Stücke

B Choose an essay title for your topic and jot down three or four ideas which could form the basis of relevant paragraphs.

Introductions and conclusions

The introduction to your essay should do three things:

- state which author/region/period of history you have studied
- refer to the precise question you are answering (but not answer it!)
- outline how you intend to approach the subject in the essay.

Equally important is a good conclusion, to round off your essay.

A Read the two possible introductions for this essay title:

Bewerten Sie die Vor- und Nachteile des Lebens in der von Ihnen gewählten Region.

Which of these introductions most successfully does the three things listed above? Justify your choice to a partner.

a Sachsen bietet seinen Einwohnern eine Menge Vorteile, wie zum Beispiel schöne Landschaft, eine kulturreiche Geschichte und eine günstige Lage aufgrund guter Verkehrsverbindungen mit anderen Teilen von Deutschland. Diese Aspekte werde ich näher betrachten, aber gleichzeitig werde ich zeigen, dass es auch einige wirtschaftliche Probleme gibt, für die ich die Ursachen und Folgen erklären werde.

b *In der von mir gewählten Region gibt es sehr viele Vorteile für die Einwohner, die eine schöne Landschaft und eine interessante, kulturreiche Geschichte genießen können. Aber man darf die Nachteile auch nicht vergessen, vor allem die aktuelle wirtschaftliche Lage und die Schwierigkeiten für junge Leute, Arbeit zu finden.*

B Choose an essay title on your topic and write an introduction for it. Swap with a partner and comment on each other's work.

C Think of a suitable word to fill each gap in the following paragraph.

A good conclusion should round off your essay well, referring to the (a) _____ you have already used without (b) _____ it. It will not offer completely new (c) _____ It will address the (d) _____, perhaps answering it definitely, perhaps offering more than one (e) _____ It will offer your own (f) _____, formed after considering all the points you have made in the preceding (g) _____

3 Using facts and evaluation in every paragraph

Writing a good paragraph

Once you have your main paragraph ideas, you need to develop each one. All the points made in one paragraph should be on the same general theme. A good way to structure them is to follow this pattern:

Statement ⟶ Examples ⟶ Evaluation

The mix of relevant facts and evaluation – weighing up what the facts show and what you think about them – is vital. You need to show it in every paragraph of your essay.

Ⓐ Explain which of these paragraphs is a more successful combination of facts and evaluation.

Essay title: *Was hat Ihnen an den Werken des von Ihnen gewählten Künstlers am besten gefallen und warum?*

1   Eines der bedeutendsten Werke des Malers Gustav Klimt heißt *Der Kuss*. Es zeigt zwei Menschen, einen Mann und eine Frau, die sich umarmen. Der Mann hält den Kopf der Frau sehr zärtlich und sieht aus, als ob er die Frau gleich küssen wird. Im Bild sieht man viel Gold. Die Kleider sind aus goldenem Stoff und im Hintergrund ist auch Gold zu sehen. Auch in anderen Bildern von Klimt wird viel Gold verwendet, zum Beispiel im Porträt *Adele Bloch-Bauer 1* trägt die Frau ein goldenes Kleid. Das finde ich sehr schön.

2   Ich finde die Themen der Werke von Paul Klee äußerst faszinierend, weil sie ziemlich abstrakt sind. Beim ersten Blick ist es nicht immer klar, was man da sieht und es gefällt mir, dass verschiedene Leute etwas anderes in den Bildern sehen können. Wenn man zum ersten Mal *Kamel in rhythmischer*

Baumlandschaft ansieht, muss man richtig ins Bild hineinschauen, um das Kamel zu bemerken. Klee war auch Musiker und es ist sehr interessant, wie er versucht, musikalische Themen bildlich darzustellen. Das Symbol des Kamels kommt auch in anderen Werken vor, wie etwa *Mit zwei Kamelen und einem Esel*, und die Einflüsse seiner Reisen in Nordafrika erkennt man im Bild *Südliche Gärten*, dessen Farben warm wie in einer Wüste sind.

Ⓑ Analyse the techniques used in paragraph 2 above, by answering these questions.

a   What aspect of the painter's work has the writer chosen to describe in this paragraph?

b   What point is made about the first time you look at the picture?

c   What other themes are represented in Klee's work?

d   Why has the writer chosen to make reference to the works *Mit zwei Kamelen und einem Esel* and *Südliche Gärten*?

Ⓒ Essay title: *Bewerten Sie die Beziehungen zwischen der Hauptfigur und anderen Personen in dem Roman.*

Statements a–c below are extracts from an essay on this title, based on Franz Kafka's novel *Die Verwandlung*. Match them with sentences 1–3 which analyse the examples given in the statements.

a   Nach der Verwandlung hat die Mutter wenig Kontakt mit Gregor.

b   Keiner in der Familie Samsa sieht Gregor als Menschen an.

c   Gregor hat große Angst vor seinem Vater.

1   Als der Vater wieder die Rolle des Ernährers annehmen muss, wird er immer stärker und Gregor empfindet sein Auftreten als eine niederdrückende Gewalt gegen ihn.

2   Trotz seiner äußerlichen Verwandlung in einen Käfer bleibt Gregor innerlich immer noch Mensch mit seinen eigenen Gedanken und Gefühlen.

3   Gregor's Mutter fühlt sich gezwungen, sich zwischen ihrem Mann und ihrem Sohn zu entscheiden und weigert sich, die neue Identität ihres Sohnes als Ungeziefer anzuerkennen.

Ⓓ Choose an essay title for your topic and write one paragraph from the middle of the essay: start with a statement of the main idea you want to convey in that paragraph and give relevant examples and evaluation.

4 Using a full range of vocabulary and structures

Collecting useful language

Learn some general vocabulary for discussing ideas and opinions. The following is a starting point.

das Werk	the work
das Meisterwerk	the masterpiece
die Art, wie (der Schriftsteller) …	the way in which (the author) …
(seine Gefühle) ausdrücken	to express (one's feelings)
bedeuten	to mean
besprechen	to discuss
bewerten	to assess, evaluate
darstellen	to represent
sich in (das Gedicht) einfühlen	to get the feel of (the poem)
sich fragen lassen	to question
hervorbringen (Spannung)	to create (tension)
hervorrufen	to evoke
auf etwas hinweisen	to point something out
das Konventionelle ablehnen	to reject conventions

You also need to collect vocabulary relevant to your own topic. Note down phrases you come across in your reading and research. Much of this language will be recyclable in future essays.

Consult the topic-specific vocabulary lists: a region (page 90), a period of history (page 94), an author (page 98), a poet or dramatist (page 102) or a film director, architect, musician or painter (page 108).

Make a point of collecting synonyms for over-used words.

A List 15 words or phrases which are relevant to your own topic. To get you started, here are a few ideas from sample topics:

Study of a region: *das Bevölkerungswachstum, die Verkehrsverbindungen, das Straßennetz, …*

Study of a musician: *der Komponist, das Meisterstück, das Leitmotiv, …*

B Compare your list with that of anyone else doing the same topic as you and share ideas.

C Find synonyms for the following commonly used verbs.

a beschreiben   d es gibt

b sagen   e denken

c etwas machen   f sehen

D Find synonyms for the following over-used nouns and phrases:

a Leute   c Problem

b ich denke, dass   d man sieht, dass

✓ Using a variety of different structures

Make a point of including a wide variety of grammatical structures in your essays.

- The subjunctive
  Use it for indirect speech (see pages 149–50):
    Er sagte, die Situation **sei** viel besser als vorher.
  Use it for conditional (see page 148):
    Es **wäre** besser …
  Use it for perfect conditional (see page 149):
    Es **wäre** schlimmer **gewesen**.
    Wenn Kafka nicht so krank **gewesen wäre**, **hätte er** vielleicht mehr **geschrieben**.
- The passive (see pages 150–52)
    Die Mauer **wurde gebaut**.
  The passive with modal verbs:
    Der Maler **wollte** nicht **beeinflusst werden**.
- Modal verbs and **lassen** (see page 145)
    Diese Frage **lässt** sich nicht leicht beantworten.
- Relative pronouns (see page 142)
    Der Künstler, **dessen** Werk …
    Die Person, **die** den meisten Einfluss hatte …
- Comparatives and superlatives (see pages 140–41)
    Diese Figur ist **interessanter als** … aber **nicht so erfolgreich wie** … und im Ausland **genauso bekannt wie** …
- Reflexive verbs (see page 144)
    Die Situation hat **sich verändert**.
    Von dieser Geschichte **fühlt** man **sich** berührt.

A Read through some research material for your topic and find six expressions with impressive grammatical constructions. Learn them so that you can adapt them in your own sentences.

B Write six sample sentences from an essay for your topic, using a different construction from the list above in each one.

5 Writing accurately and checking for accuracy

✓ Improving your accuracy: a checklist

It's important to write as accurately as possible. If you make errors, you will be penalised, but worse still, the examiner might not understand what you meant to say and then you will lose content marks as well as accuracy marks. Here are some useful tips.

- Keep revising grammatical points and doing practice exercises.
- Know your weaknesses! Check your written work, particularly for mistakes you know you often make.
- Check marked work carefully and read the comments. Are there corrections you don't understand? Ask! Are there silly errors which you could have corrected yourself? Make a mental note to look out for those next time.
- Learn correct model sentences by heart so you can re-use and adapt them.
- Allow a few minutes at the end of an exam to check your work through.

Match them up

In sentences 1–8, every underlined word is a mistake. Which description (a–h) fits each one? And what is the correct version?

1 Die Bewohner dieser Region <u>ist</u> meistens ziemlich arm.

2 Bayern ist ein sehr <u>groß</u> Bundesland.

3 Im Interview sagte der Ministerpräsident, die Wirtschaftslage <u>ist</u> positiv.

4 Bisher <u>baut</u> man zu wenig neue Straßen.

5 Es ist eine Region, in der die <u>alte</u> Traditionen noch sehr wichtig sind.

6 Es ist eine Region, <u>das</u> ich äußerst faszinierend finde.

7 Ich <u>wurde</u> gern in dieser Region leben.

8 Viele Menschen haben in der DDR <u>geleidet</u>.

a a verb which should be a past tense (perfect or imperfect)

b an incorrect relative pronoun

c a verb which does not agree with its subject

d a verb which should be in the subjunctive for indirect speech

e an incorrect past participle

f an adjective with the wrong ending

g a verb which should be in the conditional

h an adjective which is missing its agreement

What's wrong?

The errors in these sentences have been underlined. What is the correct version?

a <u>Der</u> Leben in dieser Gegend ist ruhig und entspannt.

b Meiner Meinung nach ist das nichts <u>Positiv</u>.

c Was <u>mich</u> an dieser Region gefällt, ist das Klima.

d Es gibt viel zu tun, <u>vor allen</u> für die Touristen.

e Aber <u>gibt es</u> auch viele Sehenswürdigkeiten für Erwachsene.

f Am <u>wichtigste</u> ist die Wirtschaft.

g Diese Region ist ideal, wenn man <u>will</u> lange Wanderungen machen.

h Die zahlreichen Strände sind sehr <u>attractive</u>.

i Die Bauwirtschaft <u>hat</u> in den letzten zwanzig Jahren deutlich gewachsen.

j Die Einführung neuer Technologie hatte <u>ein großer</u> Erfolg.

Find the errors (1)

There is one mistake in every sentence. Find it and correct it.

a Die Berliner Mauer ist seit mehr als zwanzig Jahren gefallen.

b Welche Schwierigkeiten gab es während diesen Zeitraum?

c Vor dem Mauerfall man konnte nicht alles im Supermarkt finden.

d Arbeitslosigkeit ist eine Folge der Wende, mit dem man noch kämpfen muss.

e Seit der Wende hat das Leben sehr verändert.

f Viele Menschen haben in den Westen gezogen.

g Der Aufbau im Osten dauert länger, denn wir es erwartet haben.

h Das Mauermuseum am Checkpoint Charlie ist von vielen Touristen besucht.

Find the errors (2)

Each sentence has more than one mistake. Find them and write out the full sentence correctly.

a Meine Meinung nach war der Bundeskanzler Helmut Kohl ein der wichtigsten Hauptfiguren dieses Zeitraums.

b Viele DDR-Bürger freuten sich, wenn die freie Reise in den Westen zugelassen würde.

c Vor die Wende konnten jeder eine Arbeitsstelle finden, aber danach wurde es schwieriger.

d Einige Berliner sagen jetzt, dass das Leben in die DDR war viel einfacher.

e Der größte Vorteil der Mauerfall ist, das man nicht mehr von der Stasi beobachtet werden.

Cultural topics study skills

6 Preparing for the oral exam

Sample starter questions

Region: Welche geografischen Aspekte der von Ihnen gewählten Region interessieren Sie?

Period of history: Beschreiben Sie die wichtigsten Ereignisse dieses geschichtlichen Zeitraums.

Author: Was sind die Hauptthemen in seinen Werken?

Poet/Dramatist: Beschreiben Sie die kulturellen Einflüsse auf diesen Dichter/Dramatiker.

Musician/Painter: Was bewundern Sie an der Technik des von Ihnen gewählten Künstlers?

Giving plenty of detail

It's essential to answer the questions you are asked as fully as possible. The examiner will be frustrated if he/she has to keep pumping you for information!

A Look at this answer to the question on the interesting geographical aspects of a region. Notice how each addition to the answer develops it and makes it more likely to score high marks. How many *geografische Aspekte* does the candidate mention?

„Bayern ist interessant, weil es das größte Bundesland Deutschlands ist, und es gibt einige sehr bemerkenswerte Städte, wie die Bundeshauptstadt München oder Nürnberg.

Die ganze Welt kennt das Oktoberfest, ein großes Bierfest, das Ende September stattfindet, aber das Klima lockt auch viele Touristen in den anderen Jahreszeiten nach Bayern.

Zum Beispiel bieten die Berge Möglichkeiten zum Wandern oder Skifahren und die bayerischen Seen sind auch im Sommer sehr beliebt bei den Touristen."

B Plan a full answer to one of the sample starter questions listed above. Don't write it all out, just list bullet points as reminders.

You need to have some key facts to hand for any aspect you might have to discuss. For example, notes on Rheinland-Pfalz might look something like this:

- *Gütertransport am Rhein*
- *gute Bedingungen für den Anbau von Qualitätsweinen an steilen Hängen wegen vieler Sonnentage und einer windgeschützten Lage*
- *bekannte Weine sind Riesling, Müller-Thurgau (Weißweine) und Spätburgunder (Rotwein)*
- *historische Burgen und Schlösser (Burg Katz) jetzt wichtig für Tourismus*
- *die Legende der Loreley*

C Choose one aspect you mentioned in your initial answer and write a set of bullet points to help you talk about it in more detail.

Giving your opinion

The examiner will want to know what you think about various aspects of your topic. A good answer is one which is backed up with references to the topic.

A Read these three answers to the question *Bewundern Sie diesen Schriftsteller?* Explain why each one is slightly better than the one before.

a Ja, ich finde Daniel Kehlmann sehr lustig und interessant.

b Ja, ich mag seinen ironischen Stil, vor allem, wenn er sich über bekannte historische Figuren lustig macht.

c Ja, im Roman *Die Vermessung der Welt* zeigt er seinen Sinn für Humor, aber gleichzeitig können wir sehr viel über das Leben von zwei bedeutenden Intellektuellen des neunzehnten Jahrhunderts lernen. Die humorvollen Anekdoten über den Mathematiker Gauß und den Naturforscher Humboldt zeigen, dass man zwar ein Genie, aber trotzdem weltfremd sein kann.

Understanding how the oral is marked

A Here is a list of things which will gain you marks when discussing your cultural topics. Match each one with the appropriate way to maximise your score.

a Fluency

b Interaction

c Pronunciation and intonation

d Knowledge of grammar

1 sounding German

2 responding well to what you are asked, volunteering your own ideas and opinions, keeping the conversation going

3 speaking at a natural pace, without undue hesitation or pauses

4 using a good range of structures and vocabulary, not making too many mistakes

Exam practice

The following pages contain three practice tests, each one to be completed after a group of three units. Each group of three units in *Zeitgeist 2* represents the material you need to cover for one topic from the AQA A2 German exam:

▸ **Environment** (pollution, energy, protecting the planet)
▸ **The multicultural society** (immigration, integration, racism)
▸ **Contemporary social issues** (wealth and poverty, law and order, impact of scientific and technological progress)

The tests are designed to encourage you to revise the topics as you go and not leave all the learning until the last minute!

Each test contains examples of all the things you will have to do in your exam:
– reading comprehension
– listening comprehension
– a translation from German into English
– sentences to translate from English to German
– a debating task.

Cultural topics in the exam

Remember that some parts of the examination are based on your study of two cultural topics:

– an essay of a minimum of 250 words
– discussions lasting five minutes each on the two cultural topics you have chosen.

Practice essay and oral questions for each cultural topic are provided as follows:

a region   page 90
a period of 20th-century history   page 94
an author   page 98
a poet or dramatist   page 102
a film director, architect, musician or painter page 108

How to revise

Here are some useful things to do as preparation.

● Look over the reading and listening activities you have done in class and learn from your mistakes.
● Keep refining your grammatical knowledge and adding to your vocabulary. Two of the tasks which are new at A2 – translation from and into German – make challenging demands in these areas.
● For the debating task, practise outlining your ideas on aspects of each topic in turn. You could do this with a partner or record yourself speaking on each theme for one minute. Try to give four or five reasons for the point of view you have chosen and make sure you have points ready to back you up when the examiner questions your views.

How do these tests compare with the exam?

These tests will give you practice of all the skills which will be tested in the parts of your exam which are based on the AQA topics list. They are very similar in format and level to the exam questions you will answer. The number of marks allocated is exactly the same:

25 marks for reading comprehension

25 marks for listening comprehension

10 marks for the translation from German to English

10 marks for translating sentences from English to German

15 marks for the debating task (5 marks for outlining your point of view and 10 marks for defending it in the debate with the examiner)

If you are doing a full oral practice, you will also be asked to have a conversation on both your cultural topics. You will spend 5 minutes on each, making a total of 15 minutes including the debating task. In addition to separate marks for the conversation, there is an overall mark of 15 awarded for knowledge of grammar. This rewards your use of idiom, ability to use complex structures, range of vocabulary and accuracy. Therefore it makes sense to do as well as you can in those areas when practising with these debating cards.

Your teacher will advise you about what your marks in these practice tests mean in terms of a final grade.

What next?

When you have worked through the course and done the practice tests as you go, you will be well prepared to tackle AQA past papers. For those, your teacher can tell you exactly what grade your mark would get you by looking up the grade boundaries on the AQA website.

Viel Erfolg!

Reading

1 Lesen Sie den Text unten. Lesen Sie dann die Aussagen mit dem Textlücken. Wählen Sie aus der **fett gedruckten** Liste darunter das Wort, das am besten zu jeder Aussage passt. (*9 marks*)

Windräder bedrohen die Natur

Deutschland feiert sich als grünes Land, doch der Boom der erneuerbaren Energien fordert Opfer: Beim Bau von Offshore-Windparks ignorieren Firmen Grenzwerte für Lärm. Darunter leiden Tiere wie z.B. die gefährdeten Schweinswale. Forscher suchen nach einem Weg, den Lärm zu vermindern.

Es ist ein kurioser Gegensatz: Beim Ausbau der grünen Energieversorgung steht Ökologie gegen Ökologie. Es geht um den sauberen Strom, den die Bundesregierung mit Windkrafträdern auf der Nord- und Ostsee erzeugen lassen will. Doch im Meer leben auch Schweinswale, Robben und verschiedene Fischarten, die durch den Ausbau der Windparks gefährdet sind.

Für die sensiblen Schweinswale, die einzige einheimische Walart in deutschen Gewässern, sind die Bauarbeiten zu laut. Deshalb gibt es einen Grenzwert für Unterwasserlärm, den das Umweltbundesamt festgelegt hat – aber den halten die Ingenieure zurzeit nicht ein.

Am größten ist das Problem beim Windpark NOS Offshore 2, der 90 Kilometer nordwestlich der Nordseeinsel Borkum entsteht. Fünfzehn riesige Windräder stehen dort bereits im Meer. Projektmanagerin und Biologin Stefanie Schröder gibt zu: „Die Bauarbeiten sind zu laut. Wir haben den Lärmgrenzwert leider überschritten und werden versuchen, die Bauarbeiten in Zukunft leiser zu gestalten." Ein Bauarbeiter hingegen glaubt nicht, dass die Wale unter dem Baulärm allzu stark leiden. Er berichtet von vielen Tieren, die er regelmäßig in der näheren Umgebung der Baustelle gesehen hätte und vermutet, dass sich die Wale an die Arbeiten gewöhnt haben. Seiner Meinung nach sind die Grenzwerte zu niedrig angesetzt worden.

a Der Bau von Windrädern kann eine ____ für die Natur darstellen.

b In Deutschland ist man ____ darauf, ein umweltbewusstes Land zu sein.

c Schweinswale ____ in deutschen Gewässern.

d Forscher versuchen, den Lärm zu ____.

e Nicht nur Wale sind von den Bauarbeiten ____.

f Ein großer Windpark wird in der Ostsee____.

g Ein Bauarbeiter ist der ____, dass die Wale durch den Lärm nicht beeinträchtigt werden.

h Viele Wale ____ sich bei den Baustellen auf.

i Forscher ____ versuchen, den Lärmpegel zu verringern.

A **betroffen**   B **leben**   C **Gefahr**   D **werden**
E **Ansicht**   F **errichtet**   G **stolz**   H **regelmäßig**
I **halten**   J **reduzieren**   K **abgebaut**

2 Lesen Sie den Text unten. Lesen Sie dann die Aussagen 1–6 auf Seite 117. Wählen Sie jeweils die Ergänzung, die mit dem Sinn des Textes übereinstimmt. (*6 marks*)

Partys und Feste feiern – aber umweltbewusst!

Gründe zum Feiern gibt es viele: Silvester, Geburtstage, Hochzeiten, Schulabschluss, um nur einige zu nennen. Doch meist verursachen diese Feste nicht nur einen ordentlichen Kater, sondern auch noch große Müllberge. Manche große Veranstalter versuchen mittlerweile, Strom und Müll zu sparen und das entstandene CO_2 auszugleichen, indem sie Geld für Umweltschutzprojekte spenden. Wir haben hier einige Tipps zusammengestellt, die auch dein Fest grüner machen können.

1. Die Wahl der Location und Anreise: Ein klimafreundliches Fest fängt schon bei der Wahl der Location an. Ist der auserwählte Ort gut mit öffentlichen Verkehrsmitteln erreichbar, so kannst du die Umweltbelastung durch lange Anreisewege mit Auto oder Flugzeug vermeiden und es können keine Parkplatzengpässe entstehen.

2. Wenn auf Autos nicht verzichtet werden kann, versuche für deine Gäste Fahrgemeinschaften zu bilden. Sollte es eine gute Bahnverbindung geben, könntest du einen Shuttle-Service vom Bahnhof organisieren.

3. Reduziere den Papierverbrauch auf ein Minimum! Einladungen können auch per E-Mail versendet werden. Wenn Du trotzdem Karten verschicken möchtest, achte darauf, Recyclingpapier zu verwenden.

adapted from 'Feiern ohne Müllberg',
Indra Jungblut, www.reset.to

1 Bei Partys wird manchmal zu viel ___ getrunken.

  A Müll

  B Alkohol

  C Jägermeister

2 Bei großen Veranstaltungen fällt viel ___ an.

  A Lärm

  B Müll

  C Arbeit

3 Bei privaten ___ kann man auch umweltfreundlicher handeln.

  A Projekten

  B Brauereien

  C Partys

4 Wenn man ein Fest ___, sollte man die Anreise mit öffentlichen Verkehrsmitteln anbieten.

  A vergisst

  B verschiebt

  C organisiert

5 Es ist nicht ___, die Einladungen per Post zu verschicken.

  A unpersönlich

  B sehr teuer

  C nötig

6 Einladungen, die mit der Post verschickt werden, sollten auf ___ gedruckt werden.

  A wiederverwertetes Papier

  B Stoff

  C Karton

3 **Lesen Sie den Text über Greenpeace in Deutschland. Lesen Sie dann die Aussagen A–N. Welche zehn Aussagen stimmen mit dem Sinn des Textes überein?** *(10 marks)*

  A Greenpeace Deutschland hat jetzt ein ansprechenderes Internetportal.

  B Die neue Internetseite sieht besser aus, aber der Inhalt hat sich nicht geändert.

  C Greenpeace-Mitglieder haben zur neuen Internetseite beigetragen.

  D Die neue Homepage ist leichter zu verwenden.

  E Keine Umweltorganisation hat zuvor etwas Ähnliches gemacht.

  F Nur Mitglieder von Greenpeace dürfen die Plattform benutzen.

  G Umweltgruppen können hier neue Ideen diskutieren.

  H Nicht alle Umweltthemen sind auf dem Portal erwünscht.

  I Manche Umweltaktivisten brauchen Rechtsberatung.

  J Greenpeace vermittelt umsonst Rechtsberatung.

  K Jeder kann bei Kampagnen mitmachen.

  L Der Zugang ist auf Deutschland beschränkt.

  M Greenpeace hilft Interessenten, Gleichgesinnte zu finden.

  N Nach einer Umweltaktion kann man anderen seine Erlebnisse mitteilen.

Macht mit

Greenpeace Deutschland hat seit diesem Jahr eine neue Internetseite. Man hat versucht, die Homepage frischer, ansprechender und besser zu gestalten. Die neue Kampagne heißt Greener Action. Nicht nur äußerlich hat sich die Plattform verändert, denn seit dem Neustart gibt es auch neue Beiträge. Anregungen dafür kamen durch die Vorschläge vieler Aktivisten. Das Ergebnis: Die Internetseiten sind benutzerfreundlicher geworden.

Greenpeace hat damit die erste Online-Community für Umweltthemen ins Leben gerufen. Die Plattform ist offen für alle: Organisationen, sowie Einzelpersonen können sich dort vernetzen und alle ihre Umweltsorgen frei besprechen.

Die Homepage bietet nicht nur Anregungen, wie man sich engagieren kann, sondern wie man sich auch vor mächtigen Gegnern schützen kann. Seit der Überarbeitung hat Greenpeace zusätzlich kostenlose Unterstützung von den „Juristen für Umweltschutz" bekommen.

Ein Gewinn für die Nutzer ist zudem, dass sich nun auch nicht registrierte Besucher an den aktuellen Kampagnen beteiligen können. Außerdem ist die Community für den gesamten deutschsprachigen Raum geöffnet worden. Interessierte aus Österreich, der Schweiz und Luxemburg haben auch die Möglichkeit, für ihre Umweltkampagnen auf der Plattform Verbündete zu suchen.

Die Homepage bietet sich auch an, gemeinsam im Internet Protestideen zu entwickeln, sie dann auf der Straße umzusetzen und die Erfahrungen anschließend wieder mit der Community zu teilen. In diesem Sinne: Macht mit!

Listening

4  Wiener Linien

Sie hören jetzt eine Radiowerbung, die für den öffentlichen Verkehr in der Stadt Wien wirbt. Lesen Sie die Aussagen unten. Finden Sie den richtigen Buchstaben **A, B oder C**, so dass die Aussagen mit dem Sinn des Berichts übereinstimmen. *(7 marks)*

1 Es ist ____ geworden, ein Auto zu tanken.

  A leichter

  B teurer

  C problemloser

2 Die Werbung möchte das ____ der Hörer verbessern.

  A Auspuffrohr

  B Umweltbewusstsein

  C Kinderrecht

3 Wer öffentliche Verkehrsmittel verwendet, produziert weniger ____.

  A Schadstoffe

  B Schaumstoffe

  C Schädlinge

4 Das Ticket gilt ____.

  A nur an Wochentagen

  B jeden Tag

  C für einen Erwachsenen mit Kind

5 Man kann ____ .

  A mit allen Wiener Verkehrsmitteln fahren

  B nur mit dem Bus oder nur mit der Straßenbahn fahren

  C in Wien und Umgebung fahren

6 Tickets können im Internet ____ werden.

  A ersteigert

  B erwähnt

  C erworben

7 Mit einem Ticket der Wiener Linien ____.

  A geht man mit der Zeit

  B fährt man mit modernen Verkehrsmitteln

  C trifft man mehr Menschen

5 Energiesparen zu Hause

Susanne und Mario unterhalten sich über Energiesparmaßnahmen. Jede der Aussagen (a–e) beinhaltet eine falsche Information. Notieren Sie die falsche Information und schreiben Sie dann **auf Deutsch** die richtige Information daneben. *(12 marks)*

a Der Dachboden des Elternhauses entsprach den neuesten Wärmestandards.

b Die Eltern haben ungern die Materialien gekauft.

c Die Heizkosten sind seit dem Umbau gestiegen.

d In den kalten Monaten sollte nie Außenluft ins Haus gelangen.

e Niemand hat einen Nachteil, wenn die Innentemperaturen sehr hoch sind.

f Gute Fenster sparen wenig ein.

6 Giftmüllkippen in den Entwicklungsländern

Sie hören einen Bericht über Giftmüllkippen in den Entwicklungsländern. Lesen Sie die Aussagen unten. Sind sie **R** (richtig), **F** (falsch) oder **NA** (nicht angegeben)? *(6 marks)*

a Manche Industrieländer exportieren ihren Müll in die Entwicklungsländer.

b Andreas Bernstich arbeitete in seiner Jugend für eine Schweizer Firma.

c An der Elfenbeinküste starben Menschen aufgrund eines Giftmüllskandals.

d Der Kapitän des Schiffes kam aus dem Kongo.

e Umweltgesetze gelten in Afrika nicht.

f Giftmüll darf jetzt nicht mehr in Entwicklungsländer exportiert werden.

Translation

7 Übersetzen Sie **ins Englische**. *(10 marks)*

Im österreichischen Zwentendorf steht seit 30 Jahren ein Kernkraftwerk, das zwar fertig gebaut wurde, aber nie in Betrieb ging. Nach der Fertigstellung der Anlage haben sich die Österreicher bei einer Volksabstimmung gegen eine Inbetriebnahme entschieden. Das Kraftwerk steht jedoch nicht ganz leer. Eine Person arbeitet hier. Es ist der Techniker Alfred Strahlmann, der die Anlage überwacht und Besuchern das einzige Kernkraftwerk Österreichs stolz zeigt. In den letzten Jahren hat er aus dem leerstehenden Reaktor einen Schulungsreaktor gemacht. Studenten aus Deutschland kommen jedes Jahr nach Zwentendorf, um ihr Wissen über Atomreaktoren zu verbessern. Strahlmann ist es auch gelungen, Teile des Reaktors an deutsche Kernkraftwerke zu verkaufen.

8 Übersetzen Sie **ins Deutsche**. *(10 marks)*

a Students are being recruited by the Hohe Tauern National Park this summer.

b Teenagers between the ages of 17 and 19 will be trained to care for protected birds.

c Successful applicants will receive payment for their work.

d Students employed last year also helped with guided tours.

e The National Park has been working with students since 1999.

Oral

9 Debating task

- Look at the two opinions in the speech bubbles.
- Choose **one** and think about how you can convey and expand on its main ideas.
- Begin the discussion by outlining your point of view (this should take no longer than one minute).
- You must then be prepared to respond to anything the examiner might say and to justify your point of view (this should take about four minutes).
- You may be required to explain something you have said, to respond to an opposing point of view expressed by the examiner, or to defend your expressed opinion(s).
- You may make notes in your preparation time (20 minutes in the actual exam) and refer to them during this part of the test. *(15 marks)*

Umweltschutz – kann eine Einzelperson wirklich etwas ändern?

Meinung 1

Meine Freunde sagen, es hätte keinen Sinn Papier zu recyceln, wenn jeden Tag tausende Flugzeuge über unsere Köpfe fliegen.

Meinung 2

Jeder muss einen Beitrag zum Umweltschutz leisten, auch wenn er noch so klein ist.

 This debating task is a sample. In the exam, students have a choice of debating subjects. There are three more debating tasks based on the environment topic on the *Zeitgeist Resource and Assessment OxBox CD-ROM* which can be used to make this choice available.

Reading

1 Lesen Sie den Text. Wählen Sie aus der **fett gedruckten** Liste darunter das Wort, das zu jeder Textlücke am besten passt. *(7 marks)*

Was ist Rassismus?

Rassismus ist ein ziemlich weitverbreitetes Problem, das es nicht nur in Deutschland, sondern in jedem Land __ (1). In manchen Ländern ist Rassismus leider so alltäglich geworden, dass es vielen schon gar nicht mehr __ (2). Dieses rassistische Verhalten besteht darin, anderen Menschen zu misstrauen und sie ungerecht zu behandeln, und zwar nicht, weil sie uns etwas Schlimmes angetan hätten, sondern einzig und allein, weil sie anders aussehen oder aus einer anderen Kultur stammen als wir.

Der alltägliche Rassismus ist fester __ (3) unserer Gesellschaft. Er beginnt mit dem gedankenlosen Weiterverbreiten von „harmlosen" Türkenwitzen, setzt sich fort mit der Aufregung über __ (4) Frauen, mit dem Gleichsetzen der Fehler von Einzelnen mit der Gesamtheit der Ausländer, mit Misstrauen, verächtlicher Behandlung und Herabsetzung kultureller und religiöser Gewohnheiten.

Es gibt in Deutschland politische __ (5), die mit mehr oder weniger offenem Rassismus Wähler gewinnen wollen. Es gelingt leider vielen Politikern aus diesen Kreisen, Menschen zu Hass und sogar zu Gewalt gegen Ausländer zu motivieren.

Ein trauriges Kapitel wurde 1993 in Solingen geschrieben. Dem Brandanschlag auf das Haus der Familie Genç fielen zwei Töchter, zwei Enkelinnen und eine Nichte des Ehepaares Genç __ (6).

Frau Mevlüde Genç rief anlässlich einer Gedenkveranstaltung am 29. Mai 1998 zur __ (7) und zum friedlichen Miteinander auf: „Lasst uns Hand in Hand miteinander leben, denn wir stammen alle von einem Gott ab".

adapted from 'Was ist Rassismus?', Peter Warsinski, www.warsinski.de

A **kopftuchtragende**	B **heiligen Krieg**
C **gibt**	D **auffällt** E **zum Opfer**
F **Bestandteil**	G **Anker** H **Versöhnung**
I **Parteien**	J **unterscheiden** K **Polizisten**

2 Lesen Sie den Bericht unten. Lesen Sie dann die Aussagen a–i auf Seite 121. Sind die Aussagen richtig (**R**), falsch (**F**) oder nicht angegeben (**NA**)? *(9 marks)*

Miguel erzählt

Als Deutschland nach dem Zweiten Weltkrieg in Schutt und Asche lag, gab es nicht genug deutsche Männer im Land. Viele Soldaten waren im Krieg gefallen oder in Gefangenschaft geraten. Die deutschen Frauen waren jetzt auf sich gestellt. Man benötigte männliche Arbeitskräfte, um Deutschland wieder aufzurichten. Deutschland entschied sich, im Ausland um Arbeitskräfte zu werben. Man erhoffte sich, schnell und auf billige Weise Arbeiter ins Land zu bringen.

Bei meinem Vater – er wurde in Barcelona geboren – war es so: Spanien hatte selber einen Bürgerkrieg hinter sich. Es herrschten Diktatur und Arbeitslosigkeit. Viele spanische Väter konnten ihre Familien nicht unterstützen. Dann kam die Werbung für Arbeitskräfte in Deutschland. Deutschland suchte junge, gesunde, kräftige Männer. Mein Vater bewarb sich. Er musste sich einer gründlichen medizinischen Untersuchung unterziehen. Wäre auch nur ein Zahn kaputt gewesen, hätte man ihn nicht genommen.

Als mein Vater in Deutschland ankam, bekam er ein Bett in einer Baracke, die er sich mit vier weiteren Spaniern teilen musste. Er hat Bilder davon und eines muss ich deutlich sagen: Jeder deutsche Schäferhund hatte damals sicher ein besseres Zuhause. Von dem Geld, das er bekommen hätte sollen, bekam er nur die Hälfte. Der Rest wurde für Lebenserhaltungskosten einbehalten. Das heißt: Miete, Nutzung der Toiletten, etc.

Es war kein leichtes Leben und jede Mark, die sich mein Vater erarbeitete, hatte er sich mehr als verdient. Es tut mir weh, dass es heute Menschen gibt, die meinen Vater beschimpfen. Er war einer von vielen, die Deutschland zu dem gemacht haben, was Deutschland heute ist. Es gibt aber leider Menschen in diesem Land, die ihre eigene Geschichte nicht kennen und dumme und verletzende Dinge sagen. Mein Vater kann das nicht verstehen.

a Deutschland war nach dem Krieg zerstört.

b Viele Menschen fanden im Krieg ihren Tod.

c Deutschland wollte keine Ausländer anwerben.

d Spanien war zu dieser Zeit auf Exporte angewiesen.

e Miguels Vater hatte eine große Familie in Spanien.

f Seine erste Unterkunft in Deutschland war unter dem Durchschnitt.

g Die Unterkunft war kostenlos für die Arbeiter.

h Miguel ist bestürzt, dass es heute noch rassistische Menschen in Deutschland gibt.

i Miguels Vater hat das Gefühl, dass er keinen Beitrag zum Wiederaufbau Deutschlands geleistet hat.

Deutschland – Traumland

Deutschland ist ein Traumziel für Einwanderer, auch wenn das nicht allen Deutschen recht ist. Seit 1954 kamen 31 Millionen Menschen nach Deutschland, 22 Millionen zogen im gleichen Zeitraum weg. Insgesamt geht ein Drittel der Bevölkerung der alten Bundesrepublik auf Zuwanderung zurück. Deutschland liegt damit weltweit an der Spitze der Zuwanderungsstatistik.

Von 1955 bis 1973 wurden Millionen Arbeitskräfte aus den Mittelmeerstaaten angeworben, die maßgeblich zum sogenannten „Wirtschaftswunder" beigetragen haben. 1973 wurde im Zuge der Ölkrise ein Anwerbestopp verhängt. Dennoch nahm die Zahl der Ausländer zu. Die ausländischen Arbeitskräfte holten ihre Familien nach, denn bei einer Rückkehr in die Heimatländer schien der Weg nach Deutschland für immer abgeschnitten. Aus „Gastarbeitern" wurden Einwanderer.

Heute lebt mehr als die Hälfte der 7,3 Millionen Ausländer schon zehn Jahre oder länger in Deutschland, darunter ein Drittel sogar länger als 20 Jahre. Jeder fünfte „Ausländer" ist gar kein Zuwanderer, sondern bereits in Deutschland geboren.

Die größte Zuwanderungswelle erlebte Deutschland zwischen 1988 und 1993: In diesen sechs Jahren kamen 7,3 Millionen Aussiedler, Asylbewerber, „neue Gastarbeiter" und nachziehende Familienangehörige in die Bundesrepublik. Im gleichen Zeitraum verließen 3,6 Millionen Menschen das Land. Mit einem positiven Wanderungssaldo (= Zuzüge minus Fortzüge) von 3,7 Millionen erreichte die Zuwanderung nach Deutschland eine Größenordnung, wie sie nur das „klassische Einwanderungsland" USA kennt.

Der Zuzug von Aussiedlern wurde aber bereits 1991 begrenzt, und 1993 trat ein strengeres Asylrecht in Kraft, sodass es in der Folge mehr Fort- als Zuzüge von Ausländerinnen und Ausländern gab. Nach Jahrzehnten der Begrenzungspolitik hat sich die Ausländerpolitik grundsätzlich geändert: Deutschland ist heute auf Zuwanderung angewiesen; darin stimmen alle überein. Wie aber die Zuwanderung zu steuern und zu begrenzen ist und wie die Integration der Einwanderer erfolgreich gefördert werden kann, darüber wird in der aktuellen Auseinandersetzung um das neue Zuwanderungsgesetz gestritten.

adapted from 'Zuwanderung nach Deutschland', Bruno Zandonella, *Themenblätter im Unterricht*, Spring 2003, No.31

3 Lesen Sie den Text unten. Lesen Sie dann die Satzanfänge und finden Sie die richtigen Satzenden A, B oder C, sodass die Aussagen mit dem Sinn des Berichts übereinstimmen.

(9 marks)

1 Die Menschen in Deutschland sind …

A nicht glücklich über die starke Einwanderung.

B einsam.

C gegen Einwanderung.

2 Kein Land in Europa hat …

A eine erfolgreiche Einwanderungspolitik.

B Verständnis für Deutschland.

C mehr Zuwanderung als Deutschland.

3 Gastarbeiter aus Mittelmeerstaaten …

A verabscheuen die deutsche Kultur.

B wurden nach Deutschland eingeladen.

C vermissen ihre Heimat.

4 Nach der Ölkrise …

A wurde das Leben teurer.

B wurden weniger Fahrzeuge verkauft.

C stieg die Zahl der Ausländer weiter.

5 20% der Ausländer …

A werden unterbezahlt.

B sind in Deutschland zur Welt gekommen.

C kommen aus Osteuropa.

6 Viele Gastarbeiter…

A kauften Immobilien in Deutschland.

B brachten auch Verwandte nach Deutschland.

C haben sich verständlicherweise in deutsche Frauen verliebt.

7 Amerika ist …

A als beliebtes Einwanderungsland bekannt.

B ausländerfeindlich.

C groß genug für eine starke Einwanderung.

8 Man ist sich heute einig, …

A dass Deutschland Einwanderung braucht.

B dass Deutschland bereits genügend Arbeitskräfte im Land hat.

C dass Deutschland in einer Wirtschaftskrise steckt.

9 Es gibt keine Einigkeit …

A innerhalb der verschiedenen Einwanderergruppen.

B über das Thema Kopftuch in deutschen Schulen.

C in der deutschen Einwanderungspolitik.

Listening

4 🔊 Erschreckende Fälle von Rassismus in Österreich

Sie hören eine Reportage über Rassismus in Österreich. Lesen Sie die Aussagen a–n. Welche **neun** Aussagen sind richtig? *(9 marks)*

a Statistisch gesehen nimmt Rassismus in Österreich zu.

b Die österreichische Antirassismus-Stelle existiert seit 1994.

c Die Situation für Ausländer ist nicht besser geworden.

d Nicht alle rassistischen Vorfälle werden weitergegeben.

e Es gibt eine Organisation, die versucht, Ausländern zu helfen.

f Der Wiener Marathon wird regelmäßig von Ausländern gewonnen.

g Der Gewinner des Wettkampfs erhält Geld.

h Sportler aus Kenia essen zur Vorbereitung für den Marathon Bananen.

i Der Sportkommentator besteht darauf, kein Rassist zu sein.

j Ein österreichischer Richter macht jedes Jahr Urlaub in Ägypten.

k Typische Ägypter haben immer zwei Frauen.

l Der Richter hat mit seinen Bemerkungen möglicherweise eine Frau verletzt.

m Nicht allen Menschen wurde es erlaubt, Plasma zu spenden.

n Manche Leute glauben, dass es in Afrika mehr Infektionskrankheiten gibt.

5 🔊 Integration mit Pannen

Hören Sie sich einen Bericht über Integration an. In jeder Aussage (a–f) fehlt eine Zahl. Schreiben Sie die richtigen Zahlen auf.

(6 marks)

a ____ der Immigranten erhoffen sich religiöse Freiheit in Deutschland.

b Der Prozentsatz der Einwanderer, die sich eine Verbesserung ihrer finanziellen Lage erhoffen, beträgt ____.

c ____ Glaubensgemeinschaften in Deutschland haben mehr Anhänger als der Islam.

d Türkische Einwanderer sind die größte Gruppe mit ____ aller Muslime.

e Die Muslime aus Bosnien und Herzegovina stellen ____ aller Muslime in Deutschland dar.

f Im Jahre ____ bildete sich eine gewaltbereite Gruppe an Ausländern.

6 🔊 Deutschland braucht ausländische Arbeitnehmer

Hören Sie sich ein Gespräch mit einem deutschen Politiker zum Thema ausländische Arbeitnehmer an. Lesen Sie die Aussagen 1–10. Finden Sie den richtigen Buchstaben **A**, **B oder C**, sodass die Aussagen mit dem Sinn des Berichts übereinstimmen. *(10 marks)*

1 Dr. Löbel ist ein __ der Zuwanderung.

  A Skeptiker

  B Befürworter

  C Gegner

2 Der Arbeitsmarkt in Deutschland befindet sich im __.

  A Umbruch

  B unteren Niveau

  C Aufwind

3 Deutschland __ Arbeiter aus dem Ausland.

  A bemerkt

  B benötigt

  C bedauert

4 Besonders Arbeiter mit einer guten __ werden gesucht.

  A Ausbildung

  B Sprachausbildung

  C Erziehung

5 Die Einwanderung nach Deutschland soll besser __ werden.

  A strukturiert

  B emanzipiert

  C gelöst

6 Gezielte Einwanderung wird keine Nachteile für die Deutschen __ .

  A abnehmen   **B** übersteigern

  C zur Folge haben

7 Die Zahl der deutschen Arbeitslosen ist __ .

  A gleich geblieben   **B** gesunken

  C gestiegen

8 Dr. Löbel hat nicht alle Politiker mit seinen Plänen __ .

  A überzeugt   **B** überfordert

  C übergangen

9 Einige Politiker ___ , dass keine Türken mehr ins Land kommen.

  A verlangen   **B** verbieten

  C verstehen

10 Zuwanderung ist eine __ für Erfolg in der Zukunft.

  A Voraussetzung   **B** Behinderung

  C Zeit

Translation

7 Übersetzen Sie **ins Englische**.   *(10 marks)*

> Staatsbürger aus Zypern und Malta dürfen seit Anfang Juni 2007 uneingeschränkt in die Schweiz einwandern. Für acht osteuropäische Staaten jedoch, die erst seit 2004 EU-Mitglied sind, verlängerte die Regierung gestern die bestehenden Beschränkungen. Der Grund für die Maßnahmen ist die veränderte Wirtschaftslage. Die Schweiz ist stark exportorientiert und von der weltweiten Rezession voll getroffen worden. Die Arbeitslosigkeit ist im April auf 3,5 Prozent gestiegen – für die Schweiz ein ungewöhnlich hoher Wert. Die angespannte Wirtschaftslage hat auch Fremdenängste ausgelöst. Die Schweizer haben vermehrt Angst, dass ihnen die Ausländer die Arbeitsplätze wegnehmen. Hauptbetroffene der Wirtschaftskrise sind weniger gut ausgebildete Zuwanderer aus süd- und osteuropäischen Ländern.

8 Übersetzen Sie **ins Deutsche**.   *(10 marks)*

  a The European Union now has 27 member nations and 500 million residents within its borders.

  b Every EU citizen has the freedom to live in any EU country.

  c The French president said he feared that there could be a wave of migration.

  d Specially-trained social workers are sent to German schools.

  e After they had arrived, they spoke to the students about the dangers of racism.

Oral

9 Debating task

- Look at the two opinions in the speech bubbles.
- Choose **one** and think about how you can convey and expand on its main ideas.
- Begin the discussion by outlining your point of view (this should take no longer than one minute).
- You must then be prepared to respond to anything the examiner might say and to justify your point of view (this should take about four minutes).
- You may be required to explain something you have said, to respond to an opposing point of view expressed by the examiner, or to defend your expressed opinion(s).
- You may make notes in your preparation time (20 minutes in the actual exam) and refer to them during this part of the test.   *(15 marks)*

Wie wichtig ist die Integration von Migrantenkindern?

Meinung 1

> Migrantenkinder sollten in der Schule die gleiche Unterstützung wie deutsche Kinder bekommen. Viele Lehrer ignorieren einfach die ausländischen Schüler im Unterricht.

Meinung 2

> Schulintegration kostet zu viel Geld und bringt wenig. Steuergelder sollten für Ausbildung deutscher Kinder eingesetz werden.

 This debating task is a sample. In the exam, students have a choice of debating subjects. There are three more debating tasks based on the multicultural society topic on the *Zeitgeist Resource and Assessment OxBox CD-ROM*, which can be used to make this choice available.

Reading

1 Lesen Sie den Text. Die Aussagen **a–i** können jeweils einer von drei Kategorien zugeordnet werden. Entscheiden Sie, in welche Kategorie die Aussagen am besten passen:

- Positiv für die Familie Abhauser (schreiben Sie den Buchstaben **P**)
- Negativ für die Familie Abhauser (**N**)
- Betrifft die Familie Abhauser nicht direkt (**ND**)

(9 marks)

a die Armut in Deutschland

b Leute mit geringem Einkommen

c das erste gemeinsame Haus in Westberlin

d die Arbeit der Baufirmen im Osten

e Ostdeutsche Arbeiter verloren ihre Anstellung.

f Justus verlor seine Anstellung.

g das Alter von Justus

h Senkung des Mietpreises

i die Geschäftssituation des Chefs von Veronika

Auf der Straße

Die Armut in Deutschland breitet sich aus. Sie erfasst Arbeitslose genauso wie Niedriglohnempfänger und gescheiterte Unternehmer. Justus Abhauser und seine Frau Veronika waren beide erfolgreiche Architekten. Sie mieteten ein beeindruckendes Haus in Westberlin und kauften auf Kredit auch noch zwei Mietwohnungen in Leipzig. Nach der Wende bauten die Baufirmen im Osten zu viele Häuser und fanden kaum Käufer. Viele Arbeiter mussten entlassen werden. Leider verlor Justus auch seine Anstellung und die Schulden häuften sich an. Er verlor jedoch nicht den Mut und begann sich bei neuen Firmen zu bewerben. Der einst so begehrte und nunmehr 48-jährige Architekt bekam jedoch immer wieder zu hören, er sei zu alt.

Also machte er sich selbstständig, er weiß ja, was er kann. Doch Können allein hilft nicht, wenn die Aufträge fehlen. Neue Häuser bauen? Im Osten leerten sich schon die alten. Auch in die Leipziger Wohnungen der Abhausers wollte niemand einziehen. Sie mussten mit der Miete heruntergehen und mussten jetzt jeden Monat zusätzlich 500 Euro für die Kreditzinsen aufbringen. Die Schulden sanken nicht mehr, sie stiegen. Das war der zweite Schlag.

Im Frühjahr 2004 wurde auch Veronika entlassen. Die schlechten Umsätze, sagte ihr Chef. Das war der dritte Schlag. Jetzt haben sie kaum noch Einnahmen, nur Ausgaben: die Miete, die Kreditzinsen, die Zinseszinsen. Die Abhausers waren ruiniert.

Justus meint, er sei einer, der umso kühler wirke, je aufgewühlter er ist. Also bleibt er äußerlich ruhig, als er sagt: „Manchmal denke ich fast an Selbstmord." Seine Frau verlässt weinend das Zimmer.

adapted from 'Armut in Deutschland; Die Neue Unterschicht', Wolfgang Uchatius, *Die Zeit*, 10.3.2005

2 Lesen Sie den folgenden Bericht. Finden Sie zu den Ausdrücken **a** bis **f** (Seite 125) die Entsprechungen aus dem Text. (6 marks)

Bewaffnet in der Großstadt

An einem Abend im Mai 2010 ersticht der 16-jährige Lucas ohne jeden Anlass den 19-jährigen Jan. Hamburgs Stadtmitte mit dem historischen Rathaus, den teuren Geschäftsstraßen rund um die Alster, den Cafés und Restaurants ist wahrlich kein Ort, an dem man umeinander fürchten muss. Jedoch, an diesem Freitagabend mitten im U-Bahnhof unter all den Passanten, erliegt ein Jugendlicher seinen Verletzungen.

Diese unglaubliche Tat wird von einem Zeugen gesehen, einem stillen, unbestechlichen Beobachter, dessen kaltes Auge die Tat registriert und der sich alle Gesichter merkt. Das Video des Kameraüberwachungssystems der Hamburger Hochbahn hat dokumentiert, was am 14. Mai im Untergrund des Jungfernstiegs geschah – und da ist auch das Gesicht des Täters. Ein sehr junges Gesicht unter einem breiten Irokesenschnitt.

Zwei Tage später wird der Tatverdächtige verhaftet. Er ist erst 16 Jahre alt und gehört zu einer beängstigend großen Gruppe besonders gewaltbereiter Jugendlicher, die von den Behörden der Hansestadt intensiv überwacht werden sollen.

Beispiel: ein Monat im Frühling → Mai

a Grund

b In diesem Haus arbeitet der Bürgermeister einer Stadt.

c eine Person, die ein Verbrechen sieht

d etwas nicht vergessen

e von der Polizei festgehalten

f Teil einer Gruppe sein

3 **Lesen Sie den Text über Häuser der Zukunft. Beantworten Sie dann die Fragen auf Deutsch. Geben Sie nur kurze Antworten.**

(10 marks)

Häuser von morgen

Sechs Firmen präsentierten in Berlin verschiedene Ansätze für Infrastrukturen und Lösungen, die eine komfortable Kommunikation im intelligenten Heim der Zukunft ermöglichen. Im Haus der Zukunft sind Geräte unterschiedlicher Art miteinander verbunden, mobil nutzbar und passen sich den Bedürfnissen der Bewohner an.

Immer neue Anwendungsszenarien entstehen auch durch eine fortschreitende Integration von Gebäude- und Haustechnik sowie der Unterhaltungselektronik. Für die Kommunikation und Vernetzung von Geräten aus diesen Bereichen wird die Nutzung einheitlicher Standards immer wichtiger, denn nur so können Hersteller den Endkunden Lösungen anbieten. Einen Schritt in diese Richtung gehen die Forscher mit Lösungen, die Protokolle und Standards wie „FireWire" verwenden und somit eine standardisierte Datenübertragung und Einbindung von Geräten in Heimnetzwerken ermöglichen. Dieses Vorhaben ist nur möglich, wenn die verschiedenen Geräte drahtlos an ein Funknetz und somit an einen zentralen Server angeschlossen werden können. Es sollte also im Jahr 2050 keinen Kabelsalat mehr unter dem Schreibtisch geben.

In der Zukunft soll es zum Beispiel für Ärzte möglich sein, direkt mit ihren Patienten in Verbindung zu treten, ohne ihre Klinik zu verlassen. Das bedeutet also, dass einem kranken Menschen ein Arztbesuch vom Wohnzimmer aus möglich ist. Dieses System soll Telemedizin heißen und viele Erleichterungen bringen.

Der superschnelle zentrale Server registriert alles, was helfen könnte, das Haus energiesparender zu gestalten. Er weiß, welche Fenster offen stehen, wie die Wettervorhersage ist und wann die beste Zeit gekommen ist, die Heizung ein- oder auszuschalten. Er wird obendrein auch den Hausbewohnern zum Geburtstag gratulieren.

Fraunhofer Fokus

a Wer stellt Wohnideen für die Zukunft vor und welcher Ausstellungsort wurde dafür ausgewählt? (2)

b Welche Voraussetzung für ein erfolgreiches Vernetzen wird genannt? Nennen Sie ein Beispiel. (2)

c Was soll sich Mitte dieses Jahrhunderts verbessert haben? Warum? (2)

d Welche Verbesserungen soll das neue System im Bereich der Krankenversorgung bringen? Nennen Sie mindestens zwei Beispiele. (2)

e Welche Verbesserungen wird der Server bringen? Nennen Sie mindestens zwei Beispiele. (2)

Listening

4 🎧 Lebenshilfe Österreich

Hören Sie sich ein Interview mit Emmanuel Karitas an, der für die Lebenshilfe in Österreich arbeitet. Lesen Sie die Satzanfänge und finden Sie die richtigen Satzenden **A, B oder C**, sodass die Aussagen mit dem Sinn des Berichts übereinstimmen. *(8 marks)*

1 Emmanuel Karitas …

   A arbeitet für eine Radiostation.

   B ist bei einer Radiostation zu Gast.

   C stellt die Hitparade vor.

2 Herr Karitas …

   A leitet einen Wohltätigkeitsverein.

   B spendet Geld für einen guten Zweck.

   C beschimpft die Radioleute.

3 Die österreichische Lebenshilfe …

   A betreut unter anderem Menschen mit Familienschwierigkeiten.

   B hat auch Stellen im Ausland.

   C hat Lernschwierigkeiten.

4 Die Lebenshilfe …

   A gibt Menschen mit Lernschwierigkeiten Zugang zu neuen Technologien.

   B ermöglicht Menschen mit Lernschwierigkeiten eine sinnvolle Beschäftigung.

   C verhindert einen Zusammenbruch der Gesellschaft.

5 Emmanuel Karitas …

   A lebt in einer Tagesheimstätte der Lebenshilfe.

   B vertritt die Ansicht, dass sich die Geschützten Werkstätten und die Lebenshilfe vergleichen lassen.

   C bezweifelt die Wirksamkeit der Geschützten Werkstätten.

6 Die Betreuer sind …

   A für die Sicherheit der Klienten verantwortlich.

   B vergesslich.

   C schlecht ausgebildet.

7 Die Geschützten Werkstätten …

   A subventionieren den Staat.

   B verweigern staatliche Kontrollen.

   C erhalten keine finanzielle Unterstützung vom Staat.

8 Junge österreichische Männer …

   A haben die Wahl zwischen Bundesheer und Zivildienst.

   B haben keine Verantwortung im Gesundheitswesen zu tragen.

   C sehen besonders gut aus.

5 🎧 Rechtsberatung Düsseldorf

Hören Sie sich ein Telefongespräch mit einer Beratungsstelle an. Jede der Aussagen (**a–e**) enthält eine falsche Information. Finden Sie das falsche Wort in jedem Satz und schreiben Sie es ab. Schreiben Sie dann das richige Wort daneben. *(12 marks)*

Beispiel: Sophie schläft heute.

schläft ☐   arbeitet ☐

a Sophie arbeitet für eine WG.

b Robert hat seinen eigenen Internetanschluss in der Wohnung.

c Niemand kann für die Internetaktivitäten der jungen Leute zur Rechenschaft gezogen werden.

d Roberts Mitbewohner verabscheuen illegales Herunterladen.

e Alle Wohnungskollegen von Robert lieben das Gesetz.

f Eine Mitbewohnerin gibt Robert einen brauchbaren Lösungsvorschlag.

6 🎧 Designerbabys

Hören Sie sich einen Bericht über Designerbabys an. Lesen Sie die Aussagen unten. Finden Sie die **fünf falschen** Aussagen.

(5 marks)

a In nur wenigen Teilen der Welt kann das Geschlecht eines ungeborenen Kindes herausgefunden werden.

b Ärzte setzten sich mit dieser Problematik auseinander.

c In China werden jährlich Tausende von Mädchen getötet.

d Es gibt Eltern, die lieber einen Sohn als eine Tochter hätten.

e Gegnern dieser Entwicklung ist es gleichgültig, ob ungeborenes Leben getötet wird.

f Gesundheitsprobleme können nicht vererbt werden.

g Stammzellen einer Person können zur Behandlung einer anderen eingesetzt werden.

h Nicht alle Kinder eines Elternpaares erkranken automatisch an derselben Erbkrankheit.

i Alle Gruppen sind für die medizinische Verwendung von Zellen von jüngeren Geschwistern.

Translation

7 Übersetzen Sie **ins Englische**. (*10 marks*)

> Deutsche, die unter der Armutsgrenze leben, erhalten Geld vom Staat. Diese Unterstützung wird als Hartz IV bezeichnet. Interessanterweise glauben viele wohlhabende Menschen, dass Hartz-IV-Empfänger reicher sind, als man es erwartet. Sie hätten ja neben der ausreichenden finanziellen Hilfe sogar Anspruch auf eine Sozialwohnung. Im Vergleich zu wirklich armen Menschen in den Entwicklungsländern kann dieses Urteil vielleicht stimmen. Wie fühlt sich jedoch ein Mensch, der ganz einfach nicht genug fürs Leben hat? Sie haben es erraten: nicht besonders gut! Er muss jedem Job nachlaufen, er fühlt sich als Mensch zweiter Klasse und kann nicht einmal einen Freund ins Café einladen.

8 Übersetzen Sie **ins Deutsche**. (*10 marks*)

a Since the end of the nineties, alternatives to imprisonment have been introduced for offenders addicted to drugs.

b There is a trend towards the 'making good' of their crime, through community service.

c There is proof that drug consumption and crime can be successfully reduced through therapy.

d Therapy can effectively contribute to the reduction of crime, when it is suited to the drug user.

e If a prisoner goes back to his or her old way of life in the future, the prison term will have been ineffective.

Oral

9 Debating task

- Look at the two opinions in the speech bubbles.
- Choose **one** and think about how you can convey and expand on its main ideas.
- Begin the discussion by outlining your point of view (this should take no longer than one minute).
- You must then be prepared to respond to anything the examiner might say and to justify your point of view (this should take about four minutes).
- You may be required to explain something you have said, to respond to an opposing point of view expressed by the examiner, or to defend your expressed opinion(s).
- You may make notes in your preparation time (20 minutes in the actual exam) and refer to them during this part of the test. (*15 marks*)

Weltraumforschung – eine Notwendigkeit?

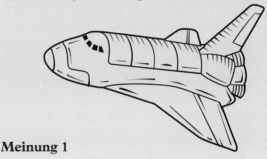

Meinung 1

Das Weltraumprogramm kostet zu viel und bringt den Menschen wenig. Es gibt viel wichtigere Probleme hier auf der Erde. Viele Menschen leiden z.B. an Hunger und leben in Armut.

Meinung 2

Weltraumforschung ist wichtig, da sie uns hilft, die Enstehung des Weltalls zu verstehen und über mögliche Probleme der Zukunft zu spekulieren. Viele wichtige wissenschaftliche Experimente werden im All gemacht.

 This debating task is a sample. In the exam, students have a choice of debating subjects. There are three more debating tasks based on the contemporary social issues topic on the *Zeitgeist Resource and Assessment OxBox CD-ROM*, which can be used to make this choice available.

Stretch and Challenge
Umweltverschmutzung

Improve your spoken and written German using 'fillers'

The German language has many 'fillers' or particles (*Füllwörter*) such as *denn*, *doch* and *so*, which help with expression. Using these particles correctly can increase the authenticity of your spoken and written German considerably. Examples of fillers are:

- also *so*
- aber *really (to give emphasis)*
- denn *tell me, well (implies real interest)*
- eben *just*
- nun *now, well*
- nur *only, just, right*
- schon *already, even, after all*
- gar nicht *not at all*
- Er ist vielleicht sogar Millionär. *He is maybe even a millionaire.*

1a **Lesen Sie den Text „Energieausweis für Hausbesitzer" unten und machen Sie eine Liste der Füllwörter, die Sie finden.**

1b **Beantworten Sie die Fragen zum Text.**

  a Warum hat man den Energieausweis eingeführt?

  b Welche Vorteile hat so ein Ausweis?

  c Was halten Sie von dieser neuen Regelung?

Using 'unless' or *es sei denn, (dass)*

- Wir werden unserer Umwelt langfristig schaden, **es sei denn**, wir ändern unsere verschwenderische Lebensweise. *We will harm our environment in the long term, unless we change our wasteful way of life.*
- Nichts wird sich ändern, **es sei denn**, **dass** die Politiker mit gutem Beispiel vorangehen. *Nothing will change unless the politicians set a good example.*

2 **Lesen Sie zuerst den *Tipp* oben und dann übersetzen Sie die folgenden Sätze ins Deutsche.**

  a The increasing CO_2 emissions from aeroplanes will cause even more pollution, unless measures are taken to control the emissions.

  b We will run out of landfill sites, unless we recycle more and produce less waste.

  c We will not be able to cover our energy demand in the future, unless we invest more in alternative energy sources.

  d I will not go shopping with you, unless you use your own bags.

Energieausweis für Hausbesitzer

Seit dem 1. Juli 2008 müssen Hausbesitzer, deren Haus vor 1965 gebaut wurde, einen Energieausweis vorweisen, wenn sie ihr Haus verkaufen wollen. Auch wenn man eine neue Wohnung mieten will, wird so ein Ausweis bald für alle Pflicht werden. Für Neubauten, die nach 2002 errichtet wurden, ist ein Energieausweis schon heute erforderlich.

Was aber soll ein Energieausweis bezwecken? Er soll Käufern und Vermietern zeigen, wie viel Energie das besagte Wohngebäude durchschnittlich verbraucht. Eine Skala von Grün über Gelb bis Rot zeigt den Energiestandard an. Ist der Pfeil der Skala im roten Feld, bedeutet das, dass der Energieverbrauch hoch ist; das grüne Feld zeigt einen geringeren Verbrauch an. Ein zweiter Pfeil zeigt die Umwelteigenschaften an. So liegt ein Haus mit Solarheizung natürlich im grünen, umweltfreundlichen Feld.

Und wie bekommt man so einen Energieausweis? Nun, es gibt besondere Energieberater, die diese Ausweise ausstellen. Im Internet kann man sich einen Berater aussuchen, der 250 bis 350 Euro für das Erstellen eines Energieausweises verlangt.

Was halten die Mieter und Hausbesitzer von dieser Regelung? „Ich bin gerade dabei, mir eine neue Wohnung zu suchen. Vor drei Jahren bin ich in eine wunderschöne Altbauwohnung mit großen Räumen gezogen. Die Wohnung war jedoch so schlecht isoliert, dass meine Heizungsrechnungen unheimlich hoch waren. Wenn es damals schon einen Energieausweis gegeben hätte, wäre ich wahrscheinlich gar nicht erst eingezogen", so Frau Meier aus Merzhausen.

Tipp

The use of the subjunctive in negative contexts and temporal clauses

The imperfect or pluperfect subjunctive is often used after expressions such as *nicht dass, ohne dass, (an)statt dass/zu* and *als dass*, because they are concerned with what did not happen or what was not the case. This sounds less curt or abrupt than using the indicative.

> Statt dass sie mit ihren Eltern Deutsch gesprochen hätten, sprachen sie zu Hause nur ihre Muttersprache. *Instead of talking German with their parents, they only spoke in their mother tongue at home.*

1 Übersetzen Sie die Sätze ins Deutsche.

a The issue was too important for the politicians to ignore.

b Has she got German citizenship? Not that I know of.

c Instead of answering their questions, he sent them to another office.

Tipp

Using the imperfect or pluperfect subjunctive in subordinate clauses

The imperfect or pluperfect subjunctive is sometimes used in subordinate clauses, mainly in relative clauses and *dass* clauses where the main clause, the subordinate clause or both clauses are negative.*

> Dies bedeutet jedoch nicht, dass er mit seiner Situation zufrieden wäre. *This doesn't mean that he is happy with his situation.*
> Es gibt keine Zeitung in der Stadt, die er nicht gelesen hätte. *There is no newspaper in town which he wouldn't have read.*

The imperfect or pluperfect subjunctive can also be used in a temporal clause which is introduced by *bis, ehe,* or *bevor.* *

> Sie entschied sich, nicht zu warten, bis ihre Freundin ankäme. *She decided not to wait for her friend to arrive.*
> Er bat sie, noch ein bisschen zu bleiben, bevor sie nach Hause ginge. *He asked her to stay a little longer before she went home.*

The pluperfect subjunctive is sometimes used in sentences with *fast* or *beinah(e).* *

> Ich hätte den Wettbewerb beinah gewonnen.
> *I almost won the competition.*

* Note that in all these cases it is also possible to use the indicative.

2 Übersetzen Sie die Sätze ins Deutsche.

a They wanted me to wait at home until they fetched me.

b We almost missed the application deadline.

c The employer wouldn't give him a job until he learned the language of the country.

3a Übersetzen Sie den Text ins Englische.

> Ab 1. Januar 2009 soll die Zuwanderung für Spitzenkräfte aus dem Ausland erleichtert werden. Dies wurde vom Bundeskabinett beschlossen, nachdem ein Aktionsprogramm vorgelegt worden war, um dem wachsenden Mangel an Fachkräften entgegenzuwirken. Man schätzt, dass Deutschland ungefähr 400 000 hoch qualifizierte Arbeitskräfte braucht, bis die Lücke überbrückt wäre. Ab 2009 können ausländische Spitzenfachkräfte unbefristet in Deutschland arbeiten, wenn sie mindestens 63 600 Euro verdienen, wohingegen sie bislang 86 400 Euro verdienen mussten. Das Gute an der neuen Regelung ist, dass das Wirtschaftswachstum davon profitiert, ohne dass es eine Belastung für den deutschen Arbeitsmarkt wäre. Gleichzeitig bemüht sich die Bundesregierung darum, den Arbeitslosen in Deutschland nahezulegen, sich weiterzubilden, bis sie auch eine Qualifikation erworben hätten.

3b Meinen Sie, dass dieses Aktionsprogramm ein Erfolg ist? Machen sie eine Liste von vier Vorteilen des Programms.

3c Was sind die möglichen Nachteile eines solchen Aktionsprogramms? Besprechen Sie zu zweit und machen Sie eine Liste von vier Nachteilen.

3d Diskutieren Sie jetzt mit einem neuen Partner/einer neuen Partnerin ob Sie meinen, dass dieses Programm eine gute Idee ist. Eine Person soll für das Aktionsprogramm sein, die andere dagegen. Benutzen Sie Ihre Notizen von Übung 2c, für Ihre Debatte.

Armut und Reichtum

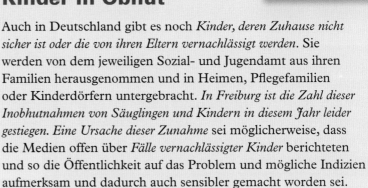

Tipp

Verbs followed by the genitive

Spoken German seldom uses verbs with the genitive, but the following verbs and idiomatic phrases are frequently used in literary and written German.

> jemanden (wegen) **einer Misshandlung** anklagen
> *to accuse someone of maltreatment*
>
> jemanden **eines Mordes** beschuldigen
> *to accuse someone of murder*
>
> jemanden **des Missbrauchs** überführen
> *to convict someone of abuse*
>
> sich **jemandes/einer Sache** annehmen
> *to take an interest in, to look after someone/something*
>
> sich **einer Sache** bemächtigen
> *to gain possession of something*
>
> sich **der Kritik/einer Sache** enthalten
> *to refrain from criticism/something*
>
> sich **einer Sache** bewusst sein
> *to be aware of something*
>
> sich **einer Sache/guter Gesundheit** erfreuen
> *to enjoy something/good health*

When translating a genitive object which is a noun clause into German, use either *zu* (+ infinitive), *dass* or the appropriate noun, where possible.

> *They are accused of **hitting** their children.*
> Sie werden beschuldigt, ihre Kinder **zu schlagen**.
>
> *She was convicted of **mistreating** her child.*
> Sie wurde überführt, ihr Kind **misshandelt zu haben**./Sie wurde **der Misshandlung ihres Kindes** überführt.

When using the phrase *sich einer Sache bewusst sein* without the object, use *dessen* + *dass*.

> Wir waren uns **dessen** bewusst, **dass** sie nicht gut zurechtkam. *We were aware that she was not coping well.*

1 Lesen Sie den Text und übersetzen Sie die *kursiv gedruckten* Satzteile.

Kinder in Obhut

Auch in Deutschland gibt es noch *Kinder, deren Zuhause nicht sicher ist oder die von ihren Eltern vernachlässigt werden*. Sie werden von dem jeweiligen Sozial- und Jugendamt aus ihren Familien herausgenommen und in Heimen, Pflegefamilien oder Kinderdörfern untergebracht. *In Freiburg ist die Zahl dieser Inobhutnahmen von Säuglingen und Kindern in diesem Jahr leider gestiegen. Eine Ursache dieser Zunahme sei* möglicherweise, dass die Medien offen über *Fälle vernachlässigter Kinder* berichteten und so die Öffentlichkeit auf das Problem und mögliche Indizien aufmerksam und dadurch auch sensibler gemacht worden sei.

Manchmal werden diese Kinder kurzfristig und ohne Vorwarnung in Obhut genommen, was für sie oft sehr dramatisch ist. *Die Leiter des Allgemeinen Sozialen Dienstes*, die dafür verantwortlich sind, *sind sich dieser schwierigen Situation völlig bewusst. Da aber die Eltern dieser Kinder oft drogen- oder alkoholabhängig sind, sind sie nicht in der Lage, sich der Erziehung ihrer Kinder verantwortungsbewusst anzunehmen*. Oft werden diese Kinder misshandelt oder missbraucht.

Trotz anfänglicher Schwierigkeiten fühlen sich die meisten Kinder bei ihren Pflegefamilien recht schnell wohl. Die leiblichen Eltern haben die Erlaubnis, ihr Kind einmal pro Woche zu sehen, und werden dazu angeregt, sich *während dieser sogenannten Auszeit*, also der Zeit ohne Kind, ihren Problemen zu stellen und einer Therapie zu unterziehen. Die Kinder sollen nämlich nicht auf Dauer von ihren Eltern getrennt leben, sondern zurückkehren, wenn letztere wieder in der Lage sind, sich um ihr Kind zu kümmern.

Jugendliche, deren Eltern mit ihnen und ihren Pubertätskonflikten nicht fertig werden, melden sich oft selbst beim Jugendamt.

2 Benutzen Sie den *Tipp* links und die Verben in Klammern und übersetzen Sie die folgenden Sätze ins Deutsche.

  a They enjoyed their children despite their age. (*sich erfreuen*)

  b He looked after his mother after she left the hospital. (*sich annehmen*)

  c She accused her husband of infidelity. (*bezichtigen*)

  d We were blamed for a crime which we had not committed. (*beschuldigen*)

3 Sie sind Journalist(in) und sollen den Leiter eines Jugendamts über Kinder in Obhut interviewen. Schreiben Sie das Interview auf und benutzen Sie möglichst viele Verben mit Genitiv.

Rechtswesen und Verbrechen

Tipp

The use of the anticipatory *es*

With some German verbs which have *zu* (+ infinitive) or a *dass*-clause as their object, the infinitive or the *dass*-clause is usually preceded by *es*.

> Er konnte **es** kaum **ertragen**, seinen Bruder im Gefängnis zu sehen. *He could hardly bear to see his brother in prison.*
>
> Nach dem Überfall **hatte** sie **es eilig**, vor dem Eintreffen der Polizei zu entkommen. *After the holdup, she was in a hurry to escape before the arrival of the police.*

Other verbs for which *es* is necessary:

- es ablehnen zu *to decline to do something*
- es aushalten zu/dass *to bear, to endure something*
- es durchsetzen zu/dass *to succeed in doing something in the face of opposition*
- es jemandem nachtragen, dass *to bear someone a grudge for having done something*
- es satt haben zu *to be sick of doing something*
- es unterlassen zu *to refrain from doing something*

Verbs for which *es* is optional:

- (es) sich angewöhnen zu *to get used to doing something*
- (es) jemandem anmerken *to notice that*
- (es) aufgeben zu *to give up doing something*
- (es) jemandem gönnen, dass *to be glad/pleased for someone that*
- (es) verhindern, dass *to prevent something happening*
- (es) vermeiden zu/dass *to avoid doing something*

1 Übersetzen Sie diese Sätze ins Deutsche. Schlagen Sie Ausdrücke, die Sie nicht kennen, im Wörterbuch nach. Machen Sie eine Liste dieser Ausdrücke und lernen Sie sie.

a One could have prevented the criminal escaping from the police.

b After many debates, the town finally succeeded in installing a large number of CCTVs in the town centre and other areas at risk.

c Some parents can't refrain from hitting their children.

d After months of therapy he gave up taking drugs.

e She was sick of looking after her younger sister who was always getting into trouble with the police.

2 Lesen Sie den Text und übersetzen Sie ihn ins Englische.

Der Geschäftsführer einer wissenschaftlichen Beratungsstelle ist vom Landesgericht Hildesheim zu mehr als drei Jahren Freiheitsstrafe verurteilt worden. Er wurde in 61 Fällen der Bestechung beschuldigt.

Der Angeklagte soll promotionswillige Kandidaten an einen Jura-Professor weitergeleitet haben und diesem dann Honorare gezahlt haben. Angeblich habe der Angeklagte nicht gewusst, dass er sich durch diese Zahlungen strafbar mache. Das Gericht hielt dies jedoch nicht für glaubwürdig und verurteilte ihn zu dieser Haftstrafe, obwohl die Verteidigung Freispruch gefordert hatte.

Der Jura-Professor bekam ebenfalls eine dreijährige Haftstrafe.

3 Schreiben Sie die folgenden Sätze um, indem Sie die Verben in Klammern benutzen.

a Das Gericht wollte den Angeklagten nicht freisprechen. (*ablehnen*)

b Der Angeklagte hat promotionswillige Kandidaten an einen Jura-Professor weitergeleitet und diesem dann Honorare gezahlt. (*lassen*)

c Die promotionswilligen Kandidaten wollten, dass der Angeklagte eine höhere Strafe bekommen sollte. (*jemandem gönnen*)

d Man hat gesehen, dass der Jura-Professor sich schuldig fühlte. (*jemandem anmerken, dass*)

4 „Verbrechen wird es immer geben. Folglich sind alle Versuche, etwas gegen Verbrechen zu unternehmen, nutzlos und Zeitverschwendung."

Inwiefern stimmen Sie dieser Aussage zu? Begründen Sie Ihre Meinung und verwenden Sie möglichst viele der oben erwähnten Verben.

Technik und die Zukunft

Negative conditional clauses

Use the pluperfect subjunctive in *wenn*-clauses with a negative condition in the past, and in the main clause, the pluperfect subjunctive or the conditional perfect.

> Wenn ihre Kundenkarte keinen RFID-Chip gehabt hätte, **hätte** sie ihren Einkaufswagen nicht **erkannt**.
> (*pluperfect subjunctive*)

> Wenn ihre Kundenkarte keinen RFID-Chip gehabt hätte, **würde** sie ihren Einkaufswagen nicht **erkannt haben**.
> (*conditional perfect*)

*RFID – Radio Frequency Identification

1a 🔊 Hören Sie sich den Text „Einkaufen im Jahr 2020" an und notieren Sie sich die Verben in den Konditionalsätzen. Schreiben Sie dann die Konditionalsätze um.

1b Übersetzen Sie die Konditionalsätze ins Englische.

2 Übersetzen Sie die folgenden Sätze ins Deutsche.

  a Had there been more severe sentences, the criminals would have been deterred.

  b If she had admitted the crime, she might have been spared a prison sentence.

  c Without regular running and gym training, the policemen would not have been so fit.

  d This crime would not have taken place had there been more policemen walking round.

Alternatives for *wenn*

Instead of using *wenn* (+ verb) at the end of the clause, it is possible to omit *wenn* and invert the subject and verb.

> **Hätte er** sie gestern besucht, wäre sie noch im Gefängnis gewesen.

The following phrases are used like *wenn* and are generally used in conditional sentences where the condition is likely to be fulfilled.

- <u>vorausgesetzt, (dass)</u> *assuming, provided that*
  Wenn Jugendliche jeden Tag zur Schule gehen, begehen sie keine Verbrechen.
  Vorausgesetzt, Jugendliche gehen jeden Tag zur Schule, begehen sie keine Verbrechen.
  If young people attend school every day, they won't commit crimes.
- <u>angenommen, (dass)</u> *assuming, provided that*
- <u>falls/sofern/im Falle, dass/für den Fall, dass</u> *in case*
- <u>unter der Bedingung, dass</u> *on condition that*

3 Ergänzen Sie die folgenden Sätze mit dem Konjunktiv.

  a … sie eine gute Arbeitsstelle … (*haben*), … sie nie auf die Idee … (*kommen*), zu stehlen.

  b … die Todesstrafe nicht … (*verbieten*) worden, … viele Unschuldige … (*sterben*).

  c … du die Polizei … (*anrufen*), … die Diebe nicht … (*entkommen*).

4 Schreiben Sie die Sätze von Übung 3 um, aber benutzen Sie die unterstrichenen Wörter vom *Tipp* zu, statt den Konjunktiv zu benutzen.

5 👤 Diskutieren Sie zu zweit ob Sie glauben, dass technische Entwicklungen wie der RFID-Chip von Übung 1a unsere Leben erleichtern werden. Eine Person soll für neue Erfindungen sein, die andere soll dagegen sein.

Versuchen Sie Konditionalsätze und die unterstrichenen Ausdrücke von den *Tipps* auf dieser Seite zu verwenden.

Tipp

Das Zustandspassiv

The passive is used when the emphasis is on the action in a sentence.

Am 1. April 1948 **wurden** die Grenzen zwischen Berlin und der Westzone für kurze Zeit von den sowjetischen Alliierten **besetzt**. *On 1 April 1948, the borders between Berlin and the 'west zone' were occupied by the Soviet allies for a short time.*

However, if the emphasis is not on the action but on the state which results from the action, the so-called *Zustandspassiv* is used in German.

To form the *Zustandspassiv*, you need to replace *werden* with the appropriate form of *sein* + the past participle.

Emphasis on the action:

In der Nacht vom 23. zum 24. Juni 1948 **wurde** die Stromversorgung nach Westberlin **eingestellt**. *During the night from the 23rd to the 24th of June 1948, the electricity supply to West Berlin was stopped.*

Emphasis on the resultant state:

Am Morgen des 24. Juni **kommt** der gesamte Verkehr zwischen Westberlin und dem Westen zum Stillstand und Westberlin **ist** vollkommen von den sowjetischen Besatzungsmächten **blockiert**. *On the morning of 24 June, all traffic between West Berlin and the West comes to a standstill, and West Berlin is totally blockaded by the Soviet occupying power.*

1 **Übersetzen Sie die folgenden Sätze ins Deutsche. Überlegen Sie sich genau, welche Passivform richtig ist.**

a 750 tons of food aid are flown to West Berlin every day.

b Although the town is surrounded by the Soviet allies, its citizens don't give up.

c The Berlin mayor's speech, to not give up on the people of Berlin, had been transmitted all over the world.

d After many negotiations between the allies, it was decided to end the blockade.

e On 12 May at 0.01 am, the blockade of the Soviet occupying power is ended.

2 **Lesen Sie den Text über die Berliner Blockade und übersetzen Sie alle passiven Sätze ins Englische.**

Die Berliner Blockade

Im Jahr 1948 war Berlin eine Stadt in Trümmern, die zum Mittelpunkt des Kalten Krieges wurde. Die westlichen Besatzungsmächte und die Sowjetunion hatten unterschiedliche Vorstellungen von der Zukunft Deutschlands. Während die USA, Großbritannien und Frankreich die von ihnen besetzten Zonen an den Westen anbinden wollten, wollte die Sowjetunion die sowjetisch besetzte Zone nicht abgeben. Als Folge dieser Differenzen wurden Züge von den sowjetischen Alliierten wegen Formalitäten aufgehalten und an der Weiterfahrt gehindert, und im April wurden für kurze Zeit die Grenzen blockiert.

Am 20. Juni wurde in den westlichen Besatzungszonen die D-Mark eingeführt. Daraufhin kam es auch in der sowjetisch besetzten Zone zu einer Währungsreform, die aber auch Westberlin einschließen sollte. In einer Sondersitzung beschloss man, in Westberlin die D-Mark einzuführen.

Die Sowjetunion sah dies als Provokation an und stellte alle Güter- und Personenzüge von und nach Berlin ein. Westberlin war damit von Ostberlin abgeschnitten. In der Nacht vom 23. auf den 24. Juni wurde die Stromversorgung von ganz Westberlin durch das Großkraftwerk Golpa-Zschornewitz eingestellt. Ab dem 24. Juni wurde außerdem der gesamte Straßenverkehr von der sowjetischen Besatzungsmacht blockiert. Damit war Westberlin total isoliert.

Die westlichen Besatzungsmächte kamen überein, Westberlin nicht aufzugeben, und US-General Clay ordnete die Errichtung einer Luftbrücke an. Bis Ende Juli waren täglich 2000 Tonnen Hilfsgüter nach Westberlin geschickt worden.

Im April 1949 wurden 12 849 Tonnen Güter in die Stadt eingeflogen. Westberlin war zu einem Symbol der Verteidigung von Freiheit und Demokratie geworden.

Die Luftbrücke wurde bis Mai 1949 aufrechterhalten, bis die Blockade beendet wurde. Westberlin wurde zwar ein Teil Westdeutschlands; Berlin blieb aber bis November 1989 eine geteilte Stadt.

3 **Stellen Sie sich vor, Sie hätten zur Zeit der Luftbrücke in Westberlin gewohnt. Beschreiben Sie die Ereignisse, sowie Ihre Gefühle und Reaktionen, in Form von Tagebucheinträgen.**

Tipp

Attributive participial phrases

All present participles and most past participles can be used as so-called attributive adjectives and are declined, i.e. take the same endings as adjectives.

Der singende Schauspieler ist in ganz Deutschland bekannt. (*masc. nominative*)

Im Haus **der singenden Schauspielerin** gibt es viele wertvolle Gegenstände. (*fem. genitive*)

Ich würde gern einmal **mit der singenden Schauspielerin** auf der Bühne stehen. (*fem. dative*)

Wir bitten **den singenden Schauspieler** um ein Autogramm. (*masc. accusative*)

In German, such an attributive participle can be preceded by an object and adverb(s). This is frequently used in literary or other formal texts such as letters, newspaper articles, etc., but is generally not used in conversational German as it would sound rather stilted.

Der auf einem bekannten Buch basierende Film hat uns alle fasziniert.

The film which is based on a well-known book fascinated all of us.

Ich habe mir den von dir empfohlenen Film gestern angesehen.

Yesterday, I watched the film you recommended.

1 Übersetzen Sie die folgenden Sätze ins Englische.

a Der vor seinem Verfolger davonlaufende Junge konnte gerettet werden.

b Der von verschiedenen Krankheiten geplagte Autor konnte seinen Roman nur mit großer Mühe beenden.

c Ihr kürzlich veröffentlichtes Buch wurde bei Kindern zwischen 10 und 12 Jahren ein Bestseller.

d Kennst du die aus dem Jahr 2001 stammende Filmversion des Musicals?

e Man weiß nicht, was man von dem zur Zeit in allen Kinos laufenden Film von Wim Wenders halten soll.

2 Ergänzen Sie die Sätze mit den Partizipial-attributen in Klammern.

a Das … habe ich schon zweimal gelesen. (Buch, auf dem Boden liegen)

b Daniel Kehlmann ist ein mit … zeitgenössischer Schriftsteller. (viele Preise, auszeichnen)

c Das Tagebuch der Anne Frank ist ein von … Dokument über den Holocaust im Zweiten Weltkrieg. (viele Jugendliche, in der ganzen Welt, lesen)

d Hier kann man eine supermoderne, sich … Architektur bewundern. (im Norden, die Stadt, ausbreiten)

e Der … Held des Abenteuerfilms war ein miserabler Schauspieler. (nach Luft schnappen, durch den Wald laufen)

3 Übersetzen Sie die folgenden Sätze ins Deutsche.

a Lots of teenagers prefer to go to the cinema than to watch a DVD at home.

b In recent years many German films have become worldwide successes.

c The film is about the economic situation in Germany in the 1930s.

d I would recommend the film because the dancing actor and the special effects were both excellent.

e The film, which is based on a true story, gives an insight into the life of Anne Frank.

4 Lesen Sie die Seiten 104–105 wieder und schreiben Sie eine Kritik über Ihren Lieblingsfilm. Schreiben Sie mindestens 250 Wörter und versuchen Sie, dabei auch Partizipialattribute zu benutzen. Schließen Sie Infomationen über die folgenden Stichpunkte ein:

- die Handlung
- die Schauspieler bzw. Schauspielerinnen und die Charaktere, die sie darstellen
- die Themen des Films
- warum Sie diesen Film mögen

Grammar

1 Nouns and articles

1.1 Gender

Every German noun has a gender, masculine (*der Tisch*), feminine (*die Klasse*) or neuter (*das Telefon*).

● **1.1.1** Nouns which refer to masculine or feminine people will have the expected gender:

der Mann, der Arzt, der Großvater
die Frau, die Ärztin, die Tante

But: *das Kind* and *das Mädchen* are both neuter.

● **1.1.2** Nouns which end as follows are usually masculine:

-ant	der Demonstrant, der Passant
-er	der Computer, der Keller, der Ärger
-ich	der Teppich
-ig	der Honig, der König
-ing	der Lehrling
-ismus	der Sozialismus, der Tourismus
-ist	der Polizist, der Tourist
-or	der Diktator, der Doktor

● **1.1.3** Nouns which end as follows are usually feminine:

-e	die Karte, die Grenze, die Szene
-heit	die Schönheit, die Mehrheit
-ik	die Politik, die Hektik, die Panik
-in	die Freundin, die Polizistin
-ion	die Explosion, die Nation
-keit	die Arbeitslosigkeit, die Verantwortlichkeit
-schaft	die Freundschaft, die Landschaft, die Gesellschaft
-ung	die Meinung, die Forschung, die Umgebung

● **1.1.4** Nouns which end as follows are usually neuter:

-chen	das Mädchen, das Hähnchen
-lein	das Fräulein, das Büchlein
-um	das Gymnasium, das Referendum, das Zentrum

◆ Words which have come into German from other languages are also often neuter:

das Handy, das Hotel, das Taxi, das Telefon

● **1.1.5** The gender of any compound noun is always the gender of the last noun in it:

der Zug ⟶ der IC-Zug, der Schnellzug
die Karte ⟶ die Eintrittskarte, die Fahrkarte
das Geld ⟶ das Fahrgeld, das Taschengeld

1.2 Definite and indefinite articles

● **1.2.1** The definite article in English has one form: 'the'. In German the form varies with gender and case (see 1.1 and 2).

	masc	fem	neut	pl
nom	der	die	das	die
acc	den	die	das	die
dat	dem	der	dem	den
gen	des	der	des	der

● **1.2.2** The indefinite article in English is 'a' or 'an'. In German it is:

	masc	fem	neut
nom	ein	eine	ein
acc	einen	eine	ein
dat	einem	einer	einem
gen	eines	einer	eines

● **1.2.3** The equivalent of 'not a' or 'no' in German is *kein*, and this also varies with gender and case. It takes the same endings as *ein*, with the addition of the plural endings:

nom	keine
acc	keine
dat	keinen
gen	keiner

Das ist **kein** Urlaub! *That's not a holiday!*
Das ist **keine** gute Lösung! *That's not a good solution!*

● **1.2.4** In a number of places German uses the definite article where English does not:

◆ for abstract nouns:

Die Natur ist schön! *Nature is beautiful!*
Die Menschheit hat viel zu lernen. *Mankind has a lot to learn.*

◆ with parts of the body, in constructions where English uses the possessive adjective:

Er wäscht sich **die** Hände. *He washes **his** hands.*
Sie zerbrechen sich **den** Kopf darüber. *They're racking **their** brains over it.*

◆ with countries which are feminine:

die Schweiz *Switzerland*
die Türkei *Turkey*

◆ with proper nouns preceded by an adjective:

der kluge Martin *clever Martin*
das moderne Deutschland *modern Germany*

Grammar

◆ in expressions of cost and quantity where English uses the indefinite article:

Der Spargel sieht lecker aus. Was kostet das Kilo?
*The asparagus looks delicious. How much is **a** kilo?*

◆ with meals:

nach **dem** Frühstück *after breakfast*

◆ in certain set phrases:

in **der** Schule *at school*
in **der** Regel *as a rule*
in **die** Stadt fahren *to go into town*

● **1.2.5** In some places where English uses the indefinite article, German has **no** article:

◆ before professions, status or nationality:

Sie ist Zahnärztin. *She is **a** dentist.*
Ihr Vater ist Franzose. *Her father is **a** Frenchman.*

◆ in certain set phrases:

Hast du Fieber? *Have you got **a** temperature?*
Ich habe Kopfschmerzen. *I've got **a** headache.*

1.3 Forming plurals

German nouns form their plurals in various ways and it is best to learn the plural with the noun and its gender. But some patterns are worth learning.

● **1.3.1** Most feminine nouns add *-n* or *-en* to form the plural.

die Karte	– die Karte**n**
die Meinung	– die Meinung**en**
die Einzelheit	– die Einzelheit**en**

● **1.3.2** Feminine nouns ending in *-in* add *-nen* to form the plural.

die Polizistin	– die Polizistin**nen**
die Feministin	– die Feministin**nen**

● **1.3.3** Many masculine nouns form their plural by adding an umlaut to the main vowel and *-e* to the end of the word.

der Baum	– die B**äu**m**e**
der Fluss	– die Fl**ü**ss**e**
der Pass	– die P**ä**ss**e**

● **1.3.4** Many masculine or neuter nouns which end in *-el*, *-en*, *-er*, *-chen* or *-lein* do not change in the plural. A few add umlauts, but no ending.

der Engel	– die Engel
das Unternehmen	– die Unternehmen
der Einwohner	– die Einwohner
das Mädchen	– die Mädchen
das Fräulein	– die Fräulein
der Garten	– die G**ä**rten

● **1.3.5** To make the plural of a neuter word ending in *-um*, remove *-um* and replace with *-en*.

das Datum	– die Dat**en**
das Zentrum	– die Zentr**en**

● **1.3.6** Many neuter words of foreign origin add *-s* to form the plural.

das Hotel	– die Hotel**s**
das Taxi	– die Taxi**s**

● **1.3.7** Most other neuter nouns form their plural by adding an umlaut to the main vowel and *-er* to the end.

das Haus	– die H**äu**s**er**
das Land	– die L**ä**nd**er**
das Schloss	– die Schl**ö**ss**er**

1.4 Adjectival nouns

Nouns can be formed from adjectives:

alt – der Alte
deutsch – die Deutschen
fremd – der Fremde

Like other German nouns, adjectival nouns have a capital letter, but they take the same endings as adjectives normally do, according to the word that precedes them (see 3.3):

	masc	fem	neut	pl
nom	der Deutsch**e**	die Deutsch**e**	das Deutsch**e**	die Deutsch**en**
acc	den Deutsch**en**	die Deutsch**e**	das Deutsch**e**	die Deutsch**en**
dat	dem Deutsch**en**	der Deutsch**en**	dem Deutsch**en**	die Deutsch**en**
gen	des Deutsch**en**	der Deutsch**en**	des Deutsch**en**	der Deutsch**en**
nom	ein Deutsch**er**	eine Deutsch**e**	ein Deutsch**es**	Deutsch**e**
acc	einen Deutsch**en**	eine Deutsch**e**	ein Deutsch**es**	Deutsch**e**
dat	einem Deutsch**en**	einer Deutsch**en**	einem Deutsch**en**	Deutsch**en**
gen	eines Deutsch**en**	einer Deutsch**en**	eines Deutsch**en**	Deutsch**er**

nom **Ein Bekannter** von mir wird uns abholen. *An acquaintance of mine will pick us up.*

acc Er hatte **den Fremden** noch nicht begrüßt. *He had not yet greeted the stranger.*

dat Wir haben noch nicht mit **den Angestellten** gesprochen. *We haven't spoken to the employees yet.*

gen Das Büro **des Beamten** befand sich neben dem Fahrstuhl. *The official's office was situated next to the lift.*

1.5 Weak nouns

A small group of masculine nouns are known as weak nouns. They end in -*n* or -*en* in all cases except the nominative singular.

	sing	**pl**
nom	der Junge	die Jungen
acc	den Jungen	die Jungen
dat	dem Jungen	den Jungen
gen	des Jungen	der Jungen

◆ They include:

der Assistent	*assistant*
der Franzose	*Frenchman*
der Held	*hero*
der Kunde	*customer*
der Mensch	*person*
der Nachbar	*neighbour*
der Präsident	*president*
der Sklave	*slave*
der Soldat	*soldier*
der Student	*student*

nom **Dieser Franzose** spricht fantastisches Deutsch! *This Frenchman speaks fantastic German!*

acc Ich habe **meinen Nachbarn** noch nicht gesehen. *I haven't seen my neighbour yet.*

dat Das müssen wir alles mit **dem Kunden** besprechen. *We must discuss all that with the customer.*

gen Wo sind die Bücher **des Assistenten**? *Where are the assistant's books?*

1.6 Mixed nouns

A few masculine nouns and one neuter noun add -(*e*)*n* like weak nouns, but also add -*s* in the genitive (2.5):

	sing	**pl**
nom	der Name	die Namen
acc	den Namen	die Namen
dat	dem Namen	den Namen
gen	des Namens	der Namen

◆ Others include:

der Buchstabe *the letter*		der Friede *the peace*	
der Gedanke *the thought*		der Glaube *the belief*	
das Herz *the heart*		der Wille *the will*	

2 Prepositions and cases

2.1 The nominative case

● **2.1.1** The nominative case is used for the subject of a sentence. Often the subject comes first, before the verb and object:

Dein Vater hat immer recht! *Your father is always right!*

But it can come later, and the use of the nominative shows it is the subject of the sentence:

Einen interessanten Beruf hat **dein Vater**. *Your father has an interesting job.*

● **2.1.2** The nominative case is always used after verbs like **sein**, **werden** and **bleiben**:

Er **ist ein wichtiger Mann**. *He is an important man.*
Er **wurde ein reicher Unternehmer**. *He became a rich entrepreneur.*

2.2 The accusative case

The accusative case has three main uses.

● **2.2.1** It is used for the object of a sentence:

Kauft er **den Wagen**? *Is he buying the car?*
Ich habe **keine Ahnung**! *I have no idea!*

Er muss dringend **einen Computer und einen Drucker** kaufen. *He urgently needs to buy a computer and a printer.*

● **2.2.2** It is used after the following prepositions:

bis	*until, to, as far as*
durch	*through, by*
entlang	*along* (usually follows the noun)
für	*for*
gegen	*against, towards*
ohne	*without*
um	*round*

Die Gruppe joggt **durch den Wald**. *The group is jogging through the wood.*
Was hast du **gegen diesen Politiker**? *What have you got against this politician?*

Grammar

● **2.2.3** It is used in certain expressions of time, including lengths of time:

Ich fahre **jeden Samstag** nach Hause. *I go home every Saturday.*

Wo warst du **letzte Woche**? *Where were you last week?*

2.3 The dative case

Add *-n* to all plural nouns in the dative case, unless they already end in *-n* or *-s*.

zwei Jahre	→	nach zwei Jahre**n**
die Brüder	→	mit meinen Brüder**n**
die Klassen	→	die Schüler von zwei Klassen
die Hotels	→	in den Hotels

The dative case has two main uses.

● **2.3.1** The dative is used for the indirect object of a sentence, often translated into English as 'to'. Sometimes the 'to' is optional in English.

Ich gebe **dem Direktor** meinen Lebenslauf. *I give my CV to the boss* **or** *I give the boss my CV.*

Schreibst du **der Schwester**? *Are you writing to the sister?*

● **2.3.2** The dative is used after these prepositions:

aus	*out of/from*
außer	*except for*
bei	*'at' someone's (like chez in French) (bei + dem → beim)*
dank	*thanks to*
gegenüber	*opposite (follows a pronoun and can follow a noun)*
mit	*with*
nach	*after, according to*
seit	*since (see 6.1.1)*
von	*from (von + dem → vom)*
zu	*to (zu + dem → zum; zu + der → zur)*

Wie komme ich **aus der Stadtmitte** heraus? *How do I get out of the town centre?*

Wann warst du das letzte Mal **beim Zahnarzt**? *When were you last at the dentist's?*

2.4 Dual-case prepositions

Nine prepositions take either the accusative case or the dative, depending on the circumstances.

an	*on (vertically, e.g. hanging on a wall) at (an + dem → am; an + das → ans)*
auf	*on*
hinter	*behind*
in	*in (in + dem → im; in + das → ins)*

neben	*near, next to, beside*
über	*over*
unter	*under, below*
vor	*in front of, before*
zwischen	*between*

● **2.4.1** When these prepositions indicate the location of a thing or an action, they are followed by the dative case.

Er arbeitet **im** Büro. *He works in the office.*

Das Bild hängt **an der** Wand. *The picture is hanging on the wall.*

● **2.4.2** When they indicate the direction of a movement, they are followed by the accusative case.

Er geht **ins** Büro. *He goes into the office.*

Hängen Sie das Bild bitte **an die** Wand. *Please hang the picture on the wall.*

● **2.4.3** When these prepositions are used with anything other than their literal meaning, they usually take the accusative case, but it is wise to learn the appropriate case when learning the phrase.

über + acc. = *about*

Ich habe viel **über das** Rechtssystem gelernt. *I have learnt a lot about the legal system.*

2.5 The genitive case

Masculine and neuter singular nouns add *-s* or *-es* in the genitive case:

der Titel **des** Buch**es** *the title of the book*
der Sohn **des** Mann**es** *the man's son*
am Stiefel **des** Spiele**rs** *the player's boots*
die Filme **des** Jahrhundert**s** *the films of the century*

One-syllable words usually add *-es* and longer words simply add an *-s.*

The genitive case has two main uses.

● **2.5.1** The genitive is used to show possession and is usually translated into English by 'of the' or an apostrophe and an 's' ('s).

● **2.5.2** The genitive is used after certain prepositions, including:

außerhalb	*inside*	trotz	*in spite of*
innerhalb	*outside*	während	*during*
statt	*instead of*	wegen	*because of*

Sie wohnen etwas **außerhalb der Stadt**. *They live a little way out of the town.*

2.6 Nouns in apposition

Sometimes a noun is followed immediately by a second noun referring to the same person or thing. The second noun is 'in apposition', and is in the same case as the first one.

Das ist Herr Schulz, **mein Englischlehrer**. *That is Herr Schulz, my English teacher.*

Kennst du meinen Nachbarn, **den Franzosen**? *Do you know my neighbour, the Frenchman?* (acc.)

3 Adjectives and adverbs

3.1 Possessive adjectives

Possessive adjectives are the words for 'my', 'your', 'his', etc.

ich	mein	*my*
du	dein	*your*
er	sein	*his/its*
sie	ihr	*her/its*
es	sein	*its*
man*	sein	*one's (etc.)*
wir	unser	*our*
ihr	euer	*your*
sie	ihr	*their*
Sie	Ihr	*your*

*and other indefinite pronouns (see 4.6)

Possessive adjectives decline like *kein*:

	masc	fem	neut	pl
nom	mein	meine	mein	meine
acc	meinen	meine	mein	meine
dat	meinem	meiner	meinem	meinen
gen	meines	meiner	meines	meiner

Das ist der Wagen **meines** Onkels. *That is my uncle's car.*

3.2 Demonstrative and interrogative adjectives

Demonstrative adjectives include:

dieser	*this*
jeder	*each, every*
jener	*that*

There is one interrogative adjective, used for asking questions:

welcher	*which*

All four words follow the same pattern as the definite article.

	masc	fem	neut	pl
nom	dieser	diese	dieses	diese
acc	diesen	diese	dieses	diese
dat	diesem	dieser	diesem	diesen
gen	dieses	dieser	dieses	dieser

Diese Jutetasche ist so praktisch! *This jute bag is so practical!*

Wirf das grüne Glas in **jenen** Container. *Put the green glass in that container.*

Welcher Gemeinde gehört es? *Which local authority does it belong to?*

Die Rolle **dieser** Organisationen ist sehr wichtig. *The role of these organisations is very important.*

3.3 Adjective endings

● **3.3.1** Adjectives not in front of a noun do not add any endings:

Sie sind **klug**. *They are clever.*

● **3.3.2** When an adjective is used before a noun it has particular endings. These depend on the word before the adjective, and on the gender and case of the noun.

der **große** Fehler *the big mistake*
Er hat einen **großen Fehler** gemacht. *He's made a big mistake.*

There are three sets of adjective endings to learn:

Table A
Adjective endings after the definite article, *alle, dieser, jeder, jener, welcher*:

	masc	fem	neut	pl
nom	e	e	e	en
acc	en	e	e	en
dat	en	en	en	en
gen	en	en	en	en

Der alt**e** Herr ist mein Onkel. *The old gentleman is my uncle.*

Siehst du den alt**en** Herrn? *Can you see the old gentleman?*

Ich sprach mit dem alt**en** Herrn. *I spoke to the old gentleman.*

Das sind die Unterlagen des alt**en** Herrn. *These are the old gentleman's documents.*

Sind die groß**en** Männer beide im Tor? *Do the tall men both play in goal?*

Grammar

Table B

Adjective endings after the indefinite article, *kein* and the possessive adjectives.

	masc	fem	neut	pl
nom	er	e	es	en
acc	en	e	es	en
dat	en	en	en	en
gen	en	en	en	en

Das ist aber ein nett**er** Mensch! *That is a nice person!*

Hast du keinen gut**en** Freund? *Haven't you got any good friends?*

Ich gehe lieber mit einem intelligent**en** Menschen aus. *I prefer to go out with an intelligent person.*

Das ist der Vorteil des modern**en** Mannes. *That's the advantage of a modern man.*

Meine best**en** Freunde sind alle Österreicher. *My best friends are all Austrians.*

Table C

Adjectives used without an article or other defining word, e.g. after a number:

	masc	fem	neut	pl
nom	er	e	es	e
acc	en	e	es	e
dat	em	er	em	en
gen	en	er	en	er

Das ist aber tief**er** Schnee! *That's deep snow!*

Ich mag heiß**en** Tee. *I like hot tea.*

Bei schlecht**em** Wetter bleibe ich lieber zu Hause! *In bad weather I prefer to stay at home!*

Verstehst du die Vorteile gut**en** Benehmens? *Do you understand the advantages of good behaviour?*

Du bekommst nur mit gut**en** Noten einen Studienplatz. *You only get a place at university with good marks.*

3.4 Adverbs

Adverbs tell you **how** something is done – well, efficiently, badly, etc. In English they usually end in '-ly', although there are exceptions such as 'well' and 'fast'.

● **3.4.1** In German any adjective can be used as an adverb. No alteration is needed:

| langsam *slow* | → | Er fuhr **langsam**. *He drove slowly.* |
| leise *quiet* | → | „Ach, ja", sagte sie **leise**. *'Oh yes,' she said quietly.* |

● **3.4.2** There are also adverbs of place, telling you where something happens:

| hier | *here* | oben | *up there* |
| dort | *there* | unten | *down there* |

● **3.4.3** Adverbs of time tell you when something happens:

häufig/oft	*often*	selten	*seldom*
regelmäßig	*regularly*	sogleich	*at once*
nie	*never*		

● **3.4.4** There are also adverbial phrases such as:

| aus Versehen | *accidentally* |
| auf Wunsch | *if desired* |

● **3.4.5** Interrogative adverbs ask 'when', 'where', etc. something happens:

| wann | *when* | wo | *where* |
| wie | *ow* | warum/wieso | *why* |

3.5 Adjectives in comparisons

Comparatives are used to compare two things, to say for example that one is bigg**er**, **more** expensive or **better** quality than another.

Superlatives are used to compare three or more things, to say for example which is bigg**est**, **most** expensive or **best** quality.

● **3.5.1** To form the comparative of any regular adjective, add **-er** and the appropriate adjectival ending.

schmackhaft *tasty* → schmackhaft**er** (als) *tastier (than)*

Fertiggerichte sind schmackhaft, aber Naturkost ist schmackhaft**er**. *Ready meals are tasty, but organic food is tastier.*

Haben Sie einen billig**eren** Tarif? *Have you got a cheaper tariff?*

To compare two things, use **als** in German for English 'than'.

Normales Gemüse ist **billiger als** biologisches. *Ordinary vegetables are cheaper than organic vegetables.*

● **3.5.2** To form the superlative of an adjective, add **-(e)st** followed by the normal adjective endings.

| billig *cheap* | → | **das** billig**ste** the cheapest (singular, referring to a neuter noun) |
| schnell *fast* | → | **die** schnell**sten** Autos the fastest cars (plural) |

● **3.5.3** A number of adjectives add an umlaut when forming the comparative and superlative:

adjective	comparative	superlative
lang	länger	am längsten
warm	wärmer	am wärmsten
groß	größer	am größten
gesund	gesünder	am gesündesten

Ich ziehe den **kürzeren** Rock vor. *I prefer the shorter skirt.*

Meine Finger sind **länger** als deine. *My fingers are longer than yours.*

● **3.5.4** Some comparative and superlative forms are irregular:

adjective	comparative	superlative
gut	besser	am besten
hoch	höher	am höchsten
nah	näher	am nächsten

Was ist also **besser?** *What's better, then?*

Ist Göppingen **näher** als Stuttgart? *Is Göppingen nearer than Stuttgart?*

● **3.5.5** To say 'just as … as', use *genauso … wie* or *ebenso … wie*:

Bananen sind **genauso gesund wie** Orangen. *Bananas are just as healthy as oranges.*

Radfahren macht **ebenso fit wie** Joggen. *Cycling makes you just as fit as jogging.*

To say 'not as … as', use *nicht so … wie*:

Pommes frites sind **nicht so gesund wie** Pellkartoffeln. *Chips are not as healthy as boiled potatoes.*

3.6   Adverbs in comparisons

● **3.6.1** The comparative and superlative forms of adverbs follow a very similar pattern to those of adjectives:

schnell	schneller	**am** schnell**sten**
quickly	*more quickly*	*most quickly*
einfach	einfach**er**	**am** einfach**sten**
easily	*more easily*	*most easily*

Ich fahre **schneller** als meine Schwester, aber unsere Mutter fährt **am schnellsten**. *I drive faster than my sister but our mother drives the fastest.*

● **3.6.2** Irregular forms include:

adverb	comparative	superlative
gern	lieber	am liebsten
gut	besser	am besten
viel	mehr	am meisten
bald	eher	am ehesten

Meine Lieblingslehrerin erklärt den Stoff **besser als** alle anderen! *My favourite teacher explains the work better than all the others!*

Was machst du **am liebsten**? *What do you most like to do?*

4   Pronouns

4.1   Modes of address

● **4.1.1** Use *du* for people you know very well, such as your friends, other students, young people in general:

Kommst **du** heute Abend mit ins Kino? *Will you come to the cinema with me tonight?*

● **4.1.2** Use *ihr* to address two or more people you know very well, e.g. friends and family:

Es ist nett von euch, dass **ihr** mich vom Flughafen abholt. *It is nice of you to pick me up from the airport.*

● **4.1.3** Use *Sie* to address one or more people older than yourself and people in authority, such as your teacher or your boss:

Könnten **Sie** mir bitte erklären, was an diesem Ausdruck falsch ist? *Could you please explain to me what is wrong with this expression?*

4.2   Personal pronouns

● **4.2.1** The personal pronouns alter according to case.

	nom	acc	dat
I	ich	mich	mir
you (familiar – sing.)	du	dich	dir
he/it	er	ihn	ihm
she/it	sie	sie	ihr
it	es	es	ihm
we	wir	uns	uns
you (familiar – plural)	ihr	euch	euch
they/them	sie	sie	ihnen
you (polite)	Sie	Sie	Ihnen

nom/acc	Holst **du mich** bitte ab? *Will you pick me up?*
nom/dat	**Ich** schreibe **ihr** jede Woche. *I write to her every week.*

Grammar

● **4.2.2** The words for 'it' and 'them' are not generally used after a preposition. They are replaced by *da-* (or *dar-* before vowels) attached to the front of the preposition:

daran	*at it/on this*
darauf	*on it*
dadurch	*through/by that/it*
dafür	*for it*
dagegen	*against it*
dahinter	*behind it*
darin	*in it/this*
damit	*with it*
darunter	*underneath it*

Er fährt jeden Tag mit dem Auto zur Schule und seine Eltern haben nichts **dagegen**. *He goes to school by car every day and his parents have nothing against it.*

4.3 Reflexive pronouns

Reflexive pronouns are used with reflexive verbs (see 5.2) and mean 'myself', 'yourself', 'himself' and so on. They are used in the accusative and the dative cases.

	acc	dat
ich	mich	mir
du	dich	dir
er/sie/es/man*	sich	sich
wir	uns	uns
ihr	euch	euch
sie	sich	sich
Sie	sich	sich

*and other indefinite pronouns (see 4.6)

Sie waschen **sich**. *They are getting washed.*
Ich muss **mir** die Haare waschen. *I must wash my hair.*
Er sucht **sich** ein Buch aus. *He's looking for a book for himself.*

4.4 Relative pronouns

Relative pronouns mean 'who' or 'which/that' and are used to join simple sentences together:

The computer is the latest model. It is available at your dealer's. → The computer, which is available at your dealer's, is the latest model.

The German equivalent is:

Der Computer ist das neueste Modell. Er ist beim Fachhändler erhältlich. → Der Computer, der beim Fachhändler erhältlich ist, ist das neueste Modell.

● **4.4.1** There are relative pronouns for each gender and case.

	masc	fem	neut	pl
nom	der	die	das	die
acc	den	die	das	die
dat	dem	der	dem	denen
gen	dessen	deren	dessen	deren

The relative pronoun:

◆ agrees in number and gender with the noun to which it refers
◆ takes its case from its role within the relative clause
◆ must have a comma before it
◆ sends the verb to the end of the clause (8.5.1)

In a sentence beginning 'the man who ...', the relative pronoun must be masculine singular because it refers back to 'man'. But it could be in any of the four cases, depending on its role within its own clause:

Viele Deutsche, **die** ihre Ferien im Inland verbringen, fahren an die Ostsee. (*nom. pl.*) *Many Germans who spend their holidays in Germany go to the Baltic.*

Ich fahre am liebsten mit einem Freund weg, **den** ich schon gut kenne. (*masc. sg. acc.*) *I prefer to go away with a friend I know really well.*

Die Familie, mit **der** wir am liebsten Zeit verbringen, kennen wir schon lange. (*fem. sg . dat. after preposition*) *We have known the family we most like spending time with for a long time.*

Die Touristen, **deren** Auto wir gestern gesehen haben, wohnen in diesem Hotel. (*gen. pl.*) *The tourists whose car we saw yesterday are staying in this hotel.*

● **4.4.2** The relative pronoun can be missed out in English, but not in German.

Das Haus, **das** ich mietete, ist nicht groß genug.
Either: *The house I rented isn't big enough.*
Or: *The house which/that I rented isn't big enough.*

● **4.4.3** After *alles*, *viel*, *manches*, *nichts*, *allerlei* and superlatives, the relative pronoun *was* is used instead of *das*.

Er hat **alles** aufgegessen, **was** er auf dem Teller hatte. *He ate everything he had on his plate.*

Es gibt **nichts, was** ich lieber mag als faulenzen. *There is nothing I like better than lazing around.*

● **4.4.4** If the relative pronoun refers to the whole of the other clause, *was* is used again:

Die meisten Deutschen fahren nach Spanien, **was** mich überhaupt nicht überrascht. *Most Germans go to Spain, which doesn't surprise me at all.*

● **4.4.5** For other kinds of relative clause, see 8.5.

4.5 Possessive pronouns

Possessive adjectives (3.1) can be used as pronouns, i.e. without a noun. The forms are the same as for possessive adjectives, except in the nominative and the accusative.

	masc	**fem**	**neut**	**pl**
nom	mein**er**	meine	mein**(e)s**	meine
acc	meinen	meine	mein**(e)s**	meine

A possessive pronoun takes its gender from the noun to which it refers and its case from the part which it plays in the clause or sentence.

Dein Vater ist älter als **meiner**. *Your father is older than mine.*

Ich mag mein Haus lieber als **deines**! *I like my house better than yours!*

4.6 Indefinite pronouns

Indefinite pronouns stand in place of nouns, but don't refer to anything definite (e.g. 'someone', 'no one').

jemand	*someone*
niemand	*no one*
einer	*one*
keiner	*no one*
jeder	*each, everyone*

● **4.6.1** *Jemand* and *niemand* add *-en* in the accusative and *-em* in the dative, while the other three decline like *dieser* (3.2).

Es gibt für **jeden** etwas. *There is something for everyone.*
Du sollst mit **jemandem** hingehen, der das Ganze versteht. *You should go with someone who understands the whole thing.*

● **4.6.2** The indefinite pronoun *man* (one) is widely used, but only in the nominative.

Man kann hier experimentelles Theater sehen. *You can see experimental theatre here.*

● **4.6.3** There are two more indefinite pronouns which are indeclinable, that is, do not change whatever case they are used in. They are:

etwas	*something*
nichts	*nothing*

Es muss **etwas** geschehen! *Something must happen!*
Er weiß **nichts**! *He knows nothing!*

4.7 Interrogative pronouns

● **4.7.1** The interrogative pronoun *wer* (who) declines like this:

nom	wer	**acc**	wen
dat	wem	**gen**	wessen

Wer war dabei? *Who was there?*
Wen kennst du hier? *Who(m) do you know here?*
Von **wem** ist der Brief? *From whom is the letter?/Who is the letter from?*
Wessen Tochter ist das? *Whose daughter is that?*

● **4.7.2** These pronouns refer to people. When referring to things, use:

nom	was
acc	was or wo-/wor- + preposition, e.g. wodurch, woran
dat	wo-/wor- + preposition, e.g. womit, worauf
gen	wessen

Was ist dir wichtig? *What is important to you?*
Worüber denkst du nach? *What are you thinking about?*
Wovon träumst du? *What are you dreaming of?*

5 Verbs – the basics

5.1 Weak, strong, mixed and auxiliary verbs

There are four groups of verbs in German, which all follow different patterns.

● **5.1.1** Weak verbs are regular and all tenses can be formed from the infinitive.

infinitive:	**mach**en
present tense:	ich **mach**e
imperfect tense:	ich **mach**te
perfect tense:	ich habe ge**mach**t

● **5.1.2** Strong verbs are irregular. They often have a vowel change in the different tenses, and they use different endings to weak verbs in the imperfect tense and the past participle.

infinitive:	**trink**en
present tense:	ich **trink**e
imperfect tense:	ich **trank**
perfect tense:	ich habe ge**trunk**en

Their forms need to be learnt separately.

5.1.3 Mixed verbs have a vowel change in some tenses and use the endings of the weak verbs to form tenses.

infinitive:	**denk**en
present tense:	ich **denk**e
imperfect tense:	ich **dach**te
perfect tense	ich habe ge**dach**t

5.1.4 The auxiliary verbs *haben*, *sein* and *werden* can be used in their own right or to help form tenses. Their forms are listed in sections 6.1.5, 6.3.5, 7.3.2, 7.6.1 and 7.8.4.

5.2 Reflexive verbs

Reflexive verbs are verbs used with the reflexive pronouns (4.3).

Many verbs are reflexive in German which are not in English.

sich waschen *to have a wash*
sich die Zähne putzen *to clean one's teeth*

Many are to do with actions done to the subject of the sentence, but this need not be the case:

sich etwas überlegen *to consider something*
sich weigern *to refuse*

Reflexive verbs normally take the accusative reflexive pronoun, but use the dative pronoun if there is another direct object in the sentence:

accusative:	ich wasche **mich**
dative:	ich bürste **mir** die Haare

5.3 Impersonal verbs and verbs with a dative object

5.3.1 Some verbs are often used with *es* as a kind of indefinite subject, and are known as impersonal verbs.

Gefällt es dir hier? *Do you like it here?*
Es gibt ... *There is/are ...*
Es kommt darauf an, ob ... *It depends whether ...*
Es geht ihm gut. *He is well.*
Hat es geschmeckt? *Did you enjoy it (the food)?*
Es tut mir leid. *I am sorry.*
Mir ist kalt. *I'm cold.*
Es gelingt ihm, zu + *infinitive He succeeds in ...ing*

5.3.2 Many idiomatic verbs, including some impersonal expressions, take a dative object (see 4.2.1) rather than an accusative one. Often that object would be the subject in the equivalent English expression, so take care with translation.

Er fehlt mir sehr. *I really miss him.*
Das Bein tut mir weh. *My leg hurts.*
Das Kleid steht Ihnen gut. *The dress suits you.*
Die Hose passt ihm nicht. *The trousers don't fit him.*
Das Bild gefällt ihm. *He likes the picture.*

5.4 Separable and inseparable verbs

5.4.1 A few prefixes in German are always inseparable and cannot be split up from the verb. These are:

be-	ge-	emp-	miss-
ent-	ver-	er-	zer-

The stress in these verbs is on the second syllable.

Meine Freundin und ich behalten Geheimnisse für uns. *My friend and I keep secrets to ourselves.*

5.4.2 Most other prefixes are separable and go to the end of the clause. In the infinitive the prefix is stressed.

auf   **auf**/stehen

In den Ferien stehen wir nie vor zehn Uhr **auf**. *During the holidays, we never get up before 10 o'clock.*

statt   **statt**/finden

Wo finden die nächsten Olympischen Spiele **statt**? *Where are the next Olympic games being held?*

vor   **vor**/haben

Habt ihr diesen Monat etwas Besonderes **vor**? *Are you planning anything special this month?*

In subordinate clauses (8.4.2 and 8.5.1), the prefix joins up with the verb at the end of the clause:

Als die Polizei in Leipzig Videokameras **einsetzte**, ging die Kriminalität um 50% zurück. *When the police in Leipzig introduced video cameras, the crime rate dropped by 50%.*

5.4.3 A few prefixes are separable in some verbs and not in others. Learn each verb separately.

durch-	über-	voll-	um-
wider-	unter-	wieder-	

Die Polizei **durch**sucht das Zimmer. *The police are searching the room.*

Unser Chemielehrer führt ein Experiment **durch**. *Our chemistry teacher conducts an experiment.*

5.5   Modal verbs

There are six modal verbs in German. They are usually followed by the infinitive of another verb, which goes to the end of the clause. Sometimes another verb, especially a verb of motion, is implied but not actually included. These constructions are particularly idiomatic in speech.

dürfen	*to be allowed to*	müssen	*to have to*
können	*to be able to*	sollen	*to be supposed to*
mögen	*to like*	wollen	*to want to*

Note:
ich **muss** nicht *I don't need/have to*
ich **darf** nicht *I must not*

Er muss es tun. *He must do it.*
Darf ich mal Ihre Papiere sehen? *May I see your papers?*

6   The main tenses

6.1   The present tense

The present tense is used for actions happening in the present, or happening regularly now, or happening in the future (6.5.1).

● **6.1.1**   It is also frequently used for an action or state which started in the past and is still carrying on now. This is especially the case with an expression describing length of time with *seit* (2.3.2) or *lang*, and can happen in clauses with *seit*(*dem*) (8.4.2). Note that this is different from English usage.

Er wohnt seit drei Jahren in Norddeutschland. *He **has lived** in Northern Germany for three years.*
Seitdem er beim Bund **ist**, **sieht** er die Welt mit anderen Augen. *Since he **has been** in the army he **has seen** the world differently.*

● **6.1.2**   Most verbs of all groups have the same endings in the present tense.

schreiben *to write*

ich schreib**e**	wir schreib**en**
du schreib**st**	ihr schreib**t**
er/sie schreib**t**	sie/Sie schreib**en**

● **6.1.3**   With many strong verbs, the main vowel changes in the *du* and the *er/sie* forms: $a \rightarrow ä$, $e \rightarrow i$ or *ie*:

fahren *to travel*   ich fahre, du f**ä**hrst, er/sie f**ä**hrt
essen *to eat*   ich esse, du **i**sst, er/sie **i**sst
lesen *to read*   ich lese, du l**ie**st, er/sie l**ie**st

● **6.1.4**   The verb *wissen* (to know) is a special case:

ich weiß	wir wissen
du weißt	ihr wisst
er/sie weiß	sie/Sie wissen

● **6.1.5**   Auxiliary verbs form their present tense like this:

sein	**haben**	**werden**
ich bin	ich habe	ich werde
du bist	du hast	du wirst
er/sie ist	er/sie hat	er/sie wird
wir sind	wir haben	wir werden
ihr seid	ihr habt	ihr werdet
sie/Sie sind	sie/Sie haben	sie/Sie werden

● **6.1.6**   **Modal verbs** form their present tense as follows:

dürfen	**können**	**mögen**
ich darf	ich kann	ich mag
du darfst	du kannst	du magst
er/sie darf	er/sie kann	er/sie mag
wir dürfen	wir können	wir mögen
ihr dürft	ihr könnt	ihr mögt
sie/Sie dürfen	sie/Sie können	sie/Sie mögen

müssen	**sollen**	**wollen**
ich muss	ich soll	ich will
du musst	du sollst	du willst
er/sie muss	er/sie soll	er/sie will
wir müssen	wir sollen	wir wollen
ihr müsst	ihr sollt	ihr wollt
sie/Sie müssen	sie/Sie sollen	sie/Sie wollen

6.2   The perfect tense

The perfect tense is used in speech and in colloquial passages. It can be translated into English with either the simple past (*I did*) or the perfect (*I have done*).

● **6.2.1**   Most verbs, including reflexives, form their perfect tense with the present tense of the auxiliary verb *haben* and a past participle. *Haben* takes the normal position of the verb, and the past participle goes to the end of the clause.

◆ For weak verbs, the past participle is formed from the usual verb stem with the prefix *ge-* and the ending *-t* (**gemacht, gekauft**). For mixed verbs and modal verbs (see 6.2.3), the stem is often different and has to be learnt, but the prefix and ending are the same (*bringen* – **gebracht**, *denken* – **gedacht**).

Meine Oma hat nie alleine **gewohnt**. *My grandmother has never lived alone.*

◆ The past participles of strong verbs often have a changed stem, and take the *ge-* prefix and an *-en* ending (*gegessen*, *gesungen*, *getrunken*). These have to be learnt separately.

Svenja und Malte **haben** über ihre Großeltern **gesprochen**. *Svenja and Malte talked about their grandparents.*

◆ The past participles of the auxiliaries are:

sein:	gewesen
haben:	gehabt
werden:	geworden

◆ Verbs with **separable prefixes** insert *-ge-* after the prefix (*eingekauft*, *aufgeschrieben*, *nachgedacht*) and verbs with **inseparable prefixes** do not use *ge-* at all (*bekommen*, *erreicht*, *missverstanden*, *verbracht*).

Jugendliche **haben** früher vor der Ehe nicht **zusammengelebt**. *In those days young people did not live together before marriage.*

● **6.2.2** Certain verbs with no object use the auxiliary verb *sein* to form the perfect tense. These are:

◆ Verbs expressing motion:

gehen:	ich **bin** gegangen	*I went*
fahren:	ich **bin** gefahren	*I travelled*
aufstehen:	ich **bin** aufgestanden	*I got up*

◆ Verbs expressing a change in state or condition:

aufwachen:	ich **bin** aufgewacht	*I woke up*
werden:	ich **bin** geworden	*I became*
wachsen:	ich **bin** gewachsen	*I grew*
einschlafen:	ich **bin** eingeschlafen	*I fell asleep*

◆ The following verbs:

bleiben	ich **bin** geblieben	*I stayed*
sein	ich **bin** gewesen	*I was/I have been*

● **6.2.3** Modal verbs have these past participles:

dürfen:	gedurft	müssen:	gemusst
können:	gekonnt	sollen:	gesollt
mögen:	gemocht	wollen:	gewollt

Er hat zum Militär **gemusst**. *He had to do his military service.*

Sie haben keine Geschenke **gewollt**. *They did not want any presents.*

Wir haben die Vokabeln nicht **gekonnt**. *We did not know the vocabulary.*

However, when modal verbs are used with another verb in the infinitive, the perfect tense is formed with the infinitive of the modal verb rather than the past participle.

Er hat sich bei den Behörden **vorstellen müssen**. *He had to present himself to the authorities.*

● **6.2.4** Certain other verbs behave like modal verbs and use the infinitive in the perfect tense if there is already another infinitive in the sentence. These are: verbs of perception (*sehen*, *hören*) and *lassen*.

Er hat seine Freunde **feiern hören**. *He heard his friends celebrating.*

Ich habe ihn nur ein Glas Wein **trinken sehen**. *I only saw him drink one glass of wine.*

Meine Eltern haben mich nicht bis nach Mitternacht **ausgehen lassen**. *My parents did not let me stay out until after midnight.*

6.3 The imperfect tense

The imperfect tense tends to be used more in writing, for narrative, reports and accounts. However, with certain verbs the imperfect tense is more commonly used than the perfect tense, even in speech, e.g. *sein – ich war, haben – ich hatte, müssen – ich musste*.

● **6.3.1** Regular or weak verbs form their imperfect tense by adding the following endings to the stem of the verb (the infinitive minus *-en* ending):

ich	-te	wir	-ten
du	-test	ihr	-tet
er/sie	-te	sie/Sie	-ten

telefonieren *to phone*	**abholen** *to collect*	**arbeiten** *to work*
ich telefonier**te**	ich hol**te** ab	ich arbeit**ete**
du telefonier**test**	du hol**test** ab	du arbeit**etest**
er/sie telefonier**te**	er/sie hol**te** ab	er/sie arbeit**ete**
wir telefonier**ten**	wir hol**ten** ab	wir arbeit**eten**
ihr telefonier**tet**	ihr hol**tet** ab	ihr arbeit**etet**
sie/Sie telefonier**ten**	sie/Sie hol**ten** ab	sie/Sie arbeit**eten**
I telephoned	*I collected*	*I worked*

If the stem of the verb ends in *-t* (*arbeit-*) or several consonants (*trockn-*), an extra *-e* is added: *arbeitete*, *trocknete*.

● **6.3.2** Strong verbs change their stem in order to form this tense. Each has to be learnt separately. The following endings are then added to this imperfect stem:

ich	(*no ending*)	wir	-en
du	-st	ihr	-t
er/sie	(*no ending*)	sie/Sie	-en

gehen	trinken	lesen
to go	*to drink*	*to read*
ich ging	ich trank	ich las
du gingst	du trankst	du last
er/sie ging	er/sie trank	er/sie las
wir gingen	wir tranken	wir lasen
ihr gingt	ihr trankt	ihr last
sie/Sie gingen	sie/Sie tranken	sie/Sie lasen
I went	*I drank*	*I read*

● **6.3.3** Mixed verbs change their stem, like strong verbs, but add the same endings as weak verbs.

bringen:	ich brachte
nennen:	ich nannte
denken:	ich dachte

● **6.3.4** Modal verbs also add the same endings as weak verbs, but mostly change their stem:

dürfen:	ich durfte	müssen:	ich musste
können:	ich konnte	sollen:	ich sollte
mögen:	ich mochte	wollen:	ich wollte

● **6.3.5** The imperfect tense of the auxiliaries is:

sein	haben	werden
ich war	ich hatte	ich wurde
du warst	du hattest	du wurdest
er/sie war	er/sie hatte	er/sie wurde
wir waren	wir hatten	wir wurden
ihr wart	ihr hattet	ihr wurdet
sie/Sie waren	sie/Sie hatten	sie/Sie wurden

6.4 The pluperfect tense

● **6.4.1** The pluperfect tense is used to express that something *had* happened before something else. It is often used in *nachdem* clauses. It is formed from the past participle of the verb and the auxiliary *haben* or *sein* in the imperfect tense.

sprechen: ich **hatte** gesprochen *I had spoken*

fahren: ich **war** gefahren *I had travelled.*

Nachdem die Aussiedler einen Ausreiseantrag **gestellt hatten**, mussten sie lange auf eine Genehmigung warten. *After the German resettlers had made an application for repatriation, they had to wait a long time for permission to leave.*

● **6.4.2** Modal verbs, verbs of perception and *lassen* form the pluperfect with a past participle if used alone, and their infinitive if used with another verb, as in the perfect tense (6.2.3 and 6.2.4):

In diesem Alter hatten wir noch nicht allein in die Kneipe **gedurft**. *At that age we had not been allowed to go to the pub by ourselves.*

Wir hatten den Unfall kommen **sehen**. *We had seen the accident coming.*

6.5 The future tense

● **6.5.1** The present tense is often used to describe future events, especially if there is an expression of time that clearly indicates the future meaning.

Guljan **heiratet nächsten Sommer** einen Bekannten aus der Türkei. *Guljan is going to marry an acquaintance from Turkey next summer.*

Use the future tense instead to be more precise or to give particular emphasis to the future aspect of a statement.

● **6.5.2** The future tense is formed from the present tense of *werden* (6.1.5), followed by the infinitive, which goes to the end of the sentence.

Ich **werde** mich bei sechs verschiedenen Universitäten **bewerben**. *I shall apply to six different universities.*

Du wirst gute Aufstiegschancen **haben**. *You will have good promotion prospects.*

7 Verbs – some extras

7.1 The conditional

The conditional is used to say what would happen in certain circumstances – in conditional sentences (7.2). The imperfect subjunctive (7.3) is often used as an alternative, especially for modal and auxiliary verbs.

The conditional consists of the imperfect subjunctive of *werden* followed by an infinitive.

ich würde	wir würden
du würdest	ihr würdet
er/sie würde	sie/Sie würden

Ein Alkoholverbot bei Fußballspielen **würde** viele Probleme **lösen**. *A ban on alcohol during football matches would solve many problems.*

Ich **würde** meine Kinder später nicht zum Arbeiten **zwingen**. *I would not force my children to work later on.*

Grammar

7.2 Conditional sentences

Conditional sentences say what will happen, would happen or would have happened under certain circumstances. They include clauses with *wenn*, meaning 'if'.

- **7.2.1** If the condition is likely to be fulfilled, the conditional clauses are in the present indicative:

  Wenn man keine Risiken **eingehen will**, soll man keine Aktien **kaufen**. *If you do not want to run any risks, you should not buy shares.*

  Wenn man erstklassiges Deutsch **hören will**, dann soll man nach Hannover **fahren**. *If you want to hear first-class German, you should go to Hanover.*

- **7.2.2** For conditions that are not so likely to be fulfilled, the conditional (7.1) or the imperfect subjunctive (7.3) is used. Either the conditional or the imperfect subjunctive must be used in **both** parts of a conditional sentence in German (unlike in English).

  Wenn Eltern ein bisschen konsequenter **wären**, **würden** Kinder nicht tagtäglich stundenlang vor dem Fernseher **hocken**. *If parents **were** a little more consistent, children **would** not **sit** in front of the TV for hours, day in, day out.*

  Wenn sie ein bisschen mehr Zeit für ihre Sprösslinge **hätten**, **würde** das einen positiven Einfluss auf das Familienleben **ausüben**. *If they **had** a little more time for their offspring, it **would have** a positive influence on family life.*

- **7.2.3** There are also conditional sentences where conditions have not been fulfilled, with the conditional perfect tense in both clauses (7.4).

  Wenn wir nach Österreich **gefahren wären**, **hätten** wir viel Deutsch sprechen **können**. *If we **had gone** to Austria, we **would have been able** to speak a lot of German.*

  Er **wäre** nicht an Drogenmissbrauch **gestorben**, wenn er früher Hilfe **gesucht hätte**. *He **would** not **have died** of drug abuse if he **had sought** help earlier.*

- **7.2.4** Conditional clauses can be constructed without the word *wenn*, by bringing the verb into first position. In that case the main clause usually begins with *so* or *dann*.

  Schränken alle Länder ihre CO$_2$ Emissionen **ein**, so **wird** die Zukunft des Planeten nicht mehr **gefährdet sein**.

  Wären Eltern ein bisschen konsequenter, **dann würden** Kinder nicht tagtäglich stundenlang vor dem Fernseher **hocken**.

7.3 The imperfect subjunctive

The imperfect subjunctive is used as an alternative to the conditional (7.1) in conditional sentences (7.2). This occurs most commonly with modal and auxiliary verbs. It is also used in indirect speech (7.6).

- **7.3.1** The imperfect subjunctive of modal verbs is like the imperfect indicative except that for four verbs the main vowel takes an umlaut:

dürfen:	ich **dürfte**	*I would be allowed to, I might*
können:	ich **könnte**	*I would be able to, I could*
mögen:	ich **möchte**	*I would like to*
müssen:	ich **müsste**	*I would have to*
sollen:	ich **sollte**	*I should*
wollen:	ich **wollte**	*I would want to*

  Man **müsste** sich eben mal erkundigen. *One would have to make enquiries.*

  Wir **könnten** das schon schaffen. *We might be able to manage that.*

- **7.3.2** The imperfect subjunctive of auxiliaries is also based on the imperfect indicative with the addition of umlauts and, for *sein*, the same endings as the other two verbs.

	sein	**haben**	**werden**
ich	wäre	hätte	würde
du	wärest	hättest	würdest
er/sie	wäre	hätte	würde
wir	wären	hätten	würden
ihr	wäret	hättet	würdet
sie/Sie	wären	hätten	würden

  Er **wäre** sicher der beste Kandidat. *He would definitely be the best candidate.*

  Sie **hätten** bestimmt nichts dagegen. *They would surely not object.*

- **7.3.3** The imperfect subjunctive of weak or regular verbs is the same as the imperfect indicative, i.e. the ordinary imperfect tense of the verb:

arbeiten:	ich **arbeitete** *I worked, I would work*
abholen:	ich **holte ab** *I fetched, I would fetch*

  Wenn er mehr **arbeitete**, würde er mehr Geld verdienen. *If he worked harder, he would earn more money.*

  So it can be used in one clause of a conditional sentence, but not both.

- **7.3.4** The imperfect subjunctive of strong or irregular verbs is formed from the same stem as the imperfect indicative, but with similar endings to the weak verbs. The main vowel also takes an umlaut if possible.

gehen	fahren	kommen
ich ginge	ich führe	ich käme
du gingest	du führest	du kämest
er/sie ginge	er/sie führe	er/sie käme
wir gingen	wir führen	wir kämen
ihr ginget	ihr führet	ihr kämet
sie gingen	sie führen	sie kämen
Sie gingen	Sie führen	Sie kämen
I would go	*I would travel*	*I would come*

Wenn seine Mutter **mitginge**, **käme** ich nicht mit. *If his mother was going too, I would not be coming.*

● **7.3.5** The imperfect subjunctive of mixed verbs is also based on the normal imperfect, with some changes to the main vowel:

bringen:	ich **brächte**	*I would bring*
denken:	ich **dächte**	*I would think*
kennen:	ich **kennte**	*I would know*
wissen:	ich **wüsste**	*I would know*

Ich **wüsste** nicht, wo ich noch nachschlagen könnte. *I would not know where else to look things up.*

● **7.3.6** The imperfect subjunctive forms of some strong and mixed verbs sound rather old-fashioned. For these verbs modern German would prefer the conditional:

befehlen   (ich beföhle/befähle)
→ ich würde befehlen   *I would order.*

7.4 The conditional perfect (or pluperfect subjunctive)

The conditional perfect (or pluperfect subjunctive) is used in conditional sentences (7.2) and indirect speech (7.6).

● **7.4.1** The starting point for this verb form is the pluperfect tense (6.4). The auxiliary *haben* or *sein* is in the imperfect subjunctive (7.3).

Pluperfect:

ich **hatte** gemacht   *I had done*
ich **war** gefahren   *I had travelled*

Conditional perfect/pluperfect subjunctive:

ich **hätte** gemacht   *I would have done*
ich **wäre** gefahren   *I would have travelled*

● **7.4.2** The conditional perfect is used in *wenn* clauses referring to conditions that could have happened but didn't. Again, as in 7.2, the conditional form has to be used in both parts of the sentence.

Wenn Deutschland nicht der EU **beigetreten wäre**, **hätten** Ausländer nicht so leicht in der BRD Studienplätze **gefunden**. *If Germany had not joined the EU, foreigners would not have found places at university in Germany so easily.*

● **7.4.3** Some modal verbs are frequently used in the conditional perfect. They express an obligation, a wish or permission which has not been fulfilled or granted. Just as in the perfect and pluperfect tenses, the past participle of the modal verb is used when it stands alone, but the infinitive when it is with another infinitive (see 6.2.3 and 6.4.2):

Eine Freiheitsstrafe **hätte** er nicht **gemocht**. *He would not have liked a custodial sentence.*

Die Eltern **hätten** früher mit ihnen über Drogensucht sprechen **sollen**. *Parents should have talked to them earlier about drug addiction.*

The same is true with *lassen* and verbs of perception:

Hitler **hätte** die Niederlage Deutschlands **kommen sehen**, wenn er nicht so verblendet gewesen wäre. *Hitler would have seen Germany's defeat coming, had he not been so blinkered.*

7.5 The future perfect tense

The future perfect is often used to express an assumption that something will have happened by a certain time. It is formed from the present tense of *werden* with the perfect infinitive (i.e. past participle + infinitive of *haben* or *sein*).

Bald **werden** sich die meisten Völker an eine größere Eurozone **gewöhnt haben**. *Soon most nations in Europe will have got used to an enlarged Eurozone.*

In zehn Jahren **wird** die EU vielleicht alle Länder in Europa **eingeschlossen haben**. *In 10 years' time the EU will perhaps have included all countries in Europe.*

7.6 Other uses of the subjunctive

● **7.6.1** The present subjunctive is used to report direct speech that was in the present tense. It is formed by adding the endings as shown to the stem of the verb. The only exception is *sein*.

	machen	fahren	nehmen	haben	sein
ich	mache	fahre	nehme	habe	sei
du	machest	fahrest	nehmest	habest	seist
er/sie	mache	fahre	nehme	habe	sei
wir	machen	fahren	nehmen	haben	seien
ihr	machet	fahret	nehmet	habet	seiet
sie/Sie	machen	fahren	nehmen	haben	seien

Grammar

Where these forms are the same as the indicative forms (i.e. normal present tense), the imperfect subjunctive (7.3) has to be used to ensure that the message is understood as reported speech.

In der Zeitung stand, das Verhör **finde** am folgenden Tag **statt**. (*present subjunctive*) *It said in the paper that the hearing was taking place the following day.*

Der Reporter meinte, den Sicherheitsbehörden **ständen** schwere Zeiten bevor. (*imperfect subjunctive because present subjunctive would be stehen.*) *The reporter felt that the security services were facing difficult times.*

● **7.6.2** The perfect subjunctive is used to report direct speech that was in a past tense.
It consists of the present subjunctive of *haben* or *sein* (7.6.1) and the past participle.

machen	**gehen**
ich **habe** gemacht	ich **sei** gegangen
du **habest** gemacht	du **seist** gegangen
er/sie **habe** gemacht	er/sie **sei** gegangen
wir **haben** gemacht	wir **seien** gegangen
ihr **habet** gemacht	ihr **seiet** gegangen
sie/Sie **haben** gemacht	sie/Sie **seien** gegangen
Sie **haben** gemacht	Sie **seien** gegangen

If there is ambiguity (i.e. in the plural and *ich* forms of *haben*), the pluperfect subjunctive (7.4) is used.

Man berichtete, eine Gruppe von Türken **habe** die beiden Briten durch Messerstiche **getötet**. (*perfect subjunctive*) *A group of Turks is alleged to have stabbed the two Britons to death.*

Der Leiter der UEFA sagte, die Sicherheitsbehörden in Istanbul **hätten** alles Nötige **veranlasst**. (*pluperfect subjunctive*) *The manager of UEFA said that the security services in Istanbul had done everything necessary.*

● **7.6.3** Reported speech is often introduced by *dass* (see 8.4.2 for word order). If *dass* is not used, normal main clause word order is maintained (8.1).

Die Studenten erklärten, **dass** sie mit den Vorlesungen in den überfüllten Hörsälen nicht mehr zufrieden **seien**. *The students explained that they were no longer happy with the lectures in the crowded lecture halls.*

Der Fahrer des Krankenwagens berichtete, **dass** er und seine Kollegen den Unfallort binnen zehn Minuten **erreicht hätten**. *The driver of the ambulance explained that he and his colleagues had reached the scene of the accident within ten minutes.*

Reported speech is also used in reported questions, after *ob*, *welcher* (3.2), interrogative pronouns (4.7) and interrogative adverbs (3.4.5):

Die Grenzbeamten fragten die Ostberliner, **ob** sie denn ein Ausreisevisum **hätten**. *The border patrol asked the people from East Berlin if they had an exit visa.*

Mein Brieffreund wollte wissen, **warum** ich mich so lange nicht **gemeldet hätte**. *My penfriend wanted to know why I had not been in touch for so long.*

● **7.6.4** The imperfect subjunctive is often used for politeness, especially in requests and wishes:

Die Bauern der Dritten Welt **hätten** gern hitze- und dürreresistente Samen. *Third World farmers would like to have heat- and drought-resistant seeds.*

Er **möchte** ein Handy mit Internetanschluss. *He would like a WAP phone.*

Sometimes polite requests are expressed in the conditional:

Würden Sie bitte nach Gebrauch des Computers die Maschine wieder ausschalten? *Would you please switch the computer off after use?*

● **7.6.5** The imperfect and pluperfect subjunctives are frequently used after certain conjunctions, such as *als* or *als ob*:

Es sah so aus, **als ob** das Klonen von Tieren **gelungen wäre**. *It looked as if the cloning of animals had been successful.*

Er benahm sich, **als ob** er noch nie in seinem Leben eine E-mail **geschickt hätte**. *He behaved as though he had never in his life sent an email.*

If *als* is used alone, the verb comes straight after the conjunction:

Er benahm sich, **als könnte** er das elektronische Wörterbuch nicht **benutzen**. *He behaved as though he could not use the electronic dictionary.*

◆ Instead of the imperfect subjunctive, the present subjunctive can also be used and instead of the pluperfect subjunctive the perfect subjunctive, but both forms are rarer than the verb forms above.

◆ In colloquial German, the subjunctive can be replaced by the indicative verb form, though the subjunctive is preferred in written German:

Er gibt sein Geld aus, **als ob** er Millionen **verdient**. *He spends his money as if he were earning millions.*

7.7 The passive voice

The passive is used when the subject of the sentence is not carrying out an action, but is on the receiving end of it. The 'doer' of the action is not emphasised and sometimes not even mentioned.

- **7.7.1** To form the passive, use the appropriate tense of *werden* with the past participle, which goes to the end of the clause.

Present:	ich **werde untersucht**	*I am being examined*
Imperfect:	er **wurde unterstützt**	*he was supported*
Perfect:	sie **ist gefragt worden**	*she has been asked*
Pluperfect:	ich **war gebracht worden**	*I had been taken*
Future:	wir **werden befragt werden**	*we shall be questioned*

In the perfect and pluperfect tense, *worden* is used instead of the usual past participle *geworden*.

- **7.7.2** The English word 'by' when used in a passive sentence can have three different translations in German.

von (person or agent):

Das Rheinwasser wird **von** Hartmut Vobis untersucht. *The water of the Rhine is being examined by Hartmut Vobis.*

durch (inanimate):

Nur **durch** rigorose Maßnahmen wurde die Wasserqualität verbessert. *Only by rigorous measures was the water quality improved.*

mit (instrument):

Die sommerlichen Ozonwerte werden **mit** präzisen Messgeräten festgestellt. *Summer ozone levels are measured by precise instruments.*

- **7.7.3** All the modal verbs (5.5) can be combined with a verb in the passive voice. The modals express the tense and the other verb is in the passive infinitive (past participle and *werden*). Note the order of the various verb forms (8.4.2).

present:

Das **kann besprochen werden**. *It can be discussed.*

imperfect:

Es **musste bezahlt werden**. *It had to be paid.*

conditional:

Es **dürfte gefunden werden**. *It might be found.*

conditional perfect:

Die Arbeit **hätte abgegeben werden sollen**. *The work should have been handed in.*

- **7.7.4** German passive sentences are not always the exact equivalent of English ones.

◆ If the active verb has both a dative and an accusative object, only the accusative object can become the subject of a passive sentence. The dative object always remains in the dative and never becomes the subject of the passive sentence, as can happen in English. However, it can be placed at the beginning of the sentence. Note the three different ways to translate these English sentences:

East German firms were given subsidies to build new motorways.

active:

Man gab **den ostdeutschen Firmen** Zuschüsse für den Bau von neuen Autobahnen.

passive:

Zuschüsse wurden den **ostdeutschen Firmen** zum Bau von neuen Autobahnen gegeben.

Den ostdeutschen Firmen wurden Zuschüsse zum Bau von neuen Autobahnen gegeben.

Schoolchildren were offered inexpensive tickets.

active:

Man bot **den Schülern** preisgünstige Fahrkarten an.

passive:

Preisgünstige Fahrkarten wurden **den Schülern** angeboten.

Den Schülern wurden preisgünstige Fahrkarten angeboten.

◆ If the active verb is followed only by a dative object, an impersonal passive can be formed, i.e. the subject is a meaningless *es*. The dative object remains in the dative:

active:

Der Umweltforscher hat **mir** gezeigt, wie der Ozonabbau ...
Man folgte **ihnen** bis zur Grenze.

passive:

Es wurde **mir** von dem Umweltforscher gezeigt, wie der Ozonabbau ...
Es wurde **ihnen** bis zur Grenze gefolgt.

◆ This impersonal form of the passive, with no subject or with *es* in first position, is widely used where the 'doer' is people in general and is not identified. It can be used with all types of verbs, even those that take no object at all, which cannot happen in English.

Es **wird** heutzutage nicht genug für den Umweltschutz **getan**. *Nowadays not enough is done for the protection of the environment.*

In Deutschland **wird** in der Faschingszeit viel **gefeiert**. *At carnival time there are lots of celebrations in Germany.*

Im Sommer **wird** viel **gegrillt**. *In summer there are plenty of barbecues.*

7.7.5 In some circumstances, the passive can express an end result rather than an action. In this case, it is formed with *sein* + past participle. However, this is very much the exception and you need to consider carefully whether the action or a state resulting from the action is being emphasised. Compare the following examples:

Als wir ankamen, **wurde** der Tisch gerade **gedeckt**. *When we arrived, the table was being laid.*

Als wir ins Haus eintraten, **war** der Tisch schon **gedeckt**. *When we entered the house, the table was already laid.*

7.7.6 The passive is used much less often in German than in English. Various German constructions are often expressed in the passive in English.

◆ The impersonal pronoun *man* can be used, with the verb in the active voice:

Man transportierte häufig Rohstoffe wie Holz und Eisenerz auf Wasserwegen. *Raw materials such as wood and iron ore* **were** *frequently* **transported** *on waterways.*

◆ The verb *sich lassen* is used with the verb in the infinitive, often where in English the expression would be 'can be' + past participle:

Das **lässt sich** leicht **sagen**. *That* **is** *easily* **said**.

Diese Frage **lässt sich** mit einem Wort **beantworten**. *This question* **can be answered** *in one word.*

◆ Particularly after constructions such as *es gibt, da ist*, the active infinitive is preferred in German:

Bevor wir uns zur Fahrprüfung anmelden können, ist noch viel **zu lernen**. *There is a lot* **to be learnt** *before we can register for our driving test.*

Es gibt noch viel **zu tun**. *There is still much* **to be done**.

7.8 The imperative

The imperative is the command form of the verb. There are different forms depending on who is being commanded. See 4.1, modes of address.

7.8.1 To make the *du*-form, start from the *du*-form present tense, omit *du* and take off the *-st* ending (just *-t* if the stem ends in *-s* (*lesen*) or *-z* (*unterstützen*).

du schreibst	**schreib!**	write!
du stehst auf	**steh auf!**	get up!
du setzt dich	**setz dich!**	sit down!
du siehst	**sieh!**	look!
du isst	**iss!**	eat!
du benimmst dich	**benimm dich!**	behave!

However, strong verbs whose main vowel changes from *a* to *ä* in the *du*-form present tense, use *a* in the imperative.

laufen	**lauf!**	run!
losfahren	**fahr los!**	go!

7.8.2 For the *ihr*-form, simply omit *ihr* from the *ihr*-form present tense.

ihr steht auf	**steht auf!**	get up!
ihr seht	**seht!**	look!
ihr benehmt euch	**benehmt euch!**	behave!

7.8.3 For the *Sie*-form, take the *Sie*-form present tense and swap the order of *Sie* and the verb.

Sie laufen	**laufen Sie!**	run!
Sie stehen auf	**stehen Sie auf!**	get up!
Sie beeilen sich	**beeilen Sie sich!**	do hurry up!

7.8.4 Auxiliary verbs have irregular imperative forms:

	du	**ihr**	**Sie**
haben	hab!	habt!	haben Sie!
sein	sei!	seid!	seien Sie!
werden	werde!	werdet!	werden Sie!

7.8.5 The addition of *doch, schon* or *mal* softens the command and makes it sound more idiomatic.

Setzen Sie sich **doch**! *Do sit down!*

Komm **mal** her! *Please come here!*

Nun sagt **doch** mal! *Do tell!*

7.9 Infinitive constructions

7.9.1 Most verbs, apart from modals and a few others (6.2.4) take *zu* + infinitive, if they are followed by another verb.

Er beschloss, sein Schulpraktikum im Krankenhaus **zu leisten**. *He decided to do his work experience in a hospital.*

Sie hatte vor, nach dem Studium erst mal ins Ausland **zu gehen**. *She intended to go abroad after her degree.*

7.9.2 Impersonal expressions (5.3) are also followed by *zu* + infinitive.

Es tut gut, nach Deutschland **zu fahren** und die ganze Zeit nur Deutsch **zu hören**. *It does you good to travel to Germany and to hear only German the whole time.*

7.9.3 The phrase *um … zu* means 'in order to' and is used in the same way as other infinitive constructions.

Sie fuhr nach Leipzig, **um** sich ein Zimmer für das neue Semester **zu suchen**. *She went to Leipzig to find a room for the new semester.*

A few other constructions follow the same pattern.

(an)statt ... zu

Anstatt sich zu amüsieren, hockte er immer in seiner Bude herum. *Instead of enjoying himself, he just stayed in his room.*

als ... zu

Es blieb uns nichts übrig, **als uns** an die Arbeit **zu machen**. *There was nothing we could do except settle down to work.*

ohne ... zu

Ohne mit der Wimper **zu zucken**, log er mich an. *Without batting an eyelid he lied to me.*

● **7.9.4** With separable verbs, *zu* is inserted between the prefix and the verb stem.

Es macht Spaß, in den Ferien mal richtig **auszuspannen**. *It is fun to relax properly in the holidays.*

Wir gingen zur Hochschule, **um** uns für unsere Kurse **einzuschreiben**. *We went to the college to register for our courses.*

● **7.9.5** Modal verbs (5.5), *sehen*, *hören* and *lassen* are followed by an infinitive without *zu*.

modal verbs:
Junge Menschen **sollten sich** frühzeitig am kommunalen Leben **beteiligen**. *Young people should take part in the life of the community from an early age.*
Man brauchte nicht zum Militär; man **konnte** auch Zivildienst **leisten**. *You did not have to join the army, you could also do community service.*

hören
Er **hörte** die zwei Autos **zusammenstoßen**. *He heard the two cars collide.*

lassen
Meine Eltern **lassen** mich nur bis Mitternacht **ausgehen**. *My parents only let me go out until midnight.*

● **7.9.6** Sometimes German verbs can be followed by an object which is also the subject of an infinitive clause:

Der Lektor riet **ihnen**, sich sofort für die Kurse einzuschreiben. *The lecturer advised **them** to enrol for the courses immediately.*

Er bat **sie** auch darum, ihre Bewerbungen persönlich zum Sekretariat zu **bringen**. *He also asked **them** to take their applications to the secretary's office in person.*

However, this happens much less often than in English. Especially verbs that express saying, wishing or similar are followed instead by subordinate clauses:

The NPD wanted women to stay at home.
Die NPD **wollte**, **dass Frauen** zu Hause **blieben**.

Large German organisations expect their employees to be conversant with English.

Große deutsche Unternehmen **erwarten**, **dass** ihre Angestellten sich auf Englisch verständigen **können**.

8 Conjunctions and word order

8.1 Word order in main clauses

● **8.1.1** The **verb** must always be the second idea in a main clause. Often, clauses begin with the <u>subject</u>:

<u>Sie</u> **sind** Geschichtslehrerin. *You are a history teacher.*

However, it is also quite usual to start the sentence not with the subject, but with another element of the sentence, particularly if a special emphasis is to be achieved. If so, the verb should still be the second idea, and so the subject must follow it. This feature of German word order is called **inversion** (i.e. the verb and the subject change places, or are inverted).

Jetzt **ist** <u>Deutschland</u> wieder ein vereinigtes Land. *Now Germany is a united country again.*

● **8.1.2** Any phrase describing time, manner or place may begin the sentence:

Time:
Nach dem Krieg wollten die Deutschen Freundschaft schließen. *After the war, the Germans wanted to make friends.*

Manner:
Gemeinsam mit anderen Ländern gründeten sie die EWG. *Together with other countries they founded the EEC.*

Place:
In Berlin steht die Mauer nicht mehr. *In Berlin there is no wall any more.*

In all these sentences, it is important to keep the verb in the second place, followed by the subject.

Elsewhere in the sentence, phrases have to be arranged in this order: time – manner – place, even if only two of the three types occur:

Mozart starb **1756 fast allein** in Wien. *Mozart died in Vienna in 1756, almost alone.*

Die Grenze wurde **1989 endlich** geöffnet. *The border was finally opened in 1989.*

Grammar

8.2 Negative sentences

● **8.2.1** The negative adverbs *nicht* and *nie* go as close as possible to the end of the sentence, though they must precede the following:

adjectives:

Die Nutzung der Atomkraft ist **nicht** gefahrlos. *The use of atomic power is not free of danger.*

phrases of manner:

Zur Party fahren wir diesmal **nicht** mit dem Auto. *We won't drive to the party this time.*

phrases of place:

Wir waren noch **nie** in Deutschland. *We have never been to Germany.*

infinitives:

Ich darf dieses Wochenende wirklich **nicht** ausgehen. *I am really not allowed out this weekend.*

past participles:

Er hat sich um diesen Job **nicht** beworben. *He has not applied for this job.*

separable prefixes:

Wir gehen diesen Samstagabend **nicht** aus. *We are not going out this Saturday evening.*

● **8.2.2** *Nicht* can also precede words when a particular emphasis is intended.

Ich habe nicht seinen Vater gesehen, sondern seine Mutter. *I didn't see his father, but his mother.*

(*Nicht* would not normally precede a direct object, but here *Vater* is contrasted with *Mutter*.)

Note that, although *kein* (1.2.3) is used as the negative with nouns (rather than *nicht ein*), *nicht* is used with the definite article, and with possessive or demonstrative adjectives.

Sie hat **nicht** die Zeit, sich um ihre alten Eltern zu kümmern. *She doesn't have time to look after her elderly parents.*

● **8.2.3** For other negative forms, see indefinite pronouns (4.6).

8.3 Questions

● **8.3.1** Questions in German are mainly expressed by inversion, i.e. swapping the subject with the verb.

Hat Mozart viele Opern komponiert? *Did Mozart compose many operas?*

● **8.3.2** This inversion also follows an interrogative adjective (3.2), adverb (3.4.5) or pronoun (4.7).

Wie lange wohnen Sie schon in Amerika? *How long have you lived in America?*

Seit wann dient er bei der Bundeswehr? *Since when is he in the army?*

Warum wohnt sie nicht mehr bei ihren Eltern? *Why doesn't she live with her parents any more?*

● **8.3.3** In an **indirect** question, the verb goes to the end of the clause:

Ich weiß nicht, **wie viele** Strafpunkte zum Verlust des Führerscheins **führen**. *I don't know how many points on your licence lead to the loss of it.*

Ich habe ihn gefragt, **wen** ich zur Party mitbringen **darf**. *I asked him who I was allowed to bring along to the party.*

8.4 Conjunctions

● **8.4.1** The following conjunctions are co-ordinating conjunctions and do not change the word order when connecting two clauses:

aber, denn, oder, sondern, und

Die Eltern erlauben ihm nicht, von zu Hause auszuziehen, **und** sein Vater macht ihm ohnehin allerlei Vorschriften. *His parents won't let him leave home and his father imposes all kinds of rules on him in any case.*

◆ *Sondern* is usually used after a negative statement, particularly if it means 'on the contrary'.

Ich möchte nicht mehr zu Hause wohnen, **sondern** so bald wie möglich ausziehen. *I would like to not live at home any more, but move out as soon as possible.*

Aber is used to express 'on the other hand'.

Ich kann mir im Moment noch keine eigene Wohnung leisten, **aber** mein Freund hat schon eine, denn er arbeitet. *I can't afford my own flat at the moment, but my boyfriend has one already, because he is working.*

◆ If there is inversion in the first of two clauses linked by a co-ordinating conjunction, normal word order applies in the second clause, i.e. there is no inversion in it:

Schon seit Jahren **setzte sich die Gruppe** für Minderheiten ein und **ihr Sprecher veröffentlichte** regelmäßig Aufrufe in der Zeitung. *The group had supported minorities for years and their leader regularly published appeals in the newspaper.*

● **8.4.2** There are a large number of subordinating conjunctions, which send the verb to the end of the clause. These include:

als	*when, at the time when (single occasions in the past)*
als ob	*as if*
(an)statt	*instead of*
bevor	*before*
bis	*until*
da	*since, because, as (especially at the beginning of sentences instead of weil)*
damit	*so that (purpose, intention)*
dass	*that*
falls	*if, in case*
nachdem	*after*
ob	*if, whether*
obgleich	*although*
obwohl	*although*
seit(dem)	*since (see 6.1.1)*
sobald	*as soon as*
sodass	*so that (result)*
solange	*as long as*
während	*while*
wenn	*when (present, future), whenever, if*
wie	*as*

Es macht Spaß, im Herbst in München zu sein, **weil** dann das Oktoberfest **stattfindet**. *It is fun to be in Munich in autumn because the beer festival takes place then.*

◆ If the subordinate clause starts the sentence, the subject and the verb of the main clause have to be swapped round (inverted) to produce the **verb, verb** pattern so typical of more complex German sentences:

Da sein Vater dieses Jahr fast die ganze Zeit arbeitslos **war, konnten** sie nicht in Urlaub fahren. *As his father had been unemployed for nearly the whole year, they could not go on holiday.*

Seitdem das neue Jugendzentrum in der Stadt eröffnet **ist, haben** die Fälle von Jugendkriminalität abgenommen. *Since the new youth centre opened in the town, cases of juvenile delinquency have decreased.*

◆ If the subordinating conjunction relates to two separate clauses, it governs the word order in both, even though it need not appear twice:

Sie waren unzufrieden, **weil** sie ihre Arbeitsplätze verloren **hatten** und ihr Lebensstandard sich immer noch nicht dem westdeutschen Niveau angepasst **hatte**. *They were dissatisfied because they had lost their jobs and their standard of living had not yet reached West German levels.*

◆ The verb that would be second in a main clause generally goes right to the end of a subordinate clause. However, if there are also two infinitives, including a modal verb, *lassen* or a verb of perception, it goes immediately before them. This can occur in the perfect, pluperfect and future tenses, in both indicative and subjunctive.

perfect indicative:
Als die Soldaten die Flugzeuge **haben** kommen **hören**, haben sie sofort Zuflucht gesucht. *When the soldiers heard the planes arrive, they quickly sought shelter.*

pluperfect indicative:
Man hatte nicht rechtzeitig erkannt, dass der Diktator eine ethnische Säuberung **hatte** vornehmen **wollen**. *They had not realised in time that the dictator had wanted to carry out ethnic cleansing.*

pluperfect subjunctive (conditional perfect):
Wenn die Russen ein demokratisches Deutschland **hätten** akzeptieren **wollen**, hätten sie niemals die Berliner Blockade organisiert. *If the Russians had been willing to accept a democratic Germany, they would never have organised the Berlin blockade.*

future:
Von allen Zeitungen werden jetzt Onlineausgaben hergestellt, sodass man bald die gesamte Weltpresse im Internet **wird** lesen **können**. *On-line editions of all newspapers are produced now, so that soon one will be able to read the whole world's press on the Internet.*

● **8.4.3** Some adverbs are used to link sentences together. They are followed by the usual inversion:

also	*therefore*
darum	*for this reason*
deshalb	*for this reason*
deswegen	*for this reason*
folglich	*consequently*
und so	*and so*

Die Theater hatten am Montagabend zu, **also konnten sie** nur ins Kino gehen. *The theatres were closed on Monday evening, therefore they could only go to the cinema.*

Für Medizin ist überall der Numerus Clausus eingeführt, **folglich kann man** dieses Fach nur mit einem sehr guten Abiturzeugnis studieren. *There is an entrance restriction for medicine everywhere; consequently you can only study this subject with excellent A level grades.*

Grammar

8.5 Relative clauses

● **8.5.1** Relative clauses are subordinate clauses introduced by a relative pronoun (see 4.4).

The verb in a relative clause is sent to the end of the clause. A relative clause has commas at each end to separate it from the rest of the sentence. The relative clause often comes before the main verb, which then follows immediately after it.

Das Schloss, **das** wir gestern **besuchten**, war unglaublich schön. *The castle we visited yesterday was incredibly beautiful.*

● **8.5.2** If there is no specific person to link the relative pronoun to, *wer* can be used.

Wer sich nicht bei vielen Firmen um eine Teilzeitstelle bewirbt, wird sicher keinen Ferienjob bekommen. *Anyone who doesn't apply to many firms for part-time work will certainly not get a holiday job.*

8.6 Comparison

In comparative sentences, the second element of the comparison is usually taken out of the sentence structure and added to the end, even after any past participles or infinitives. This applies to both main clauses (8.1, 8.4.1) and subordinate clauses (8.4.2):

Die DDR hat sich wirtschaftlich nicht so weit entwickelt **wie die BRD**. *Economically the GDR did not develop as far as the FRG.*

Er hatte sich schneller an eine westliche Demokratie gewöhnt, da er die DDR früher verlassen hatte **als wir**. *He had grown used to a Western democracy more quickly as he had left the GDR earlier than we had.*

8.7 Order of objects

◆ Pronoun object before noun object, regardless of case.

Das Internet bietet **uns bisher ungeahnte Möglichkeiten**. (*accusative pronoun before dative noun*) *The Internet offers us opportunities previously undreamt of.*

◆ Dative noun before accusative noun:

Die Geschäftsführung machte **den Streikenden einen Vorschlag**. *The management put a proposal to the strikers.*

◆ Accusative pronoun before dative pronoun:

Sie haben sehr viel Geld für ein Waisenheim in Rumänien gesammelt und haben **es ihnen** auch noch vor Weihnachten schicken können. *They collected a lot of money for a Romanian orphanage and were able to send it to them before Christmas.*

Strong and irregular verbs

Infinitive	Meaning	3rd ps. sg. present tense (if irregular)	3rd ps. sg. imperfect tense	3rd ps. sg. perfect tense
befehlen	to order	befiehlt	befahl	hat befohlen
beginnen	to begin	-	begann	hat begonnen
bekommen	to receive	-	bekam	hat bekommen
beschließen	to decide	-	beschloss	hat beschlossen
beschreiben	to describe	-	beschrieb	hat beschrieben
besitzen	to own	-	besaß	hat besessen
bewerben	to apply	bewirbt	bewarb	hat beworben
bieten	to offer	-	bot	hat geboten
binden	to tie	-	band	hat gebunden
bitten	to ask for	-	bat	hat gebeten
bleiben	to remain	-	blieb	ist geblieben
brechen	to break	bricht	brach	hat/ist gebrochen
brennen	to burn	-	brannte	hat gebrannt
bringen	to bring	-	brachte	hat gebracht
denken	to think	-	dachte	hat gedacht
dürfen	to be allowed to	darf	durfte	hat gedurft
empfehlen	to recommend	empfiehlt	empfahl	hat empfohlen
essen	to eat	isst	aß	hat gegessen
entscheiden	to decide	-	entschied	hat entschieden
fahren	to go (by vehicle)	fährt	fuhr	ist/hat gefahren
fallen	to fall	fällt	fiel	ist gefallen
fangen	to catch	fängt	fing	hat gefangen
finden	to find	-	fand	hat gefunden
fliegen	to fly	-	flog	ist/hat geflogen
fliehen	to flee	-	floh	ist geflohen
geben	to give	gibt	gab	hat gegeben
gefallen	to please	gefällt	gefiel	hat gefallen
gehen	to go	-	ging	ist gegangen
gelingen	to succeed	-	gelang	ist gelungen
gelten	to be valid, count	gilt	galt	hat gegolten
genießen	to enjoy	-	genoss	hat genossen
geschehen	to happen	geschieht	geschah	ist geschehen
gewinnen	to win	-	gewann	hat gewonnen
gleiten	to glide	-	glitt	ist geglitten
greifen	to grasp	-	griff	hat gegriffen
halten	to hold, stop	hält	hielt	hat gehalten
hängen	to hang	-	hing	hat gehangen
heißen	to be called	-	hieß	hat geheißen
helfen	to help	hilft	half	hat geholfen

Grammar

Infinitive	Meaning	3rd ps. sg. present tense (if irregular)	3rd ps. sg. imperfect tense	3rd ps. sg. perfect tense
kennen	to know	-	kannte	hat gekannt
kommen	to come	-	kam	ist gekommen
können	to be able to	kann	konnte	hat gekonnt
laden	to load	lädt	lud	hat geladen
lassen	to let, leave	lässt	ließ	hat gelassen
laufen	to run, walk	läuft	lief	ist gelaufen
leiden	to suffer	-	litt	hat gelitten
lesen	to read	liest	las	hat gelesen
liegen	to lie	-	lag	hat gelegen
lügen	to tell a lie	-	log	hat gelogen
messen	to measure	misst	maß	hat gemessen
mögen	to like	mag	mochte	hat gemocht
müssen	to have to	muss	musste	hat gemusst
nehmen	to take	nimmt	nahm	hat genommen
nennen	to name, call	nennt	nannte	hat genannt
raten	to advise, guess	rät	riet	hat geraten
reißen	to tear	-	riss	hat gerissen
rufen	to call	-	rief	hat gerufen
schaffen	to create	-	schuf	hat geschaffen
scheinen	to seem	-	schien	hat geschienen
schießen	to shoot	-	schoss	hat geschossen
schlafen	to sleep	schläft	schlief	hat geschlafen
schlagen	to hit	schlägt	schlug	hat geschlagen
schließen	to close	-	schloss	hat geschlossen
schmelzen	to melt	schmilzt	schmolz	hat/ist geschmolzen
schneiden	to cut	-	schnitt	hat geschnitten
schreiben	to write	-	schrieb	hat geschrieben
schweigen	to be silent	-	schwieg	hat geschwiegen
schwimmen	to swim	-	schwamm	ist/hat geschwommen
sehen	to see	sieht	sah	hat gesehen
sein	to be	ist	war	ist gewesen
sinken	to sink	-	sank	ist gesunken
sitzen	to sit	-	saß	hat gesessen
sollen	ought to	soll	sollte	hat gesollt
sprechen	to speak	spricht	sprach	hat gesprochen
springen	to jump	-	sprang	ist/gesprungen
stehen	to stand	-	stand	hat gestanden
steigen	to climb	-	stieg	ist gestiegen
sterben	to die	stirbt	starb	ist gestorben
stoßen	to push	stößt	stieß	ist/hat gestoßen

Infinitive	Meaning	3rd ps. sg. present tense (if irregular)	3rd ps. sg. imperfect tense	3rd ps. sg. perfect tense
tragen	to carry	trägt	trug	hat getragen
treffen	to meet	trifft	traf	hat getroffen
treiben	to push, move	-	trieb	hat/ist getrieben
treten	to step, tread, kick	tritt	trat	hat/ist getreten
trinken	to drink	-	trank	hat getrunken
tun	to do	-	tat	hat getan
verbringen	to spend (time)	-	verbrachte	hat verbracht
vergessen	to forget	vergisst	vergaß	hat vergessen
verlieren	to lose	-	verlor	hat verloren
vermeiden	to avoid	-	vermied	hat vermieden
versprechen	to promise	verspricht	versprach	hat versprochen
verstehen	to understand	-	verstand	hat verstanden
wachsen	to grow	wächst	wuchs	ist gewachsen
waschen	to wash	wäscht	wusch	hat gewaschen
wenden	to turn	-	wand	hat gewandt
werben	to advertise	wirbt	warb	hat geworben
werden	to become	wird	wurde	ist geworden
werfen	to throw	wirft	warf	hat geworfen
wiegen	to weigh	-	wog	hat gewogen
wissen	to know	weiß	wusste	hat gewusst
wollen	to want to	will	wollte	hat gewollt
ziehen	to pull, move	-	zog	hat/ist gezogen
zwingen	to force	-	zwang	hat gezwungen

OXFORD
UNIVERSITY PRESS

Great Clarendon Street, Oxford OX2 6DP

Oxford University Press is a department of the University of Oxford.

It furthers the University's objective of excellence in research, scholarship, and education by publishing worldwide in

Oxford   New York   Auckland   Cape Town   Dar es Salaam
Hong Kong   Karachi   Kuala Lumpur   Madrid   Melbourne
Mexico City   Nairobi   New Delhi   Shanghai   Taipei   Toronto

With offices in

Argentina   Austria   Brazil   Chile   Czech Republic   France
Greece   Guatemala   Hungary   Italy   Japan   South Korea
Poland   Portugal   Singapore   Switzerland   Thailand
Turkey   Ukraine   Vietnam

Oxford is a registered trade mark of Oxford University Press in the UK and in certain other countries

© Ann Adler, Helen Kent, Morag McCrorie, Dagmar Sauer, Michael Spencer and Simon Zimmermann 2011

British Library Cataloguing in Publication Data

Data available

ISBN 978 019 912917 1

10 9 8 7 6 5 4 3 2

Printed in India

Paper used in the production of this book is a natural, recyclable product made from wood grown in sustainable forests.
The manufacturing process conforms to the environmental regulations of the country of origin.

Acknowledgements

The authors and publisher are grateful to the following for permission to reprint extracts from copyright material.

Bundeszentrale für politische Bildung for adapted extract from 'Zuwanderung nach Deutschland' by Bruno Zandonella in *Themenblätter im Unterricht*, Spring 2003, No 31.

Diogenes Verlag AG for extract from *Der Vorleser* by Bernhard Schlink (Diogenes, 1997), copyright © 1995 Diogenes Verlag AG Zurich, Switzerland. All rights reserved.

European Union for extract from Europa website, copyright © European Union 1995-2011.

Fraunhofer Fokus for 'Häuser von Morgen', www.iuk.fraunhofer.de

Grüner und Jahr AG & Co, Entertainment Media for film review of *Good-bye Lenin* from www.kino.de

Hundertwasser Archive for extract from article on the Hundertwasser Markthalle at www.markthalle-altenrhein.ch

RESET - for a Better World for adapted extract from 'Feiern ohne Müllberg' by Indra Jungblut, www.reset.to

Spiegel Online GmbH for extract from 'Neun Tipps gegen die Tricks der Datendiebe' by Felix Knoke, *Spiegel Online*, 30.1.2011.

Peter Warsinski for adapted extract from 'Was ist Rassismus?', www.warsinski.de

Die Zeit, Zeitverlag Gerd Bucerius GmbH & Co AG for adapted extract from 'Armut in Deutschland; Die Neue Unterschicht' by Wolfgang Uchatius, *Die Zeit*, 10.3.2005

The publisher would like to thank the following for permission to reproduce photographs:

p5(1): lfstewart/Fotolia; **p5(2):** Pavel Korol/Fotolia; **p5(3):** OUP; **p5(4):** Clynt Garnham/Alamy; **p5(5):** OUP; **p5(6):** SVLuma/Shutterstock; **p5(7):** Nasa/Corbis UK Ltd; **p5(8):** philipus/Alamy; **p6:** Big Stock Photo; Alex White/Fotolia; Jane Post/Hardwick Studios; **p9:** DIETER NAGL/AFP/Getty Images; **p11t:** Sean Gallup/Getty Images; **p11b:** Charles Polidano/Touch The Skies/Alamy; **p15:** guentermanaus/Shutterstock; **p17:** Big Stock Photo; **p18:** Frank Krahmer/Getty Images; **p21:** Image Source/Alamy; **p23:** Sean Gladwell/Fotolia; Atlantide Phototravel/Corbis UK Ltd; Getty Images; vario images GmbH & Co.UK/Alamy; INSADCO Photography/Alamy; OUP; **p24:** Andrew Butterton/Alamy; **p26t:** Michael Klinec/Alamy; **p26m:** Tetsuo Sayama/A1 Pix Ltd; **p26b:** Michael Dwyer/Alamy **p31t:** Regis Bossu/Sygma/Corbis UK Ltd; **p31b:** Stefan Puchner/Epa/Corbis UK Ltd; **p32tl:** David Simson; **p32tr:** Britstock/IFA; **p32bl:** David Simson; **p32br:** Philip Game; **p34tl:** Peter Guttman/Corbis UK Ltd; **p34t:** Philip Game; **p34b:** MBI/Alamy; **p36t:** Image Source/Corbis UK Ltd; **p36b:** John Birdsall Photography; **p37:** travelpixs/Alamy; **p41:** Boris Roessler/Dpa/Corbis UK Ltd; **p42l:** OUP/Dennis Welsh; **p42r:** Blend Images/Alamy; **p43t:** David Simson; **p43b:** OUP; **p44a:** Dale Durfee/Getty Images; **p44b:** Sufi/Shutterstock; **p44c:** PhotoAlto/Laurence Mouton/Getty Images; **p44d:** Juan Silva/Getty Images; **p45:** Roberto Pfeil/AP/PA Photos; **p49:** Katz; Katz; **p50:** Getty Images; **p51:** Max-Reger-Gymnasium Amberg; **p52:** c.Everett Collection/Rex Features; **p53:** David Brunetti/Alamy; **p57(1):** Peter Turnley/Corbis UK Ltd; **p57(2):** Aline Maurice/Telegraph Colour Library; **p57(3):** Sipa Press/Rex Feautures; **p57(4):** Arne Dedert/dpa Picture-Alliance GbbH; **p57(5):** David Simson/Das Photo; **p58l:** Von Spreter/Action Press/Rex Features; **p58r:** John Birdsall Photography; **p60:** Reagan Pannell; **p62t:** Simon Rawles/Alamy; **p62b:** Fairtrade; **p62r:** Todd Reese/Alamy; **p67tl:** John Norman/Alamy; **p67tr:** bildagentur-online/begsteiger/Alamy; **p67bl:** Martin Meyer/zefa/Corbis UK Ltd; **p67br:** vario images Gmbh & Co.uk/Alamy; **p69:** Image Source/Alamy; **p70:** keith morris/Alamy; **p72l:** Jochen Tack/Alamy; **p72t:** Karl-Josef Hildenbrand/dpa/Corbis UK Ltd; **p72m:** Ken Stewart/ZUMA/Corbis UK Ltd; **p72r:** Shepard Sherbell/Corbis UK Ltd; **p79r:** Greenpeace; **p79m:** David Simson/Das Photo; **p79l:** Steve Belkowitz/Telegraph Colour Library; **p80:** David Paul Morris/Bloomberg/Getty Images; **p82:** Reuters New Media Inc./Corbis UK Ltd; **p87(1):** OUP/Photodisc; **p87(2):** Steven Vidler/Eurasia Press/Corbis UK Ltd; **p87(3):** interlight/Shutterstock; **p87(4):** imagebroker/Alamy; **p87(5):** Kevin Foy/Alamy; **p87(6):** OUP/Photodisc; **p89t:** Susan Law Cain/Shutterstock; **p89m:** Lisa F. Young/Alamy; **p89b:** Manfred Gottschalk/Alamy; **p91(1):** Mary Evans Picture Library; **p91(2):** Karl-Ludwig Lange/akg-images; **p91(3):** Hulton-Deutsch Collection/Corbis UK Ltd; **p91(4):** Sipa Press/Rex Features; **p92:** Bettman/Corbis UK Ltd; **p92:** OUP; **p92:** Wolfgang Kaehler/Corbis UK Ltd; **p92:** Big Stock Photo; **p93:** Roland Holschneider/Dpa/Corbis UK Ltd; **p95:** Reclam; **p95:** INTERFOTO/Alamy; **p95:** Diogenes Verlag AG; **p95:** any.way; **p96r:** Graham Harrison/Alamy; **p96l:** Diogenes Verlag AG; **p100:** Getty Images; **p101:** Sean Gallup/Getty Images; **p103(1):** André Held/akg-images; **p103(2):** Photos 12/Alamy; **p103(3):** Martin Bond/Alamy; **p103(4):** Interfoto Agentur/Mary Evans Picture Library; **p104:** A3637 Joerg Carstensen/Dpa/Corbis UK Ltd; **p105:** SONY PICTURES CLASSICS/Album/AKG-Images; **p106t:** Associated Press/Press Association Images; **p106(1):** © Hundertwasser Archive, Vienna; **p106(2):** © Hundertwasser Archive, Vienna **p106(3):** Erich Lessing/akg-images; **p106(4):** Angelo Hornak/Alamy; **p111t:** Erich Lessing/akg-images; **p111b:** Gotor/Cover/Getty Images; **p116:** Nigel Treblin/Dpa/Corbis UK Ltd; **p118:** Richard Nebesky/Robert Harding/Getty Images; **p120:** Ralph Crane/Time Life Pictures/Getty Images; **p122:** Photolibrary Group; **p124:** Michal Krakowiak/Alamy; **p126:** wunkley/Alamy; **p130:** Photofusion Picture Library/Alamy.

All artwork by: Mark Draisey, Niall Harding, Stefan Chabluk, Thomson Digital.

Cover: Paul Reid/Shutterstock.

The authors and publisher would like to thank the following for their help and advice:

Jackie Coe (series publisher); Jenny Gwynne (editor of the *Zeitgeist 2* Student Book) and Angelika Libera (language consultant).

The authors and publishers would also like to thank everyone involved in the recordings for the *Zeitgeist 2* recordings:

Audio recordings produced by Colette Thomson for Footstep Productions.

Third party website addresses referred to in this publication are provided by Oxford University Press in good faith and are for information only and Oxford University Press disclaims any responsibility for the material contained therein.

Although we have made every effort to trace and contact all copyright holders before publication this has not been possible in all cases. If notified, the publisher will rectify any errors or omissions at the earliest opportunity.